Organische Architektur

Der Bauimpuls Rudolf Steiners und die organische Architektur im 20. Jahrhundert

Pieter van der Ree

Verlag Freies Geistesleben

Dieses Buch ist Arne Klingborg gewidmet, dem Mitbegründer des Rudolf Steinerseminariet in Järna (Schweden), in Würdigung seines jahrelangen Einsatzes für die organische Architektur und seiner Fähigkeit, für sie in breiten Kreisen Verständnis und Begeisterung zu wecken.

Aus dem Niederländischen von Gottfried Bartjes

Die niederländische Originalausgabe ist unter dem Titel «Organische architectuur» erschienen.

ISBN 3-7725-1897-4

1. Auflage 2001
Verlag Freies Geistesleben
Landhausstraße 82
70190 Stuttgart
Internet: www.geistesleben.com

Deutsche Ausgabe:

Grafikdesign: .SPATIE *(puntspatie)*, Amsterdam
Lithografie: RVA BV, Amsterdam
Druck: A-D Druk BV, Zeist

Umschlagfoto: Treppenhaus der Konzernzentrale «Gasunie», Groningen, Alberts & Van Huut, 1993

Titelseite: Detail der Nordwestfassade des zweiten Goetheanums, Dornach, nach einem Entwurf Rudolf Steiners, 1924–1928

Rechts: Detail des Bahnhofs Satolat, Überdachung der Zentralhalle, Lyon, Santiago Calatrava, 1989–1994

Inhalt

Einleitung

Unter den zahlreichen Architekturströmungen, die das zwanzigste Jahrhundert hervorgebracht hat, nimmt die organische Architektur einen besonderen Platz ein. Im Gegensatz zum Jugendstil, zum Funktionalismus oder zum Dekonstruktivismus ist sie eigentlich nie als eine richtige Strömung erkannt und beschrieben worden. Das ist umso erstaunlicher, als sich nicht zuletzt verschiedene führende Architekten des zwanzigsten Jahrhunderts, wie Frank Lloyd Wright, Hans Scharoun und Alvar Aalto, für eine organische Architektur eingesetzt haben. Obendrein kann eine große Zahl aufsehenerregender Bauwerke, zum Beispiel die Sagrada Familia von Antoni Gaudí, Erich Mendelsohns Einsteinturm, Rudolf Steiners Goetheanum, Le Corbusiers Kapelle in Ronchamp, Eero Saarinens TWA-Flughafenterminal in New York und das Hauptgebäude der ING-Bank von Alberts & Van Huut in Amsterdam, dieser Strömung zugerechnet werden.

In vielen Fällen gehören diese Bauwerke auch noch zu den beliebtesten und von einer breiten Öffentlichkeit geschätzten Gebäuden. Aus einer kürzlich veröffentlichten Umfrage geht zum Beispiel hervor, dass die von Alberts & Van Huut entworfene Zentrale der ING-Bank das meistgeschätzte moderne Gebäude der Niederlande ist.[1] Solche Fakten machen deutlich, dass ein breites Interesse an einer Architektur besteht, die nicht nur funktional ist, sondern auch das Gefühl anspricht und an die Kreativität appelliert.

Dass die organische Architektur noch kaum als ein zusammenhängender Stil oder eine eigenständige Strömung beschrieben wurde, liegt wahrscheinlich in dem heterogenen Charakter ihrer Vertreter begründet. Sowohl in der Formgebung als auch im Verständnis des Begriffs «organisch» zeigen sich zwischen ihnen große Unterschiede. Wer Rudolf Steiners Goetheanum in Dornach mit dem Werk Frank Lloyd Wrights vergleicht, kommt wohl schwerlich auf den Gedanken, dass beide zu ein und derselben Strömung gerechnet werden könnten. Dasselbe gilt für die Arbeiten Antoni Gaudís oder des finnischen Architekten Alvar Aalto.

Und doch weisen ihre Arbeiten deutliche inhaltliche Übereinstimmungen auf. Für all diese Architekten waren die lebendige Natur und der Mensch als geistiges Wesen ein wichtiger Ausgangspunkt und eine Inspirationsquelle beim Bauen. Für einige hatten Natur und Mensch dabei eine ausgesprochen spirituelle Dimension, die sie zu ganz spezifischen Ansichten führte. Keinem von ihnen ging es dabei um das bloße Nachahmen der Natur, vielmehr ging es allen um die Suche nach Ausgangspunkten für eine

Architektur, die mit dem Wesen des Menschen in Einklang steht und mit der natürlichen Umgebung harmoniert.

Was Langlebigkeit und Dauerhaftigkeit angeht, nimmt die organische Architektur gleichfalls einen besonderen Rang ein. Während fast alle anderen Strömungen, die zu Beginn des zwanzigsten Jahrhunderts entstanden, wie etwa der Jugendstil, schon lange wieder in der Versenkung verschwunden sind, entwickelt sich die organische Architektur immer noch weiter. Sie ist zwar eine Unterströmung geworden und prägt nicht das Gesicht der Zeit, aber sie bringt noch immer aufsehenerregende Früchte hervor. Hier ist etwa an die Arbeiten von Erik Asmussen in Schweden, Alberts & Van Huut in den Niederlanden und Imre Makovecz in Ungarn zu denken. Auch heute noch sind sich nur wenige Menschen dessen bewusst, dass diese Architekten durch gemeinsame Wurzeln miteinander verbunden sind.

Obwohl all diese Gründe genug Anlass für eine ausführliche Studie böten, waren sie nicht die eigentliche Triebfeder, das vorliegende Buch zu schreiben. Vielmehr entstand es aus der Überzeugung heraus, dass die organische Architektur, ungeachtet ihrer teilweise zeitbedingten Erscheinungsformen, viele wertvolle Ausgangspunkte enthält, die noch immer aktuell sind – ja, sie sind heute vielleicht noch aktueller als zur Zeit ihres Entstehens. Dieses Buch soll denn auch weniger eine historische Studie sein als vielmehr ein Beitrag zur zeitgenössischen Architektur und eine Inspirationsquelle sowohl für die Planer und Auftraggeber als auch für den interessierten Laien.

Dieselbe Überzeugung liegt zwei aktuellen Ausstellungen über organische Architektur zugrunde. Die erste trägt den Titel «Architektur der Wandlung» und entstand auf gemeinsame Initiative der Sektion für bildende Künste am Goetheanum (Dornach, Schweiz) und des IFMA (International Forum Man and Architecture) hin; sie war von Mai bis Oktober 2000 im Goetheanum zu sehen und wird danach noch an verschiedenen anderen Orten gezeigt werden. Das Thema dieser Ausstellung ist der Architekturimpuls Rudolf Steiners und seine Weiterentwicklung im zwanzigsten Jahrhundert.

Die zweite Ausstellung wird 2003 unter dem Titel «Organische Architektur» von der Iona-Stiftung in Amsterdam präsentiert werden und danach durch Europa und die übrige Welt reisen. Diese Ausstellung stellt das oben genannte Thema in seinen historischen Kontext und beabsichtigt, eine Brücke zu aktuellen Fragestellungen zu schlagen.

Dieses Buch kann beiden Ausstellungen als Katalog dienen. Das Kapitel «Organische Architektur weltweit» beinhaltet eine Auswahl der gezeigten Projekte. Diese vermitteln ein Bild von der Verschiedenheit der Entwürfe, die in den vergangenen Jahren weltweit entstanden sind. Das erste Kapitel skizziert ein Bild der Zeit, in der die organische Architektur entstand, und behandelt ihre wichtigsten Pioniere. Im anschließenden zweiten Kapitel werden die Hintergründe der anthroposophisch-organischen Architektur erläutert. Ihnen wurde ein eigenes Kapitel gewidmet, weil über sie – auch in der Fachliteratur – vielfach Unklarheit herrscht. In Kapitel Drei wird die Entwicklung der organischen Architektur nach dem Zweiten Weltkrieg beschrieben. Kapitel Fünf behandelt schließlich einige aktuelle Themen, wie ökologisches und gesundes Bauen, die Rolle der Benutzer im Entstehungsprozess des Entwurfs und den Einfluss des Computers auf die Architektur, und untersucht, wie sich diese zu den Hintergründen der organischen Architektur verhalten.

Zum Schluss noch eine Anmerkung zur Bezeichnung «organische Architektur». Genau genommen enthält sie einen Widerspruch in sich. Der Begriff «organisch» bezieht sich schließlich auf die lebendige Natur, auf Pflanzen, Tiere und den Menschen als Lebewesen, wohingegen «Architektur» auf von Menschen geschaffene Bauwerke verweist. Diese Bauwerke sind per Definition leblos. So gesehen mag es merkwürdig oder sogar falsch erscheinen, das menschliche Bauen auf Gesetzmäßigkeiten der Natur zu gründen. Sofern man Architektur als etwas Selbstständiges betrachtet, ist dieser Gedankengang völlig richtig.

Aber Architektur ist nicht autonom, sie steht im Dienste des Menschen. Gebäude werden für Menschen geschaffen, damit sie in ihnen leben, und sind Teil eines – jedenfalls ursprünglich – natürlichen Zusammenhangs. Und diese Menschen sind lebendige, natürliche und geistige Wesen, die in natürlichen, sozialen und kulturellen Zusammenhängen leben. Organische Architektur kann als ein Versuch betrachtet werden, diese Aspekte in das Bauen einzubeziehen und in der Formgebung zum Ausdruck zu bringen. So gesehen formuliert der Ausdruck «organische Architektur» eigentlich einen Appell oder ein Zukunftsideal: nämlich in Übereinstimmung mit dem Wesen des Menschen und den natürlichen und geistigen Zusammenhängen, in denen wir leben, zu bauen.

Die Entstehung der organischen Architektur

Architektur analog zur Natur und zum menschlichen Wesen zu betrachten ist keine neue Erscheinung, sondern gehört zu den Wurzeln der Architekturgeschichte. Für die traditionelle Architektur waren Natur und Mensch die zwei wichtigsten Inspirationsquellen, sie formten die Wirklichkeit, in der und für die gebaut wurde. Obendrein besaßen beide meistens eine mythologische Dimension, weil man der Überzeugung war, dass sie durch die Gottheit oder die Götter geschaffen waren. Dadurch konnten sie quasi als «göttliches Modell» fungieren, als Vorbild für das menschliche Bauen.[2] Indem man sich die göttliche Schöpfung zum Vorbild für das Bauen nahm, strebte man danach, die menschliche Kultur mit der Weltordnung in Übereinstimmung zu bringen.

Diese traditionelle Architektur ist in vielen Fällen gekennzeichnet durch eine selbstverständliche Beziehung zwischen dem Gebäude, seiner natürlichen Umgebung und dem sozialen Leben, das sich darin abspielt. Was die harmonische Beziehung zwischen Gebäude und Landschaft angeht, spielte die Verwendung natürlicher Baumaterialien eine wichtige Rolle. Diese stammten zum überwiegenden Teil aus der direkten Umgebung und wurden zumeist kaum bearbeitet. So blieb auch im Endprodukt die Verbindung zum natürlichen Ursprung erlebbar.[3] Die Beziehung zu den Benutzern war dadurch gesichert, dass die Menschen die Gebäude, in denen sie lebten, zu einem großen Teil selbst bauten. Über die ganze Welt verteilt sind prachtvolle Beispiele dieser traditionellen Volksarchitektur erhalten geblieben, wie die Lehmbauten der Dogon in Mali, die weißen Häuser auf den griechischen Kykladen oder die Holzhäuser der Toraja in Indonesien.[4]

Aber nicht allein die Volksarchitektur, auch Baumeister repräsentativer Gebäude wie Tempel und Kirchen orientierten sich an der Natur und am Menschen. Tempel wurden oft als «imago mundi» angesehen, als Abbild der Welt. Somit war beispielsweise der Bau eines ägyptischen Tempels die rituelle Wiederholung der Erschaffung der Welt, und es bestand eine enge Beziehung zwischen seinem Aufbau und dem ägyptischen Weltbild.[5] Der Boden des Tempels repräsentierte die Erde und das Dach den Himmel. Auf diesem Himmel war in strahlenden Farben die geflügelte Sonnenscheibe abgebildet, die als Gottheit ihre Bahn am Himmel zog. Zwischen Himmel und Erde wächst die Pflanzenwelt empor, wiedergegeben als Papyrusbündelsäulen und Lotosblütenkapitelle.

In der klassischen griechischen und römischen Baukunst stellen Mensch und Natur auf eher indirekte Weise eine Inspirationsquelle dar. Beide werden als lebendige Organismen gesehen, deren Ordnung

Massaidorf mit zurückkehrender Viehherde, Afrika.[6]

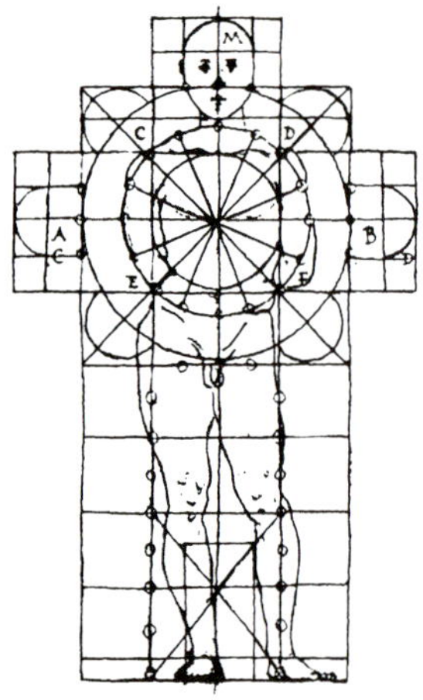

Große Säulenhalle des Tempels von Philae, David Roberts, 1838

Grundriss einer Kirche nach den Proportionen des menschlichen Körpers, Francesco di Giorgio Martini, 1492

mittels Maß und Zahl durch die Gottheit erfolgte. Analog dazu werden auch Gebäude als «Organismen» aufgefasst und konzipiert. Dabei spielen die Komposition, die Gliederung und insbesondere die Proportion eine wichtige Rolle. Der römische Baumeister Vitruv beschreibt beispielsweise detailliert, wie Gebäude und Säulen in Übereinstimmung mit den Maßverhältnissen des menschlichen Körpers proportioniert werden können.[7]

Diese Denkweise hat die Architektur noch bis weit in die Renaissance und darüber hinaus beherrscht. Zeichnungen des italienischen Künstlers Francesco di Giorgio Martini (1439–1502) zeugen von seinem Bestreben, den Grundriss von Kirchen und die Abmessungen von Säulen analog zu den menschlichen Körperproportionen zu gestalten. Eine derartige Proportion wurde als eine Voraussetzung für das Erreichen von Schönheit betrachtet. Aber auch religiöse Überlegungen konnten dabei eine Rolle spielen. So wie die Kirche zum Abbild des Menschen gemacht wurde, so sollte der Mensch zum «Tempel» werden, in dem der Geist wohnen konnte.

Die Analogie zwischen Architektur und Natur konnte so weit gehen, dass Gebäude als «lebendige» oder «beseelte Organismen» betrachtet wurden. Der ägyptische Tempel wurde beispielsweise nach seiner Vollendung rituell «zum Leben erweckt», damit die Gottheit in ihn einziehen konnte wie in einen lebendigen Körper.[8] Baurituale dieser Art kamen weltweit vor, nicht nur im Tempelbau, sondern ebenso in der Volksbaukunst. Dabei war das Ziel, das Gebäude aus einem Stapel lebloser Baumaterialien in einen «lebendigen» oder sogar «beseelten» Organismus zu verwandeln. Erst danach war das Gebäude für menschliches Wohnen oder religiöse Ziele geeignet.[9]

Eine solche selbstverständliche Beziehung zur Natur und zum Menschen hat zur Folge, dass auch für diese traditionelle Architektur gelegentlich der Terminus «organisch» gebraucht wird. Es wäre jedoch falsch, die organische Architektur, so wie sie zu Beginn des zwanzigsten Jahrhunderts entstanden ist, als eine regelrechte Fortsetzung dieser traditionellen Bauweisen anzusehen.[10] So schön und inspirierend diese auch sein können, sie gehören in den meisten Fällen vergangenen Zeiten, Kulturen oder Bewusstseinsphasen an.

Dem modernen Menschen ist die selbstverständliche Beziehung zu Natur, Gesellschaft und Religion verloren gegangen. Hierbei ist insbesondere zu bedenken, dass diese frühere Verbundenheit nicht

The Architect's Dream,
Thomas Cole, 1840

das Resultat einer freien Wahl, sondern einfach eine Tatsache war. Man verfügte weder über die äußeren noch die inneren Möglichkeiten, sich ihr zu entziehen. Bautraditionen wurden von Generation zu Generation weitergegeben und entwickelten sich nur langsam weiter. Man wuchs mit einer erprobten Tradition auf und setzte diese fort. Das Individuum formte nicht seinen eigenen Baustil, sondern wurde durch die herrschende Tradition und den dazugehörigen Baustil geformt.

Durch die Entwicklung der Naturwissenschaften, die Möglichkeiten der Technik und das individuelle Denken ließ die Bindung an diese lokalen Bautraditionen nach, und die individuelle Kreativität gewann an Boden. Damit ging allmählich auch der selbstverständliche Zusammenhang von Mensch, Natur und Religion verloren. Das neunzehnte Jahrhundert bildet einen Angelpunkt in dieser Entwicklung.

Die Veräußerlichung der Form im neunzehnten Jahrhundert

Die Architektur des neunzehnten Jahrhunderts wird von zwei Strömungen dominiert, die sich auf den ersten Blick diametral gegenüberstehen, bei näherer Betrachtung jedoch in ein und derselben Entwicklung wurzeln. Die akademische Baukunst der *Beaux-Arts* wird von den Neo-Stilen beherrscht. Diese erreichen eine große Blüte und bringen reich verzierte, teils sogar überladene Bauwerke hervor. Daneben entwickelt sich die so genannte *Ingenieurbaukunst*, die ganz neue Möglichkeiten auf dem Feld der technischen Konstruktionen eröffnet.[11]

Das Interesse für die Neo-Stile wurde von einem wachsenden historischen Bewusstsein geweckt. Bereits im siebzehnten und achtzehnten Jahrhundert reisten Künstler und Architekten nach Italien, um sich dort vom klassischen Altertum inspirieren zu lassen. Im neunzehnten Jahrhundert erhielt dieses Interesse einen neuen Impuls, weil mit den archäologischen Ausgrabungen in Griechenland und Ägypten begonnen wurde. Das förderte nicht nur prunkvolle Kunstschätze ans Licht, sondern lieferte auch neue Erkenntnisse über Kunst und Architektur des Altertums. Das Interesse hierfür beschränkte sich nicht nur auf akademische Kreise, sondern schlug eine breite Öffentlichkeit in Bann. Insbesondere für Künstler und Architekten bildeten diese neuen Entdeckungen eine reiche Inspirationsquelle. Diese innere Einstellung hat Thomas Cole in seinem Gemälde *The architect's dream* aus dem Jahr 1840 sehr schön bildlich umgesetzt.[12]

Innenansicht der Kirche
St. Martin-in-the-Fields

St. Martin-in-the-Fields,
London, James Gibbs, 1726

Mir wurde klar, dass die Ursache der Charakterlosigkeit und der Stillosigkeit so vieler neuer Gebäude in dem willkürlichen Gebrauch von Formen aus der Vergangenheit zu suchen ist. Es wurde meine Lebensaufgabe, in diesem Punkte Klarheit zu erlangen. Aber je mehr ich mich mit dieser Frage beschäftigte, desto größer wurden meine Schwierigkeiten.[13]

– Karl Friedrich Schinkel

Wir sehen einen Architekten, der auf den Resten einer riesigen klassischen Säule ruht. Über seine Schulter hinweg betrachten wir mit ihm eine fiktive «historische Perspektive». Rechts im Vordergrund stehen imposante klassische Bauwerke. Weiter hinten gehen diese in imaginäre ägyptische Tempel über, überragt von einer gerade noch erkennbaren Pyramide, welche die ersten Sonnenstrahlen auffängt. Am linken Flussufer steht die christliche Baukunst, die durch eine gotische Kathedrale repräsentiert wird. Der Blick des Architekten ist auf diese großartige Vergangenheit gerichtet. Sie bildet den Inhalt seines «Traumes», hierin findet er die Inspiration für seinen eigenen Entwurf, den er in der Hand hält.

Es vermag daher nicht zu erstaunen, dass die Architektur des neunzehnten Jahrhunderts von dieser historischen Faszination stark beeinflusst wurde. Tonangebende Architekten wie Karl Friedrich Schinkel, Leo von Klenze, Robert Smirke, Charles Pugin und Viollet-le-Duc ließen sich von der Vergangenheit inspirieren und verwendeten zahlreiche historische Stilelemente für ihre eigenen Arbeiten. Abhängig von der Periode, zu der man sich hingezogen fühlte, führte das zu einem neoklassizistischen, einem neogotischen oder einem neorenaissancistischen Baustil. Wenn keine dieser Stilarten ausreichte, war es noch möglich, Stilelemente verschiedener Epochen nach eigenem Gutdünken miteinander zu kombinieren.

Die Folge eines derartig willkürlichen Gebrauchs von Stilelementen war eine weitgehende Veräußerlichung der architektonischen Formensprache. Die Formen wurden aus ihrem ursprünglichen kulturellen Kontext herausgelöst und in einer vollkommen anderen Zeit und Gesellschaft wiederverwendet. Eine christliche Kirche konnte nun die Form eines griechischen oder römischen Tempels annehmen – etwas, was zu Beginn des Christentums undenkbar gewesen wäre. Ein Beispiel dafür, das

Eiffelturm, Paris, Gustave Eiffel, 1889

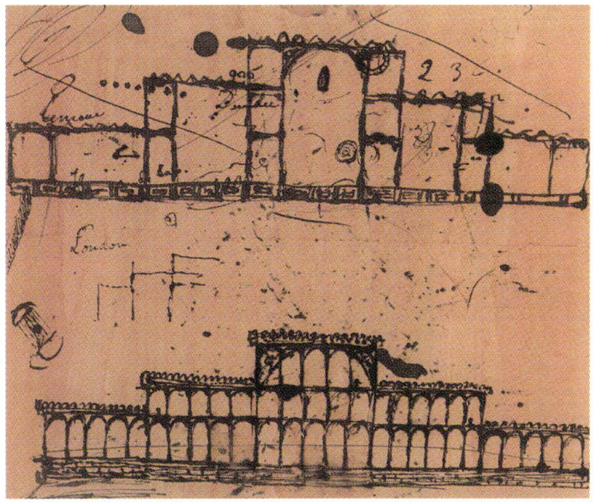

Crystal Palace, London, Joseph Paxton, 1851

Skizzen für den Crystal Palace, Joseph Paxton, 13. Juni 1850

aus dem achtzehnten Jahrhundert stammt, ist die von James Gibbs entworfene Kirche St. Martin-in-the-Fields in London. Diese Kirche hat die Front eines griechisch-römischen Tempels. Der Tympanon ist jedoch nicht mit Götterbildern verziert, sondern mit einem Nationalwappen. Hinter dem Tympanon erhebt sich plötzlich ein christlicher Kirchturm aus einer ganz anderen Zeit. Im Inneren entfaltet sich dann noch eine weitere Formenwelt, die vom klassizistischen Äußeren ganz unabhängig ist und eher barocke Einflüsse aufweist.

Stilelemente werden auf der Basis ästhetischer und theoretischer Überlegungen eingesetzt und sind nicht länger Träger authentischer kultureller Inhalte.

Während diese Faszination für die Vergangenheit einen großen Aufschwung erfuhr, fand gleichzeitig eine stürmische Entwicklung der Technik statt, die eine neue Zukunft anzukündigen schien. Durch die Industrialisierung standen neue Baumaterialien wie Gusseisen und Glas in großem Umfang zur Verfügung. Auch Beton hielt erneut Einzug und erfuhr im Zusammenspiel mit Armierungseisen neue Verwendungsmöglichkeiten. Hatte das Bauen bis zu der Zeit größtenteils auf handwerklicher Erfahrung beruht, so ermöglichte es die Mechanik nun, die benötigten Abmessungen von Konstruktionen vorab zu berechnen.

Vor allem in neuen Bauaufgaben, wie Eisenbahnbrücken, Bahnhofshallen und anderen großen Überdachungen, kamen diese neuen Techniken zur Anwendung. Das berühmteste Beispiel dafür ist wohl der Crystal Palace, jener riesige Ausstellungsraum, den Joseph Paxton für die Weltausstellung 1851 in London entwarf.[15] Dieses Gebäude, das eine Grundfläche von 564 mal 124 Meter hatte, wurde innerhalb

Einst drängte der Stil sich dem Künstler auf, heute muss der Künstler den Stil wiederentdecken.[14]

– Viollet-le-Duc

Gare du Nord, Detail einer gusseisernen Säule

Gare du Nord, Überdachung der Bahnsteige

Gare du Nord, Paris, Jacques-Ignace Hittorf, 1861–1865

der bis dato unmöglich kurzen Zeit von sechs Monaten realisiert. Es besteht gänzlich aus Gusseisen und Glas und gilt als das erste vorgefertigte Gebäude der Welt. Ihren buchstäblichen Höhepunkt erreichte diese Faszination durch die Technik mit dem Bau des Eiffelturms für die Weltausstellung 1889 in Paris.

Obwohl diese technischen Spitzenleistungen viel Eindruck machten, wurde die Ingenieurbaukunst für öffentliche Gebäude meist als nicht repräsentativ genug befunden. Selbst bei aktuellen Bauaufgaben wie Bahnhöfen, die große gläserne Überdachungen erhielten, wählte man für die Frontfassade die Neo-Stile und den Eklektizismus. Beinahe alle Bahnhofsgebäude aus dem neunzehnten Jahrhundert sind von dieser Ambivalenz durchzogen. Die Fronten zeigen ein gesellschaftlich akzeptiertes Gesicht in Form einer klassizistischen, gotischen oder eklektizistischen Fassade, während sich dahinter eine große Überdachung aus Gusseisen und Glas verbirgt.

Ein Beispiel dafür ist der von 1861 bis 1865 erbaute Gare du Nord in Paris. In den gusseisernen Kapitellen der Überdachung kommt die ganze Ambivalenz des neunzehnten Jahrhunderts exemplarisch zum Ausdruck. Die Form des Kapitells ist inspiriert vom griechischen Altertum, wenngleich von einer ziemlich freien Proportionierung und Verzierung gesprochen werden muss. Die Funktion des Gebäudes und das verwendete Material sind jedoch vorbildliche Exponenten der industriellen Kultur des neunzehnten Jahrhunderts.

Es ist diese Ambivalenz, die Friktion zwischen Form und Inhalt, und das Fehlen eines eigenen Stils, was für viele Künstler und Architekten der Anstoß war, einen neuen Stil zu suchen – einen Stil, der zu ihrer Zeit passte.

Landhaus «Standen», East Grinstead, Großbritannien, Philip Webb, 1891–1894

Tapetenmotiv «Pimpinelle», William Morris, 1876

Auf der Suche nach einem neuen Stil

Die «Arts and Crafts»-Bewegung, die um 1860 in England entstand, war die erste Strömung, die mit diesem Gebrauch historischer Stilelemente brach. Unter Einfluss von John Ruskin (1819–1900) und inspiriert durch William Morris (1834–1896) wandte man sich sowohl gegen die schädlichen Folgen der Industrialisierung als auch gegen die Verwendung historischer Stilelemente. In der Wiederbelebung des Kunsthandwerks sah diese Bewegung ein Mittel, der Geschmacklosigkeit und Verlogenheit der Formgebung jener Tage zu entfliehen. Die Einheit von Handwerk, Kunst und Spiritualität, so wie sie im Mittelalter bestanden hatte, diente dabei als Inspirationsquelle. Die Suche nach Schlichtheit und Ehrlichkeit spiegelte sich in der Rückkehr zu handwerklichen Bautraditionen und der unverhüllten Präsentation von Konstruktionen und Baumaterialien wider.[16]

Ein erstes Beispiel dafür ist das berühmte «Red House», das Philip Webb 1859 für seinen Freund William Morris entwarf. Auch in seinem späteren Entwurf für das Landhaus «Standen» ist dieses Streben nach einer Synthese zwischen Landschaft, Architektur und Handwerkstradition deutlich erkennbar. In den Entwürfen, die Morris selbst für Bezugsstoffe und Tapeten machte, spielen stilisierte Naturformen eine wichtige Rolle. Morris wollte dem täglichen Leben wieder seine Schönheit und Wahrhaftigkeit zurückgeben. Seiner Meinung nach kam in jedem Baustil der moralische Gehalt einer Zeitepoche zum Ausdruck – daher der fast religiöse Eifer, mit dem er nach einem wahren und reinen Stil suchte.

Es ist die Art Nouveau oder der Jugendstil, der um 1890 als erster neuer Stil aus dieser Suche nach neuen Wegen für Architektur und Gestaltung hervorgeht. Kennzeichnend für den Jugendstil ist, dass er sich nicht mehr an der Vergangenheit orientiert, sondern seine Inspiration in der Natur und der mensch-

Denn worum geht es? Darum, wieder einen Stil zu besitzen! Nicht nur ein Königreich, sondern den Himmel für einen Stil, lautet der blanke Verzweiflungsschrei; das ist das große, verlorene Glück. Es geht darum, die «Scheinkunst», das heißt die Lügen, zu bekämpfen und wieder das Wesen, nicht nur den Schein zu besitzen.[17]

– Hendrik Petrus Berlage

Ich wollte etwas anderes: ehrlich und aufrichtig jenen Formen, die meinem Gefühl entsprangen, eine Gestalt geben.

– Victor Horta

Wohnhaus Cogels-Osylei, Antwerpen, Jacques De Weerdt, um 1898

Wohnhaus Victor Horta, Dachfenster des Treppenhauses

Wohnhaus und Atelier Victor Horta, Treppenhaus Brüssel, Victor Horta, 1898–1901

lichen Kreativität sucht. Gusseisen und Glas werden vielfältig verwendet und erfahren zum ersten Mal eine künstlerische Formgebung. Genau wie für die «Arts and Crafts»-Bewegung bildet die Natur auch für den Jugendstil eine wichtige Inspirationsquelle.[18] Einige Elemente, wie Ranken, Blumen und Insekten, sind geradezu buchstäblich der Natur abgeschaut. In anderen Fällen geht es um eine freie Gestaltung, die zwar eine Verwandtschaft zur Natur aufweist, aber dem Gefühl des Planers entsprungen ist. So betont etwa Henry van de Velde, dass er nicht die Natur nachahmen will, sondern nach einer natürlichen Formgebung sucht.

Auftraggeber dieser reich verzierten und arbeitsaufwändigen Gestaltung waren die begüterte Bürgerschaft und reich gewordene Industrielle. Die Wohnhäuser, die diese um 1900 für sich bauen ließen, gehören zu den schönsten Beispielen, die jene Strömung hervorgebracht hat.

Eines der prächtigsten noch erhaltenen Häuser ist das Wohnhaus, das der belgische Architekt Victor Horta (1861–1947) 1893 für sich in Brüssel bauen ließ.[19] Das Haus besitzt eine für diese Zeit unkonventionelle Räumlichkeit. Ohne von Fluren Gebrauch zu machen, verbindet das zentrale Treppenhaus alle Stockwerke und wichtigen Räume miteinander. Diese Treppe beginnt im Erdgeschoss, schraubt sich die verschiedenen Stockwerke empor und endet in einer der ästhetischsten Illusionen, die der Jugendstil hervorgebracht hat. Unter dem gläsernen Oberlicht des Treppenhauses wurden zwei Spiegel derart einander gegenüber angebracht, dass sie ihre raffinierte Linienführung und den pastellfarbenen Hintergrund bis ins Unendliche widerspiegeln. Der fließende Raum findet seine Fortsetzung in der beweglichen Formgebung des Treppengeländers, der Balustrade, der Möbel und Ornamente. Das gesamte Interieur und das Mobiliar scheinen in eine fließende, ästhetische Bewegung versetzt worden zu sein.

Was insgesamt ausnahmslos vermieden wird, ist alles, was parallel und symmetrisch ist. Die Natur ist der größte Baumeister, und doch schafft sie nichts, das parallel oder symmetrisch ist.[20]

– Hector Guimard

Eingang der Metrostation «Porte Dauphine», Paris, Hector Guimard, 1900–1901

Detail einer gusseisernen Einfassung, Paris, Hector Guimard

Der besondere Gebrauch, den der Jugendstil von Gusseisen und Glas machte, lässt sich auch gut an den Entwürfen verdeutlichen, die der französische Architekt Hector Guimard (1867–1942) für die Eingänge der Pariser Metro schuf. Noch stärker als bei Horta erhält die fließende Linie hier einen räumlichen Charakter, und das Gusseisen wird noch plastischer bearbeitet. Jede Form wird in Bewegung versetzt und scheinbar zu einer Art geheimnisvollen Lebens erweckt. Diese Gestaltung war so markant, dass sie der gesamten Strömung in Frankreich den Beinamen «Style métro» einbrachte.

Die hohen Kosten, welche die arbeitsintensive Formgebung des Jugendstils mit sich brachte, gruben ihm gegen 1910 langsam das eigene Grab. Der Ausbruch des Ersten Weltkrieges 1914 bedeutete das definitive Ende dieses ästhetischen Traumes.

Die Wirklichkeit, in der Europa nach dem Ersten Weltkrieg erwachte, unterschied sich in vielerlei Hinsicht drastisch von der Periode davor. Nicht nur die diplomatischen und politischen Machtverhältnisse hatten sich einschneidend verändert, auch mit neuen sozialen Problemen sah man sich konfrontiert. Eines davon war die Unterbringung einer großen Zahl von Arbeitern. Die einzig sinnvolle Antwort darauf schien eine weitgehende Industrialisierung und Standardisierung, auch in der Baupraxis, zu sein.

Es ist der Funktionalismus, mitunter auch als «Internationaler Stil» bezeichnet, der sich dieser Aufgabe verschrieb. Viel stärker als beim Jugendstil war bei ihm die unlösliche Beziehung zwischen Architektur und sozialer Wirklichkeit der Ausgangspunkt. Statt des Strebens nach Schönheit wollte der Funktionalismus den praktischen Gebrauch, die Funktion in den Mittelpunkt stellen. Dieser Gebrauch wurde vorab analysiert und bildete in der Folge die Basis für den Entwurf und die Grundrisse.[22]

Die notwendigen Konsequenzen der ökonomisch optimalen Produktion sind Rationalisierung und Standardisierung. Sie haben entscheidenden Einfluss auf die Art des heutigen Bauens.[21]

– CIAM, Erklärung von La Sarraz

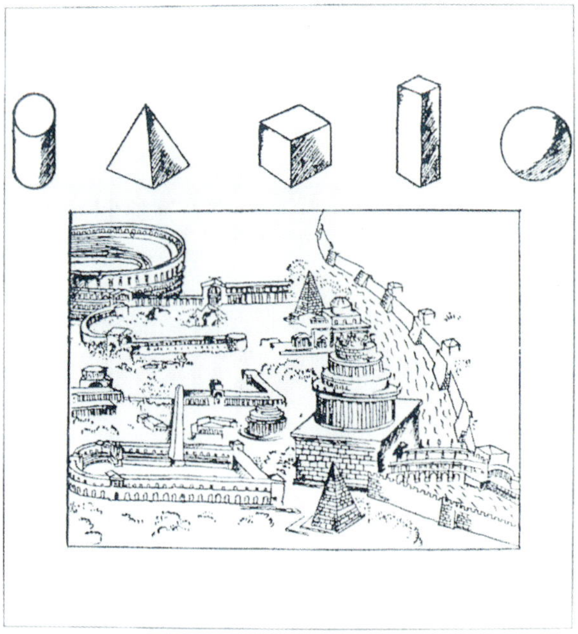

Skizze von geometrischen Figuren über dem antiken Rom, aus «Vers une architecture», Le Corbusier, 1920–1921

Villa Savoye, Poissy, Le Corbusier, 1928–1929

Die Baukunst ist das weise, treffliche und großartige Spiel aller Bauwerke, die sich unter der Sonne befinden. Licht und Schatten entschleiern die Formen. Die Würfel, die Kegel, die Pyramiden sind die großen primären Formen, die das Sonnenlicht entschleiert. Ihr Bild erscheint uns rein, greifbar, und aus diesem Grunde sind es schöne Formen, die allerschönsten Formen.[23]

– Le Corbusier

Einen Durchbruch für das moderne Bauen stellte die Weißenhof-Siedlung dar, die 1927 unter Leitung des deutschen Architekten Ludwig Mies van der Rohe (1886–1969) in Stuttgart realisiert wurde. Siebzehn Architekten, unter ihnen Hans Scharoun, Le Corbusier und J.J.P. Oud, schufen Entwürfe für experimentelle Wohnhäuser und Appartements. Auffallend ist die strenge, überwiegend geometrische Formgebung, die Verwendung von Flachdächern und weißen Wänden – Elemente, die sich später zu den typischen Merkmalen des Neuen Bauens entwickelten.

Mit Gründung des CIAM (Congrès Internationaux d'Architecture Moderne) 1928 erhielt die Bewegung auch eine gemeinsame Basis, und es entstand eine ideelle Plattform, die einen großen Einfluss auf die Architektur und den Städtebau im zwanzigsten Jahrhundert haben sollte. Bereits in der Gründungserklärung von La Sarraz (Schweiz) wurde die Wiederherstellung der Beziehung von Architektur und sozial-gesellschaftlicher Wirklichkeit, der Einsatz moderner Baumaterialien sowie eine Rationalisierung und Standardisierung des Bauens gefordert.

Einer der Wortführer des CIAM war der gebürtige Schweizer Charles-Edouard Jeanneret-Gris, besser bekannt als Le Corbusier (1887–1965). Schon seit Beginn der zwanziger Jahre setzte er sich in Schriften und Entwürfen für eine neue Architektur ein. Selbstverständlich sollte sich diese von überlieferten Stilelementen befreien. Die Nutzung und der Grundriss bildeten die einzigen gesunden Ausgangspunkte für einen Entwurf. Daneben entwickelte er ein neues Prinzip für die Tragstruktur von Wohngebäuden. Es bestand aus einem System von Betonsäulen und Decken, wodurch eine vollkommen freie Einteilung der Stockwerke möglich wurde.

Das alles gipfelte 1927 in Le Corbusiers Formulierung von fünf Ausgangspunkten für die moderne Architektur. Durch den Gebrauch von Säulen wurde es möglich, das Gebäude von der Erdoberfläche zu lösen, die Stockwerke frei einzuteilen und die nicht mehr tragenden Wände nach Belieben zu formen. Des Weiteren plädierte Le Corbusier für die Verwendung von breiten horizontalen Glasstreifen und Flachdächern mit Dachterrassen.[24]

Deutscher Pavillon der Weltausstellung in Barcelona, Ludwig Mies van der Rohe, 1929

Ein rätselhafter Aspekt ist dabei seine Vorliebe für geometrische Formen. Sie lässt sich zum Teil dadurch erklären, dass sie einfach sind und den angestrebten Bruch mit der Vergangenheit zweifelsfrei zum Ausdruck bringen. Auch passt ihr abstrakter Charakter gut zur rationalen Herangehensweise an das Bauen. Doch damit ist nicht alles erklärt. Le Corbusiers Schriften künden vor allem davon, dass er die geometrischen Formen für die reinsten und schönsten hielt. Sie seien sowohl für das Auge wie für den Geist das Vollkommenste. Die sogenannte funktionale Annäherungsweise an das Bauen kleidet sich also in eine geometrische Formgebung, ohne dass diese für die Funktion die geeignetste zu sein braucht! Es ist Hugo Häring, der bereits auf dem ersten CIAM-Treffen in La Sarraz auf diesen Widerspruch hinweist und für eine Gestaltung plädiert, die tatsächlich der Funktion entspringt.

Die Aufgabe der Architekten ist es deshalb, sich in Übereinstimmung zu bringen mit den großen Tatsachen der Zeit und den großen Zielen der Gesellschaft, der sie angehören, und ihre Werke danach zu gestalten. Sie lehnen es infolgedessen ab, gestalterische Prinzipien früherer Epochen und vergangener Gesellschaftsstrukturen auf ihre Werke zu übertragen, sondern fordern ein jeweils neues Erfassen einer Bauaufgabe und eine schöpferische Erfüllung aller sachlichen und geistigen Ansprüche an sie.[25]

– CIAM, Erklärung von La Sarraz

Vergleichen wir die Formgebung und Annäherungsweise des Jugendstils mit der des Funktionalismus, dann fällt auf, dass sie nahezu polaren Charakter haben. Der Jugendstil ist gekennzeichnet durch die Verwendung fließender Formen und eines reichen Dekors. Im Funktionalismus hingegen wird hauptsächlich mit geometrischen Formen gearbeitet, die meist jeglichen Zierrats entbehren. Während im Jugendstil Formen ineinander übergehen und Grenzen zu verschwimmen scheinen, werden im Funktionalismus Formen klar voneinander getrennt und manchmal sogar in Einzelelemente zerlegt.

Ein markantes Beispiel dafür ist der Entwurf, den Mies van der Rohe für den deutschen Pavillon zur Weltausstellung 1929 in Barcelona machte. Hier ist der geschlossene Baukörper aufgebrochen und aufgeteilt in separate Wände, Dachflächen und Stützen, die zusammen eine ausgewogene Komposition bilden und den fließenden Raum gliedern. Derselbe Gegensatz zwischen Funktionalismus und Jugendstil lässt sich auch im Umgang mit Farbe wiederfinden. Während im Funktionalismus der Gebrauch von Weiß und den Primärfarben vorherrscht, schwelgt der Jugendstil in Pastellfarben und Farbverläufen.

Diese polaren Ausdrucksformen entspringen den verschiedenen Quellen, aus denen beide Strömungen ihre Inspiration beziehen. Der Jugendstil scheint vor allem aus dem Gefühl zu schöpfen und

Als ich 1922 im Auftrag des Herbstsalons das Diorama einer Stadt mit drei Millionen Einwohnern entwarf, vertraute ich mich den sicheren Bahnen der Vernunft an, die Lyrik von ehedem war verdaut, ich hatte die Empfindung, mich mit dem zu verbinden, was ich an unserer Zeit liebe.[26]

– Le Corbusier

daher nach einer ästhetischen, gefälligen Formgebung zu streben. Dabei bleibt die reiche Verzierung häufig nur dekorativ und hat wenig oder nichts mit der Funktion zu tun. Der Funktionalismus hingegen geht vom Denken aus und versucht durch rationale Annäherung zu funktionalen Lösungen zu gelangen. Dabei wird von einer geometrischen Formgebung Gebrauch gemacht, die ebenfalls nicht unbedingt in Beziehung zur Funktion steht.

In der Mitte zwischen diesen beiden Strömungen entsteht auch die organische Architektur. Mit dem Jugendstil hat sie gemein, dass auch für sie die Natur eine Inspirationsquelle ist. Sie wird allerdings nicht dazu benutzt, um Ornamente hinzuzufügen, sondern dient als grundlegendes Prinzip, um zur Gestaltung zu kommen. Mit dem Funktionalismus hat sie gemein, die Funktion in den Mittelpunkt zu stellen. Anstatt diese in eine uniforme geometrische Formensprache zu kleiden, wird jedoch nach einer Gestalt gesucht, die dem Wesen der Bauaufgabe entspricht und dieser Ausdruck verleiht.

Noch weniger als der Jugendstil oder der Funktionalismus ist die organische Architektur eine zusammenhängende Strömung mit eindeutigen Ausgangspunkten. Sowohl was die grundlegenden Prinzipien als auch die verwendeten Formen angeht, bestehen zwischen ihren Verfechtern große Unterschiede. Auf eine Anzahl von ihnen wollen wir daher in den folgenden Absätzen im Einzelnen eingehen.

Louis Sullivan

Zu den frühesten Pionieren der organischen Architektur gehört der amerikanische Architekt Louis Henry Sullivan (1856–1924). Bekannt wurde er vor allem durch seinen Beitrag zur Entwicklung der Wolkenkratzer in den achtziger und neunziger Jahren des neunzehnten Jahrhunderts. Die Notwendigkeit, höhere Bürogebäude zu bauen, resultierte aus dem rapiden Anstieg der innerstädtischen Grundstückspreise in der zweiten Hälfte des neunzehnten Jahrhunderts. Technisch ermöglicht wurde der Bau der Wolkenkratzer durch die Erfindung des Personenaufzugs und die Verwendung von Stahl als Konstruktionsmaterial. Bis zu dieser Zeit hatte die Tragstruktur von Bürogebäuden hauptsächlich aus Stein bestanden, der, je höher man baute, einen immer größeren Teil der Grundfläche in Beschlag nahm. Zusammen mit William Le Baron Jenney und Dankmar Adler, mit denen er ab 1879 kooperierte, gehört Sullivan zu den Ersten, die Stahl als Konstruktionsmaterial für hohe Bürogebäude einsetzten.[27]

Das Besondere des Beitrags, den Sullivan zur Entwicklung der Wolkenkratzer leistete, liegt darin, dass er ihnen zum ersten Mal einen eigenen Ausdruck zu verleihen wusste. Schon vor seiner Zeit gab es hohe Gebäude; diese hatten jedoch vielfach das Aussehen von vertikal gestreckten Renaissancepalästen. Sullivan stützte sich nicht länger auf die Vergangenheit, sondern suchte nach einer Formgebung, die durch den Wolkenkratzer selbst inspiriert war.

Durch den Einsatz von durchlaufenden vertikalen Pilastern betonte er die Höhe des Gebäudes. Diese Pilaster entspringen unten einem soliden Sockel und finden ihren Abschluss in einer zierlichen Kranzleiste. Dieser dreiteilige Aufbau spiegelt die funktionelle Gliederung des Gebäudes, wie Sullivan selbst in «The Tall Office Building Artistically Considered» beschreibt.[28] Die beiden untersten Stockwerke waren für Geschäfte reserviert, darüber folgte eine beliebige Anzahl gleichartiger Bürostockwerke, die von einem Stockwerk für die technischen Anlagen abgeschlossen wurden. Das «Wainwright Building»

Es ist das Gesetz, von dem alle organischen und unorganischen Dinge, alle menschlichen und übermenschlichen Dinge, alle wahren Manifestationen des Herzens, der Seele durchzogen sind, dass das Leben in seinem Ausdruck erkennbar ist, dass die Form immer der Funktion folgt. Dies ist das Gesetz.[29]

– Louis H. Sullivan

von 1890/91 ist das früheste, das 1895 vollendete «Guaranty Building» das reifste Beispiel dieses dreiteiligen Aufbaus.

Die Idee, sich bei der Formgebung eines Gebäudes von der Funktion inspirieren zu lassen, hatte Sullivan der Natur entlehnt. Nach jahrelangem Studium war er zu dem Schluss gekommen, dass in der Natur die Form stets der Funktion folgt, ja, dass die Funktion die treibende Kraft ist, welche die Form organisiert und letztlich erscheinen lässt. Dabei fasste er den Begriff «Funktion» allerdings viel weiter, als es später im Funktionalismus gebräuchlich wurde. Für ihn beinhaltete die Funktion nicht nur das Funktionieren, sondern auch die Art und das Wesen eines Organismus oder der Bauaufgabe. In seinem berühmten Ausspruch «form follows function» kommt diese Überzeugung in komprimierter Form zum Ausdruck. Dieser Ausspruch sollte zum Credo des Funktionalismus werden und zu einer stark reduzierten Formgebung führen. Für Sullivan hatte dieses Prinzip jedoch eine viel tiefere Bedeutung: Es

Guaranty Building, Buffalo, Adler & Sullivan, 1894–1895

Innenansicht des Auditorium Building, Chicago, Adler & Sullivan, 1886–1889

Veränderung des Organischen, Bleistiftskizze, aus: «A System of Architectural Ornament», Louis H. Sullivan, 1922

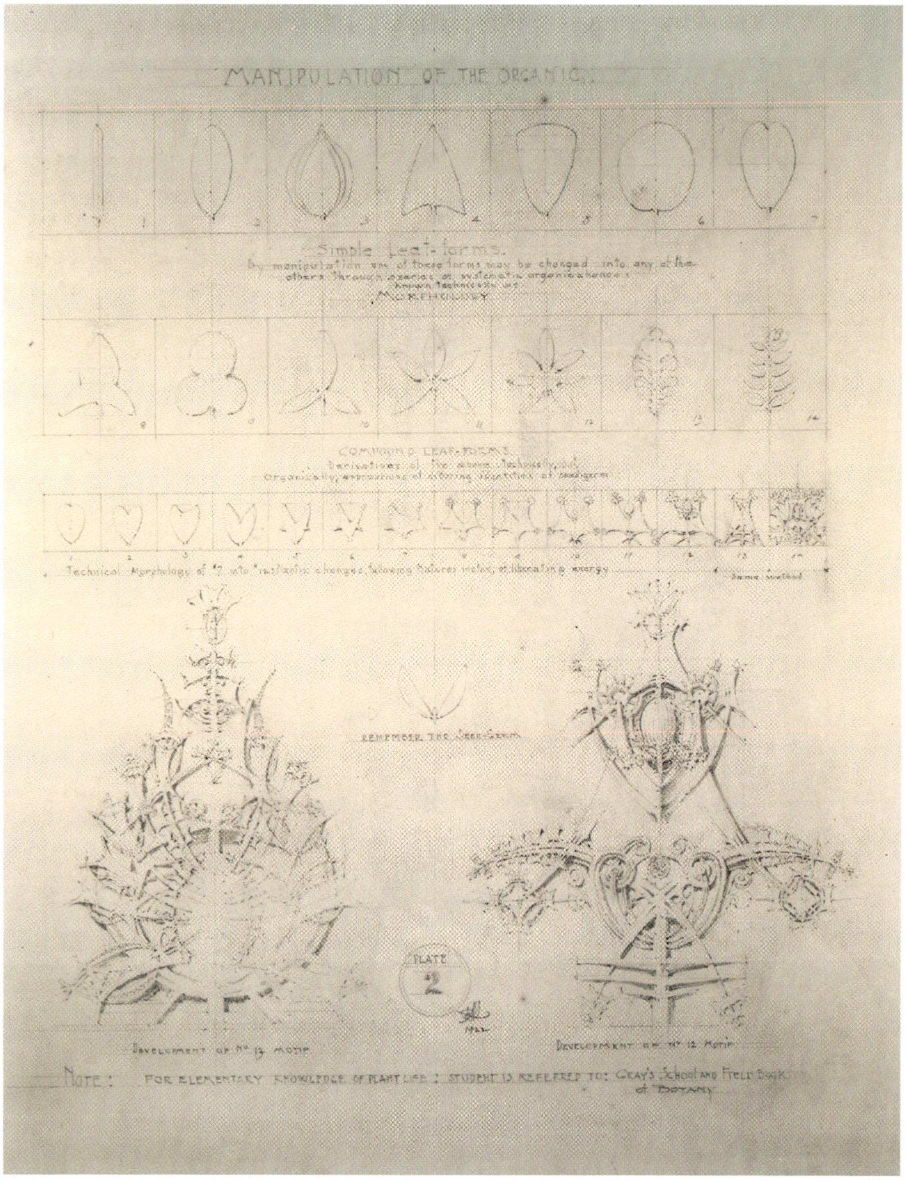

Und als er weiter forschte, entdeckte er, dass es in Wirklichkeit nicht einfach nur eine Frage der durch die Form ausgedrückten Funktion war, sondern dass die entscheidende Idee jene war: dass die Funktion ihre Form selbst schuf oder organisierte. […]
Deshalb begann Louis alle Funktionen in der Natur als Kräfte anzusehen, als Offenbarung der Allmacht des Lebens, und somit trat die menschliche Kraft in direkte Beziehung mit allen anderen Kräften. Die Anwendung dieser Idee auf die Kunst der Architektur war offensichtlich genug: dass nämlich die Funktion eines Gebäudes seine Form vorherbestimmen und organisieren muss.[30]

– Louis H. Sullivan

bildete seinen Leitfaden bei der Suche nach einer Gestaltung, die als Ausdruck der Bauaufgabe dienen konnte.

Es fällt auf, dass Sullivan sich dabei überwiegend geometrischer Bauvolumen bediente. Diese wurden jedoch mit außergewöhnlich reichen Ornamenten versehen. Insbesondere in dieser lebendigen Verzierung kommt seine Liebe zur Natur deutlich zum Ausdruck. Wer seine Wolkenkratzer aus der Nähe betrachtet, erkennt, dass sie von oben bis unten mit prachtvollen Ornamenten überzogen sind. Diese mildern nicht nur die strenge Hauptform seiner Gebäude, sondern scheinen sie auf subtile Weise zum Leben zu erwecken.

In seinen letzten Lebensjahren fasste er seine Gedanken über die Bedeutung des Ornaments in einer Reihe von Zeichnungen und Texten zusammen, die 1924 unter dem Titel *A System of Architectural*

Perspektivische Zeichnung zu «A Home in a Prairie Town», Frank Lloyd Wright, 1900

Ornament According with a Philosophy of Man's Powers erschienen. In diesem Buch zieht er eine Verbindung zwischen den psychischen Fähigkeiten des Menschen und der Entwicklung verschiedener Ornamentformen. Sein architektonisches Ornament ist keine sinnlose Verzierung, sondern ein Appell an die Entwicklung innerer Fähigkeiten.[31]

Die Natur ist die einzige sichtbare Ausdrucksform Gottes, die wir je kennen lernen werden.[34]

– Frank Lloyd Wright

Sullivan selbst war sich sehr wohl der Anfechtbarkeit seines Strebens bewusst, Gebäude durch Gestaltung zum Leben zu erwecken. Er sah dies jedoch als Aufgabe eines Architekten an, denn nur dadurch kann etwas von bleibendem Wert realisiert werden. Bereits 1887 bemerkt er hierzu: «Man mag behaupten, dass ich Unrecht habe, wenn ich lebende mit leblosen Dingen vergleiche, aber dies ist der wahre Kern eines geheimnisvollen Themas; denn ich betone ausdrücklich, dass ein Gebäude mit intensivem, wenn auch stillem Leben erfüllt sein soll, weil es dem Leben seines Architekten entsprungen ist. Auf keiner anderen Grundlage können Resultate von dauerhaftem Wert erreicht werden.[32]

Frank Lloyd Wright

Es war der amerikanische Architekt Frank Lloyd Wright (1869–1959), der sich zum bekanntesten Anwalt der organischen Architektur und einem der genialsten Architekten des zwanzigsten Jahrhunderts entwickelte. Bereits vor seiner Geburt hatte seine Mutter das Gefühl, dass ihr zukünftiger Sohn ein großer Architekt werden würde, und in diesem Sinne wurde seine Erziehung begonnen.[33] Seine Jugend wurde von drei Elementen bestimmt, die auf seine späteren Arbeiten großen Einfluss haben sollten:

Durch das Tal in Wisconsin, in dem er aufwuchs, wurde Wrights Liebe für Landschaft und Natur geweckt. Seine Erziehung fügte dem ein Interesse für Kunst und Kultur hinzu, für Musik, Philosophie und Literatur, unter anderem von Bach, Emerson, Blake und Goethe. Daneben hatte er ein lebhaftes

Taliesin, Frank Lloyd Wright, 1911

Haus «Fallingwater», Innenansicht

Es ist die Natur jedes organischen Gebäudes, sich aus seinem Standort heraus zu entwickeln, sich aus dem Boden zu erheben, hin zum Licht.[35]

– Frank Lloyd Wright

Der Raum innerhalb des Gebäudes ist die Essenz dieses Gebäudes. Im Unity Temple dachte ich, dass ich sie gefunden hätte, diese Idee, dass die Essenz eines Gebäudes nicht länger nur aus den Wänden und dem Dach besteht. So entstand dieses Gefühl für Freiheit, das in die heutige Architektur eingegangen ist und das wir organische Architektur nennen.[36]

– Frank Lloyd Wright

Interesse an der Technik, was ihn letztendlich dazu bewegte, sich an der University of Wisconsin School of Engineering einzuschreiben. Nachdem er sein Studium dort vorzeitig abgebrochen hatte, zog er 1887 nach Chicago, wo er sechs Jahre lang im Büro von Adler & Sullivan tätig war. Von 1890 an war er verantwortlich für den Entwurf von Privathäusern – eine Aufgabe, die ihn sein weiteres Leben lang beschäftigen sollte.

Sullivan, für den er große Verehrung hegte, verdankte Wright das Ideal einer organischen Architektur. Allmählich jedoch erweiterte er dieses Konzept und entwickelte neue Ausdrucksformen. Während bei Sullivan die Betonung auf der Beziehung zwischen Form und Funktion lag, trat bei Wright das Verhältnis von Gebäude und Umgebung in den Vordergrund.

Diese Tendenz ist bereits in den Entwürfen erkennbar, die er zwischen 1900 und 1911 für jene Häuser machte, die später als seine *Prärie-Häuser* bezeichnet wurden. Die Weite, Schönheit und Ruhe der Prärie erforderten seiner Meinung nach eine eigene architektonische Gestaltung. Als Antwort darauf schuf er eine Architektur, die gekennzeichnet ist von horizontalen Linien, sanft geneigten Dächern, großen Dachüberständen und weitläufigen Terrassen. Diese rufen den Eindruck einer starken Verbundenheit mit der Erde hervor und einer intensiven Wechselwirkung zwischen Innenraum und Außenraum. Für viele seiner Gebäude entwarf er auch das Interieur, inklusive der Beleuchtung und des Mobiliars, sodass das Ganze eine zusammenhängende Einheit bildete.

Nachdem seine erste Ehe 1911 gescheitert war, kehrte Wright in das Tal seiner Jugend zurück und baute dort ein Haus mit Ateliers, das er «Taliesin» nannte, nach einem keltischen Druiden und Barden, der den Ruhm der schönen Künste besang. «Taliesin» bedeutet «strahlende Stirn», und wie eine strah-

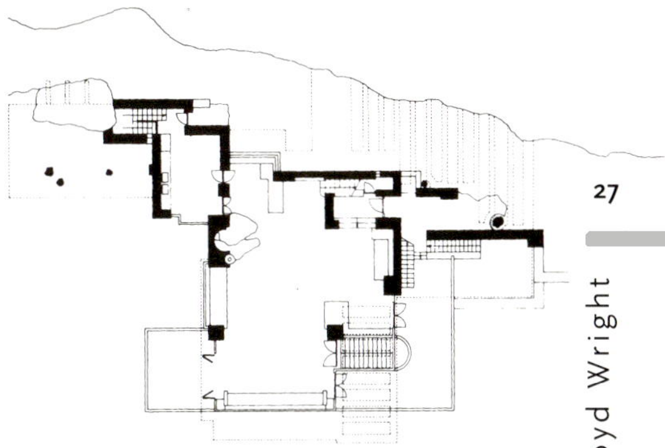

Ich begann die Natur der Materialien zu studieren, sie sehen zu lernen. Ich lernte einen Ziegel als einen Ziegel zu sehen, Holz als Holz, aber auch Beton, Glas oder Metall [...] Heute sehe ich, dass es keine organische Architektur geben kann, in der die Natur der Materialien ignoriert oder falsch verstanden wird.[39]

– Frank Lloyd Wright

lende Krone versuchte er sein gegen den Hügel gebautes Haus zu formen. Er tat dabei alles, um eine Synthese zwischen der von ihm geliebten Landschaft und seinem neuen Haus zustande zu bringen.[37]

Das berühmteste Beispiel für eine derartige Synthese ist wahrscheinlich das Haus «Fallingwater», das er 1935 für die Familie Kaufmann in Bear Run / Pennsylvania entwarf. Das Haus liegt oberhalb eines kleinen Wasserfalls und zieht durch die Gliederung des Baukörpers, seiner Terrassen und offenen Wände vollsten Profit aus dieser einzigartigen Lage. Die Geschlossenheit des Innenraums wurde hier vollkommen durchbrochen. Durchgehende Wände und Glasfassaden sorgen für eine intensive Interaktion zwischen dem Innenraum und dem natürlichen Außenraum. Auch der Innenraum selbst wurde in Bewegung versetzt. Die statische Einteilung in unterschiedliche Räume wurde zugunsten eines gegliederten, durchgängigen Innenraums aufgegeben.[38]

Haus «Fallingwater», Bear Run, Pennsylvania, Frank Lloyd Wright, 1935–1939

Haus «Fallingwater», Grundriss

Werkbundtheater, Köln,
Henry van de Velde, 1914

Der Künstler ist seiner innersten Essenz nach glühender Individualist, freier spontaner Schöpfer; aus freien Stücken wird er niemals einer Disziplin sich unterordnen, die ihm einen Typ, einen Kanon aufzwingt. Instinktiv misstraut er allem, was seine Handlungen sterilisieren könnte, und jedem, der eine Regel predigt, die ihn verhindern könnte, seine Gedanken bis zu ihrem eigenen freien Ende zu durchdenken, oder die ihn in eine allgemein gültige Form hineintreiben will, in der er doch nur eine Maske sieht, die aus einer Unfähigkeit eine Tugend machen möchte.[49]

– Henry van de Velde

Noch im selben Jahr brach der Erste Weltkrieg aus, und er musste 1915, als Untertan einer feindlichen Nation, seine Anstellung in Weimar aufgeben. Bevor er Weimar verließ, schlug er jedoch Walter Gropius als seinen Nachfolger an der Kunstgewerbeschule vor, und jener war es, der das Institut einige Jahre später zum berühmten Bauhaus umformte.

Antoni Gaudí

Ganz im Gegensatz zum kosmopolitischen Lebenslauf Henry van de Veldes konzentrierten sich Leben und Werk des katalanischen Baumeisters Antoni Gaudí (1852–1926) größtenteils auf eine Stadt: Barcelona. Gaudís eigenwilliges Œuvre wird meist dem Jugendstil zugerechnet, unterscheidet sich aber in wesentlichen Punkten von den anderen Vertretern dieser Strömung. Während die Verwendung von fließenden Linien sich im Jugendstil größtenteils auf zweidimensionale Ornamente beschränkte, erhält bei Gaudí der gesamte Baukörper einen beweglichen und plastischen Charakter. Gaudís Formensprache ruft dadurch vielfältige Assoziationen mit der lebendigen Natur hervor, umfasst aber auch zahlreiche Elemente, die ausschließlich seiner Fantasie entsprungen sind. Diese reiche Formensprache wird in vielen Fällen noch einmal mit farbigen Kacheln und fantasievollen Ziegelmustern bedeckt.

Ein Beispiel hierfür bildet die zwischen 1904 und 1906 entstandene Casa Batlló. Die leicht gewölbte Straßenfassade ist mit pastellfarbenen Kacheln in unregelmäßigen Mustern versehen. Das Farbigste ist jedoch das Dach, das der Form nach am ehesten noch an einen Drachenrücken erinnert und völlig mit in Farbverläufen glasierten Dachpfannen gedeckt ist. Plastisch bearbeitet sind auch die Fenster-

Die Ecken werden verschwinden, und die Materie wird sich reinlich in ihren astralen Rundungen offenbaren; die Sonne wird durch alle vier Seiten eindringen, und es wird wie eine Vorstellung des Paradieses sein.[50]

– Antoni Gaudí

Casa Batlló, Barcelona, Antoni Gaudí, 1904–1906

Casa Batlló, Eingangsbereich mit Treppenhaus und Portiersfenster

Casa Batlló, Naturstein-fassade, erster Stock

rahmen aus Naturstein im ersten Stock und die Säulen im Erdgeschoss. Hier scheint die Materie zum Leben erweckt zu werden und in ein dynamisches Spiel wogender Formen aufgenommen zu sein. In der Halle kommt diese Dynamik zur Ruhe, und man betritt eine stillere Welt aus Licht und Farbe. Im Zentrum des Gebäudes befindet sich das Treppenhaus, das die verschiedenen Appartements erschließt. Rechts und links davon liefern zwei blau gekachelte Lichthöfe das benötigte Tageslicht. Die Fenster dieser Lichthöfe verändern ihre Form in jedem Stockwerk wie metamorphosierende Blätter an einem Stängel.

Man würde Gaudí nicht gerecht, wenn man in ihm nur den fantasievollen, höchst originellen Architekten sähe. Vielen seiner bemerkenswerten Formen liegen konstruktive Überlegungen zugrunde. So folgen die Krümmungen der Bögen und Gewölbe oftmals sehr exakt dem Kräfteverlauf der Konstruktion. Auch schief stehende Säulen, wie Gaudí sie zum Beispiel im «Parca Güell» verwendete, orientieren sich an der Belastung, die auf sie einwirkt.[51]

Zur Ermittlung dieser Formen benutzte er vielfach Kettenmodelle. Wenn man eine Kette an zwei Punkten aufhängt, dann nimmt sie unter dem Einfluss der Schwerkraft eine parabolische Form an, in welcher die Zugkräfte gleichmäßig verteilt sind. Auch wenn man mehrere Ketten aneinander befestigt, entsteht die optimale Form des Kräfteverlaufs praktisch von selbst. Kehrt man nun diese durch die Zugkräfte bestimmte Form in Gedanken um, sodass man eine stehende Konstruktion erhält, dann hat man automatisch die Form, die für die Aufnahme von Druckkräften am günstigsten ist.

Statt mit festen Plänen an die Realisierung eines Baus heranzugehen, arbeitet er während der Konstruktion ständig weiter. So wie die Pflanzen in der Natur sich wachsend verändern, so ergeben sich Gaudís Bauten nach und nach.[52]

– Rainer Zerbst über Antoni Gaudí

Diese Methode wandte Gaudí unter anderem bei seinem Entwurf für die Krypta «Colònia Güell» (1898–1917) an. In den Skizzen, die Gaudí für diese Kirche anfertigte, ist das Prinzip der Kettenlinien

Spiralförmige Säulen im Parca Güell, Barcelona, Antoni Gaudí 1900–1914

Kettenmodell im Maßstab 1:10 für die Kirche der Colònia Güell, Antoni Gaudí

Entwurfsskizze für die Kirche Colònia Güell, Antoni Gaudí, 1898–1917

noch deutlich erkennbar. Genau wie in der lebendigen Natur stellen für Gaudí diese in der Konstruktion wirksamen Kräfte ein wichtiges formbestimmendes Prinzip dar.

Bemerkenswert ist: Je organischer Gaudís Formensprache wird, umso mehr erhält auch seine Arbeitsweise den Charakter eines Wachstumsprozesses. Nur selten wurden seine Entwürfe anhand bis ins Detail ausgearbeiteter Bauzeichnungen ausgeführt. Viele Entwürfe existierten nur als stimmungsvolle Skizzen. Der eigentliche Entwurf «wuchs» während des Baus, unter anderem in Rücksprache mit den ausführenden Handwerkern, und erhielt erst so seine schlussendliche Gestalt.

Das gilt vielleicht am meisten für Gaudís wichtigstes Werk, die «Sagrada Familia», an der er von 1883 bis 1926 arbeitete.[53] Als er 1883 den Auftrag für diese Kirche erhielt, war mit dem Bau nach einem neogotischen Entwurf des Architekten Villar bereits begonnen worden. Auf der Basis der im Bau befindlichen Krypta musste Gaudí seine eigenen Pläne weiterentwickeln. Anfänglich blieb er dabei der Gotik treu, aber allmählich entwickelte er eine freiere Formgebung und neue Konstruktionsprinzipien. Strebepfeiler, die er als «die Krücken der Gotik» betrachtete, wurden durch schräg stehende Säulen ersetzt. Noch ungewöhnlicher sind die geplanten Säulen für das Mittelschiff, die durch ihre Verzweigungen Assoziationen mit der Pflanzenwelt hervorrufen.

Nach Gaudís eigener Aussage hat er die Inspiration für diese Formen auch tatsächlich von Bäumen erhalten. Doch entspringen auch diese Formen nicht dem Bestreben, die Natur nachzubilden, sondern sich in das Kräftespiel der Konstruktion hineinzuversetzen. Diese organische Herangehensweise verbindet sich bei der «Sagrada Familia» mit einem tief religiösen Empfinden, dessen Widerklang gleichfalls im Entwurf zu finden ist. Nach Gaudí ist die ganze Kirche als ein «mystischer Körper» aufzufassen,

Die so konstruierten Kirchenschiffe wirken fast ätherisch leicht. Die Säulen scheinen gar keine Last tragen zu müssen. Gaudí selbst sprach davon, dass bei ihm der klassische Gegensatz von Lasten und Tragen aufgehoben sei.[54]

– Rainer Zerbst

Ostfassade der Sagrada Familia, Barcelona, Antoni Gaudí, 1883–1926

Innenansicht der Sagrada Familia im Modell, Barcelona, Antoni Gaudí

Wollen Sie wissen, wo ich mein Vorbild gefunden habe? Ein aufrechter Baum; er trägt seine Äste und diese die Zweige und diese die Blätter. Und jeder einzelne Teil wächst harmonisch, großartig, seit der Künstler Gott ihn geschaffen hat.[55]

– Antoni Gaudí

in der die zwölf Türme die zwölf Apostel symbolisieren und der Vierungsturm, der 170 Meter hoch werden sollte, Christus selbst repräsentiert.

Als Gaudí 1926 bei einem tragischen Straßenbahnunglück ums Leben kam, waren erst drei Türme des Ostportals vollendet. Der Entwurf war im Lauf der Jahre so viel größer und komplexer geworden, dass Gaudí seine Vollendung nicht mehr miterleben durfte. Allerdings war der Entwurf als Modell zum größten Teil vollendet, sodass anhand dessen der Bau nach seinem Tod fortgesetzt werden konnte. Noch heute trägt dieses Modell das Versprechen eines unvergleichlichen Form- und Raumerlebnisses in sich – ein Versprechen, das hoffentlich in naher Zukunft eingelöst werden wird.

Hugo Häring

Der Architekt hingegen schafft eine «Gestalt», ein Werk von geistiger Lebendigkeit und Erfülltheit, ein Objekt, das einer Idee, einer höheren Kultur angehört und dient. Diese Arbeit beginnt da, wo der Ingenieur aufhört, sie beginnt mit der Verlebendigung des Werkes. Diese Verlebendigung ist nicht dadurch zu erreichen, dass man den Gegenstand, das Bauwerk, unter einem ihm fremden Gesichtspunkt umformt, sondern dadurch, dass man die in ihm selbst verschlossene wesentliche Gestalt erweckt, pflegt und züchtet.[56]

– Hugo Häring

Im Vergleich zum Werk Gaudís haben die Arbeiten des deutschen Architekten Hugo Häring (1882–1958) nur einen bescheidenen Umfang und wenig aufsehenerregenden Charakter. Die Entwürfe, die er hinterlassen hat, sind jedoch sehr sorgfältig durchdacht und fußen auf einem starken theoretischen Fundament. Wie kein anderer hat Häring versucht, die moderne Architektur durch die Kraft von Argumenten in eine organische Richtung zu lenken. Dadurch hat er auf spätere Architekten wie Hans Scharoun einen großen Einfluss ausgeübt.

Häring war von Anfang an mit der Architektur der Moderne verbunden. Zusammen mit Mies van der Rohe gründete er den Verbund «Der Ring», eine Bewegung für moderne Architektur in Deutschland. Als Sekretär des «Ringes» wohnte er der Gründung des CIAM 1928 in La Sarraz bei. Dort musste sein Plädoyer für eine organische Annäherungsweise an das Bauen jedoch hinter Le Corbusiers Vorliebe für eine geometrische Formgebung zurückstehen.

In Härings Auffassung vom Funktionalismus ist ein Gebäude oder ein Gebrauchsgegenstand ein «Organ» der Funktion. In der Erweiterung dessen suchte er nach einer «organhaften» Gestaltung, die dem Gebrauch entsprang. Der Architekt sollte beim Entwurf bis zum Wesen der Bauaufgabe vordringen und von dort aus eine «wesenhafte Gestaltung» erreichen. Ein Gebrauchsgegenstand oder ein Gebäude sollte nicht nach von außen auferlegten Prinzipien gestaltet sein, sondern seine Form einzig und allein von innen heraus, in Übereinstimmung mit seinem eigenen Wesen und seiner Bestimmung, erhalten. Der Prozess des Entwerfens ist auf diese Weise eine Suche nach der in der Aufgabe selbst eingeschlossenen Form.

Aus dieser Überzeugung erwuchs ein lebenslanger Kreuzzug Härings gegen wesensfremde Elemente im Entwurf, ob diese nun den historischen Stilen oder der Geometrie entstammten. Was die Letztere angeht, so hatte das vor allem Le Corbusier auszubaden. Seine oft etwas simplen Vergleiche zwischen Architektur und Maschinen wurden haarklein seziert, wobei Häring nachwies, dass die von Le Corbusier so bewunderte Schönheit von Dampfschiffen und Flugzeugen nicht den Gesetzmäßigkeiten der Maschine entsprang, sondern der Anpassung an das natürliche Element, in dem sie sich bewegten, und somit eigentlich «organhaft» waren.[57]

In dem Entwurf für Gut Garkau, einem Bauernhof in der Nähe von Lübeck, tritt Härings Herangehensweise am deutlichsten zutage. Jedes einzelne Bauteil des Bauernhofes erhielt eine eigene, seiner

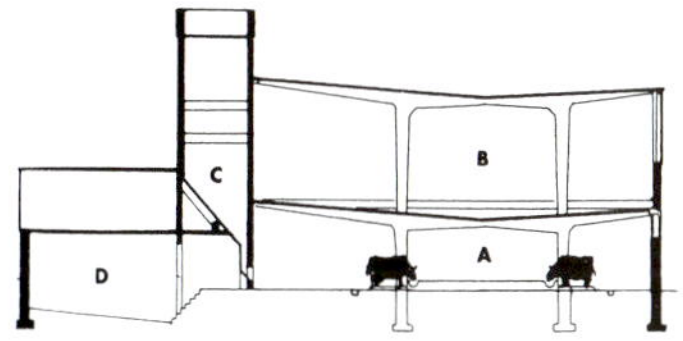

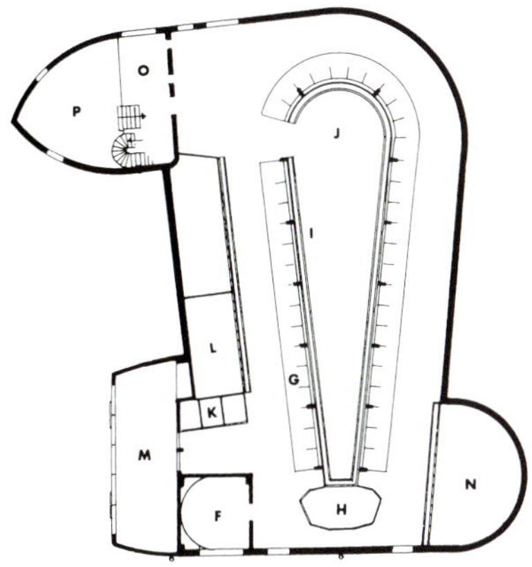

Nutzung angemessene Form. Im Kuhstall stehen die Tiere nicht in langen Reihen, sondern rund um einen zentralen Futterplatz. An dessen Kopfende gibt es einen separaten Verschlag für den Stier. Das Futter der Tiere wird im darüber liegenden Stockwerk aufbewahrt und kann durch eine Luke in der Mitte nach unten gereicht werden. Der Boden dieses Stockwerks wölbt sich zu den Außenmauern hin nach oben, sodass die überschüssige Wärme der Tiere auf natürliche Weise nach draußen abgeleitet wird. Da das Dach dieselbe Form aufweist, ergibt sich hier in der Mitte eine Vertiefung, die genutzt wird, um das ganze Regenwasser in einem Punkt zu sammeln. So versuchte Häring für jedes Bauteil die Lösung zu finden, die der gestellten Aufgabe auf die einfachste Weise gerecht wurde.[58]

Kuhstall des Guts Garkau bei Lübeck, Hugo Häring, 1924–1925

Gut Garkau, Grundriss und Querschnitt des Kuhstalls

Dieselbe Absicht liegt seinen Studien über Wohnungsgrundrisse aus den zwanziger Jahren zugrunde. Diese basieren auf detaillierten Studien über das Wohnen, mittels derer er versuchte, für jede der verschiedenen Aktivitäten eine passende Form zu finden und diese dann zu einem zusammenhängenden Ganzen zu verbinden. Dort, wo sich Treppen und Verkehrsräume befinden, scheint das Haus den Bewegungen seiner Bewohner zu folgen, während in Ruheräumen, wie dem Esszimmer, auch der Raum zur Ruhe kommt.[59]

Diese Studien zum Gebäude als «Organ» beschränkten sich häufig auf die Grundrisse, in denen die Beziehung zwischen der Nutzung und der Form nun einmal am stärksten ist. Wenn Häring diese Grundrisse in einen räumlichen Entwurf umsetzte, verloren sie meist viel von ihrer Überzeugungskraft.

Ganz anders verhält sich dies bei den frühen Arbeiten von Erich Mendelsohn (1887–1953), die alle aus perspektivischen Skizzen entstanden und eine expressive Plastizität besitzen. Das bekannteste Beispiel dafür ist wohl Mendelsohns Entwurf für den «Einsteinturm» in Potsdam von 1920–1924. Faszi-

Das Bedürfnis, Form zu schaffen, verleitet den Künstler immer wieder zu Stilversuchen, verleitet ihn immer wieder dazu, im Interesse eines Ausdrucks Formen über die Objekte auszubreiten, während die Form der Leistungserfüllung dazu führt, dass jedes Ding seine eigene wesenhafte Gestalt erhalte und behalte.[60]

– Hugo Häring

Organhaftes Bauen hat gar nichts mit der Nachahmung von Organwerken der geschöpflichen Welt zu tun. Die entscheidende Forderung, die man vom Standpunkt der Organik aus stellt, ist die, dass die Gestalt der Dinge nicht mehr von außen bestimmt wird, sondern dass sie in der Wesenheit des Objekts gesucht werden muss.[61]

– Hugo Häring

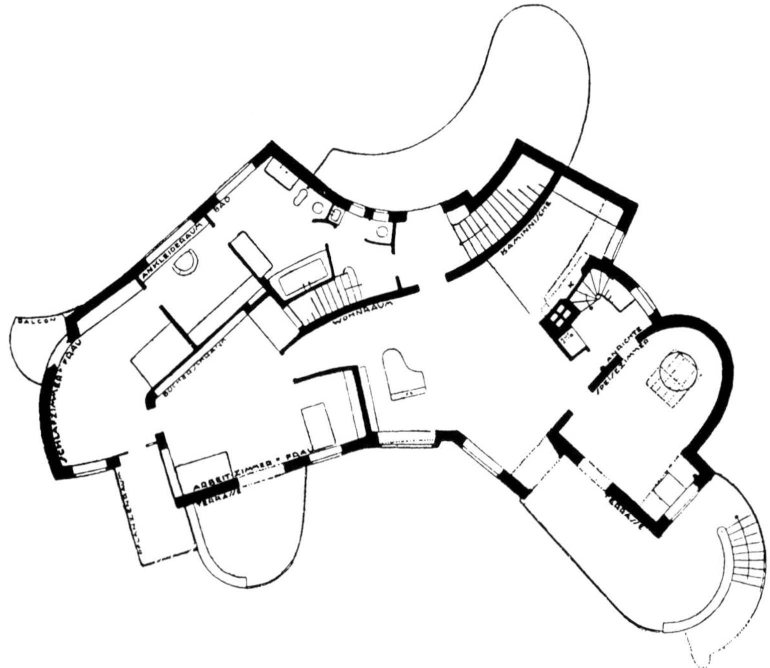

Studie zum Grundriss eines Wohnhauses, Hugo Häring, 1923

nierend ist vor allem die Beziehung zwischen einer seiner späteren Entwurfsskizzen und dem endgültigen Entwurf.[62] Die beherrschte Plastizität des Einsteinturmes steht in seiner Zeit ziemlich allein und zeigt noch die größte Verwandtschaft zu den Entwürfen, die Rudolf Steiner in denselben Jahren machte.

Die enge Verbindung zwischen Form und Funktion, so wie Häring sie anstrebte, war sowohl die Stärke als auch der Schwachpunkt seiner Entwürfe. Der Gebrauch eines Gebäudes ist schließlich der Veränderung unterworfen, und dabei verliert die Form ihre Legitimation. Dieses Problem war der Kern der Meinungsverschiedenheit zwischen Hugo Häring und Mies van der Rohe. Aus dem erwähnten Grund plädierte van der Rohe für eine «neutrale» Form, die verschiedenen Nutzungsmöglichkeiten Raum bieten kann; allerdings wird dadurch nie die von Häring angestrebte Einheit von Form und Funktion erreicht.[63]

Vergleichen wir die fünf bis jetzt besprochenen Architekten miteinander, so fällt auf, dass ihr Werk, ungeachtet gemeinsamer Intentionen, jeweils einen stark individuellen Charakter besitzt. Von einer gemeinsamen Formensprache kann keine Rede sein. Jeder von ihnen bezieht sich auf Prinzipien, die der lebendigen Natur entlehnt sind, setzt aber dabei jeweils andere Akzente.

Für Sullivan war die Funktion des Gebäudes der Ausgangspunkt für die Formgebung. Das Ornament, das er seinen geometrischen Baukörpern hinzufügte, sollte mit diesen eine inhaltliche Einheit bilden. Im Werk Frank Lloyd Wrights spielt die Beziehung zwischen dem Gebäude und seiner Umgebung eine wichtige Rolle. Auch sollen die Baumaterialien in Übereinstimmung mit ihren Eigenarten verwendet werden. Dabei steht der Mensch als Benutzer seiner Gebäude immer im Mittelpunkt. Bei

Einsteinturm, Potsdam, Erich Mendelsohn, 1920–1924

Skizze zum Einsteinturm, Erich Mendelsohn, 1920

Gaudí hält ein plastisches Element seinen Einzug. Indem er sich in die auftretenden Kräfte hineinversetzt, kommt er zu natürlichen Konstruktionsformen. Henry van de Velde konzentriert sich vor allem auf den Gebrauch und die Herstellung der Objekte, wobei er ein Bewusstsein für die Ausdruckskraft von Formen entwickelt. Hugo Häring schließlich versucht das Wesen einer Entwurfsaufgabe zu ergründen und auf diesem Wege zu der Form zu gelangen, die als «Organ» der Funktion dienen kann.

So verschieden diese Ausgangspunkte auf den ersten Blick auch sein mögen, sie müssen sich nicht gegenseitig ausschließen. In der Natur sind schließlich ebenfalls verwandte Prinzipien *gleichzeitig* wirksam. Sie können auch als individuelle Ansatzpunkte bei der Suche nach einer einheitlichen Herangehensweise an die organische Architektur aufgefasst werden. In diesem Licht betrachtet, ist es auch nicht verwunderlich, dass sich viele dieser Themen im Werk Rudolf Steiners wiederfinden. Dabei fügt Steiner – viel nachdrücklicher, als es bei den anderen der Fall ist – eine geistige Dimension hinzu. Diese durchzieht all seine Entwürfe und lässt die oben angesprochenen Themen in einem neuen Licht erscheinen. Weil vieles in der heutigen organischen Architektur von seinem Gedankengut beeinflusst ist, werden wir hierauf im folgenden Kapitel etwas ausführlicher eingehen.

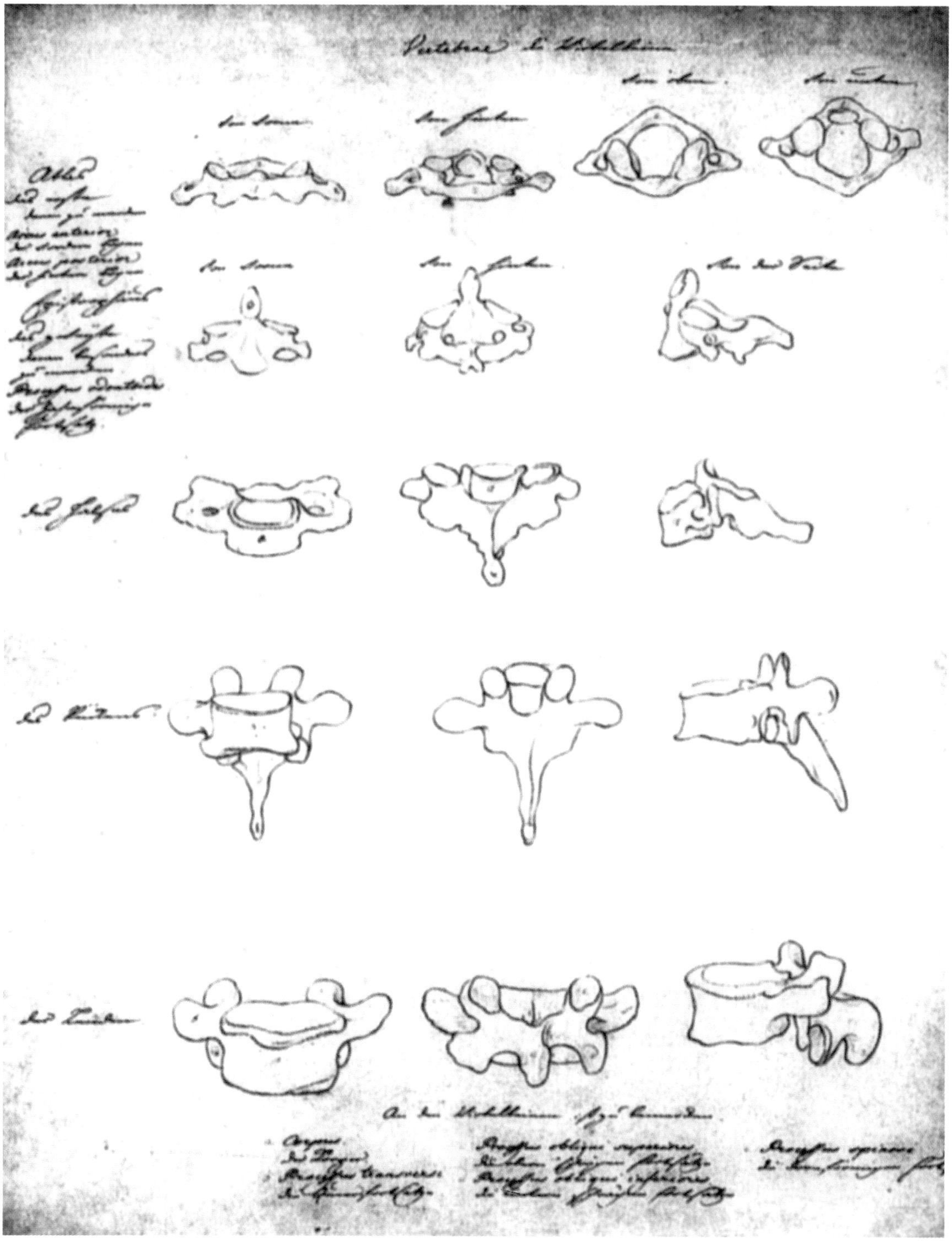

Metamorphose von Wirbeln, Zeichnung von Johann Wolfgang Goethe, um 1790

Die anthroposophisch-organische Architektur

Anthroposophie ist ein Erkenntnisweg, der das Geistige im Menschenwesen zum Geistigen im Weltenall führen möchte.[65]

– RUDOLF STEINER

In denselben Jahren, in denen Sullivan, Wright, Gaudí, Häring und viele andere nach neuen Wegen in der Architektur suchten, entwickelte auch Rudolf Steiner (1861–1925) seinen Ansatz einer organischen Architektur. Ebenso wie die anderen Pioniere der organischen Architektur wandte sich Steiner gegen die «Neo-»Stile des neunzehnten Jahrhunderts, die er für den Ausdruck einer untergehenden Kultur hielt.[64] Demgegenüber wollte er eine neue Kunst und eine neue Architektur schaffen, die in einer spirituellen Sichtweise von Mensch und Welt wurzeln sollten.

In seiner Anthroposophie beschreibt Steiner den Menschen als ein geistiges, sich entwickelndes Wesen. Jede Kulturperiode benötigt somit eigene architektonische Ausdrucksformen, die zur Bewusstseinsentwicklung der jeweiligen Zeit passen. Nachdem sich die westliche Kultur in den vergangenen Jahrhunderten in zunehmendem Maße von ihren natürlichen, sozialen und religiösen Zusammenhängen emanzipiert hat, ist es seiner Meinung nach notwendig, in unserer Zeit eine neue Verbindung zur geistigen Wirklichkeit herzustellen.

Obwohl Steiner nicht als Architekt oder Künstler ausgebildet worden war, sondern einen naturwissenschaftlichen und philosophischen Hintergrund hatte, gestaltete er zwischen 1907 und 1925 zahlreiche Entwürfe für die unterschiedlichsten Gebäude. Die seinen Entwürfen beigefügten Erläuterungen rücken Ausgangspunkte in den Vordergrund, denen wir schon zuvor bei anderen Vertretern der organischen Architektur begegnet sind. So treffen wir das von Sullivan formulierte Prinzip «form follows function» und Wrights Betonung der Beziehung zwischen einem Gebäude und seiner Umgebung beziehungsweise zwischen Teilen eines Gebäudes und dem Ganzen bei Steiner nahezu identisch an.

Daneben führt Steiner jedoch auch Prinzipien ein, denen wir nirgends sonst begegnen. Eines der wichtigsten davon ist der Grundsatz der «Metamorphose», des inneren Zusammenhangs zwischen sich mit der Zeit entwickelnden Formen. Dieses Prinzip spielt in Steiners Architektur eine Schlüsselrolle, weil es die Brücke bildet zwischen der sinnlich wahrnehmbaren und der geistigen Wirklichkeit. Weil Steiner hiermit an das naturwissenschaftliche Werk Goethes anknüpft, wollen wir zuerst darauf ausführlicher eingehen.

Müsset im Naturbetrachten
Immer eins wie alles achten;
Nichts ist drinnen, nichts ist draußen;
Denn was innen, das ist außen.
So ergreifet ohne Säumnis
Heilig öffentlich Geheimnis.[68]

– Johann Wolfgang Goethe

Goethes naturwissenschaftliches Werk

Die heutige Bekanntheit Goethes (1749–1832) beruht in erster Linie auf seinen Leistungen als Dichter, als Autor von Romanen, Dramen und Gedichten. Er selbst hielt jedoch seine naturwissenschaftlichen Forschungen, besonders seine Farbenlehre, für sein bedeutendstes Lebenswerk. Viele Jahrzehnte forschte er auf geologischem, pflanzen- und tierkundlichem Gebiet, widmete sich der Wetterkunde und insbesondere der Optik und Farbenlehre.[66] Er entwickelte dabei eine ganz eigene phänomenologische Methodik, mittels derer er versuchte, in die schöpferischen Gesetzmäßigkeiten der Natur einzudringen.

In seinem zweiundzwanzigsten Lebensjahr wurde Rudolf Steiner 1883 gebeten, die Ausgabe über Goethes wissenschaftliche Arbeiten für Kürschners *Deutsche Nationallitteratur* zu bearbeiten.[67] Sechs Jahre später wurde ihm angeboten, in Weimar an der Ausgabe von *Goethes Gesammelten Werken* mitzuarbeiten. Beide Aufträge bedeuteten für Steiner eine intensive Auseinandersetzung mit Goethes naturwissenschaftlichem Werk und dessen Verhältnis zur Philosophie und den Naturwissenschaften des neunzehnten Jahrhunderts.

Die Bedeutung Goethes für die Naturwissenschaft liegt – nach Steiner – nicht so sehr in seiner Entdeckung neuer Fakten, sondern in der Art und Weise, wie er die Natur studierte.[69] Goethe richtete seine Aufmerksamkeit niemals nur auf Einzelheiten, sondern bemühte sich stets, diese in ihrem Zusammenhang zu sehen. Wenn er einen Stein untersuchte, dann behielt er immer auch die Landschaft im Hinterkopf, aus der der Stein stammte. Beim Studium von Pflanzen oder Skeletten ging es ihm ebenfalls nicht so sehr um die einzelnen Formen, sondern vor allem um die Beziehung, in der sie zueinander standen. Auf diese Weise entwickelte er ein Bewusstsein für die Zusammenhänge und Entwicklungsprozesse.

Bei der Entdeckung des Entwicklungsgedankens durch die deutschen Idealisten hat Goethe eine zentrale Rolle gespielt. Nachdem dieser Gedanke erst einmal gefunden war, wurden in der Folge alle Gebiete der Wissenschaft und Kultur unter diesem Gesichtspunkt betrachtet. Goethe selbst richtete dabei seine Aufmerksamkeit auf die Entwicklung der Pflanzen und Tiere, studierte aber daneben auch als Erster die Gesetzmäßigkeiten des menschlichen Lebenslaufs. Für Goethe ist das Wesentliche der lebendigen Natur, dass sie sich im Spannungsfeld von Wesen und Erscheinungsform entwickelt. Diese Entwicklung ist ein chronologischer Prozess, in dem verschiedene Formen nacheinander in Erscheinung treten. Jede dieser Formen unterscheidet sich von den anderen, aber sie zeigen doch eine Verwandtschaft untereinander. Es sind Abwandlungen eines Grundmotivs, das selbst unsichtbar bleibt. An den Blättern einjähriger Pflanzen oder den Wirbeln einer Wirbelsäule lässt sich dieses Prinzip gut studieren.

Ein jeder, der das Wachstum der Pflanzen nur einigermaßen beobachtet, wird leicht bemerken, dass gewisse äußere Teile derselben sich manchmal verwandeln und in die Gestalt der nächstliegenden Teile bald ganz, bald mehr oder weniger übergehen.[70]

– Johann Wolfgang Goethe

Das Prinzip der Metamorphose spielt auf verschiedenen Ebenen eine Rolle. So sind alle Blätter an einem Stängel, ja sogar die Blütenblätter, Staubfäden und alle anderen Organe einer Pflanze als Metamorphosen des Blattes anzusehen. Alle Pflanzen sind jedoch auch wieder Metamorphosen einer «Urpflanze», wie Goethe sie nannte. Dabei geht es nicht um eine sichtbare Pflanze, sondern um das schöpferische Urbild aller Pflanzen. Die Natur verbirgt diese schaffenden Kräfte hingegen nicht, sondern offenbart sie in ihren Erscheinungsformen. Goethe spricht in diesem Zusammenhang von einem «offenbaren Geheimnis». Um es zu ergründen, benötigt man jedoch ein intensiviertes Wahrnehmungsvermögen und ein lebendiges Denken.

Kennzeichnend für diese Annäherung an die Natur ist, dass der Untersuchende kein distanzierter

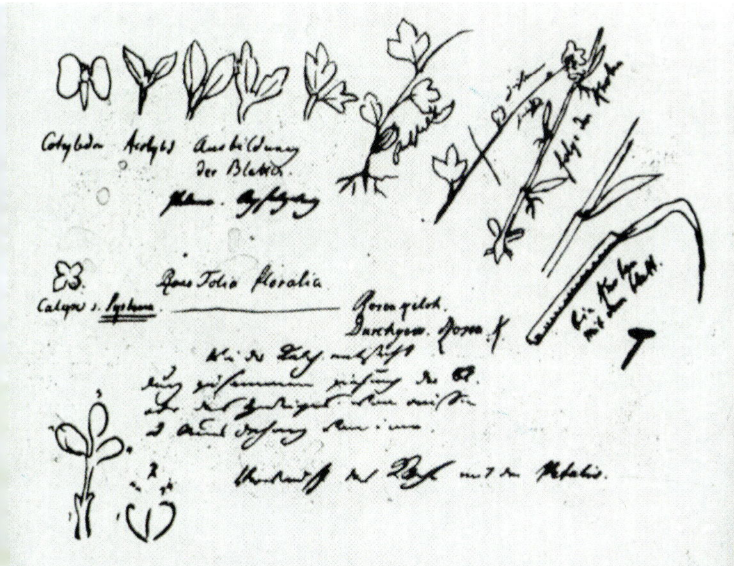

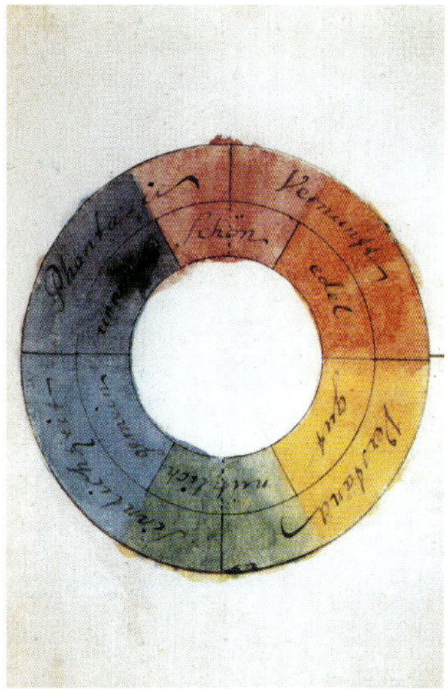

Die Metamorphose der Pflanze, Zeichnung von Johann Wolfgang Goethe, nach 1790

Farbkreis, Johann Wolfgang Goethe, 1809

Beobachter ist, sondern sich geradezu in sein Untersuchungsobjekt hineinversetzen muss. Zuallererst geht es um eine geschärfte Wahrnehmung der Phänomene und im Weiteren darum, ihre Formensprache innerlich nachzubilden und sich ihr bewusst zu werden. Zum Beispiel ist die Metamorphose einzelner Blätter als solche unsichtbar; nur wenn man sich in die einzelnen Formen hineinversetzt, kann man ihre Beziehung zueinander im Inneren wahrnehmen. Dringt man weiter in diese Formprozesse vor, dann fällt das eigene Denken in gewisser Hinsicht mit den schaffenden Kräften der Natur zusammen.

Ebenso wie die Entdeckung jedes anderen Naturgesetzes will dieses Vordringen in die Formprozesse der Natur zum Ausdruck gebracht werden. Das geht jedoch nicht mittels abstrakter naturwissenschaftlicher Formeln. Für Goethe ist die Kunst der einzig würdige Dolmetscher dieses tieferen Erlebens. Daher sind Wissenschaft und Kunst für ihn nicht zwei getrennte Welten, sondern aufs engste miteinander verbunden. Wenn diese beiden Hand in Hand gehen, dann hat das zugleich eine spirituelle Dimension, weil man damit den Urquell des Lebens berührt.[72]

Nach Steiners Ansicht gelingt es Goethe auf diese Weise, eine Brücke zwischen der sinnlich wahrnehmbaren und der geistigen Wirklichkeit zu schlagen. Als Steiner nach 1907 selbst auf dem Gebiet von Kunst und Architektur aktiv wird, knüpft er in diesem Punkt an Goethe an.

Wem die Natur ihr offenbares Geheimnis zu enthüllen anfängt, der empfindet eine unwiderstehliche Sehnsucht nach ihrer würdigsten Auslegerin, der Kunst.[71]

– Johann Wolfgang Goethe

Steiners Suche nach einer spirituellen Kunst und Architektur

Von 1900 an geht Steiner mit den Resultaten seiner hellsichtigen Untersuchungen an die Öffentlichkeit. Anfangs tut er dies in Form von Vorträgen und Büchern, aber um 1907 erwacht in ihm das Bedürfnis, seine Erfahrungen auch durch das Mittel der Kunst zum Ausdruck zu bringen. Die geistige Wirklichkeit offenbart sich dem Hellsichtigen nicht in Form abstrakter Gedanken, sondern als lebendige, schöpferi-

Theosophischer Kongress in München 1907, Innenansicht des Saals. In der ersten Reihe, zweite von links: Annie Besant, fünfter von links: Rudolf Steiner.

Innenansicht des Modellbaus von Malsch, nach einem Entwurf von Rudolf Steiner, ausgeführt von E. A. Karl Stockmeyer, 1909. Renovierung und künstlerische Ausgestaltung von Albert von Baravalle 1957–1965.

Man erobert sich durch die Metamorphosenanschauung das Lebendige. Man belebt damit das eigene Denken. Es wird aus einem toten zu einem lebendigen. Dadurch aber wird es fähig, das Leben des Geistes anschauend in sich aufzunehmen.[75]

– Rudolf Steiner

sche Wirklichkeit. In Gedankenform gefasst, verliert diese viel von ihrer Lebendigkeit. Und genau dieser Aspekt kann durch die Kunst vermittelt werden.

Steiners Beschäftigung mit den verschiedenen Künsten liegt von Anfang an das Betreben zugrunde, die spirituelle Wirklichkeit durch die Kunst erlebbar zu machen. Es geht daher nicht um den Gebrauch von Symbolen, sondern um künstlerisches Erleben. Das Kunstwerk soll durch seine Formen und Farben beim Betrachter einen Eindruck hervorrufen, der demjenigen des Hellsichtigen während seiner Vision nahe kommt. Auf diese Weise kann Kunst als Brücke zwischen der sinnlich wahrnehmbaren und der geistigen Wirklichkeit fungieren.

Der theosophische Kongress 1907 in München ist die erste Gelegenheit, bei der Steiner dazu übergeht, die ganze Gestaltung des Kongresses mit seinem Inhalt in Einklang zu bringen.[73] Die Ankündigungen und das Programm wurden eigens von Steiner entworfen; in das Programm wurde eine Aufführung von Eduard Schurés Drama *Die Mysterien von Eleusis* aufgenommen. Die Wände des Saales wurden mit dunkelrotem Stoff ausgekleidet, und an den so verkleideten Wänden wurden Tafeln angebracht, die nach Steiners Entwürfen angefertigte Darstellungen aus der Apokalypse des Johannes und sieben gemalte Säulen zeigten. Jedes Kapitell der aufeinander folgenden Säulen ist eine Metamorphose des vorhergehenden. Das von Goethe in der Natur entdeckte Prinzip der Metamorphose wurde hier durch Steiner in die Kunst eingeführt.

Einen ersten Schritt, diese bemalten Säulen in dreidimensionale Architektur umzusetzen, stellt der Modellbau von Malsch bei Karlsruhe dar. Dieses kleine Gebäude verdankt seine Entstehung unmittelbar dem Münchener Kongress. Einer der Teilnehmer, der damals neunzehnjährige E.A. Karl Stockmeyer, fragte Steiner nach Veranstaltungsende nach der zu den Säulen gehörenden Architektur. Er erhielt darauf die Antwort, dass dies ein ellipsenförmiger Raum mit zweimal sieben Säulen wäre. Anhand dieser Hinweise baute Stockmeyer zusammen mit seinem Vater ein maßstäbliches Modell, das so groß ist, dass man gerade darin stehen kann.[74]

Der Innenraum hat noch rein geometrischen Charakter. Das plastische Element beschränkt sich auf die Kapitelle, die hier erstmals als Reliefs gearbeitet sind. An den transparent gefärbten Wänden sind die apokalyptischen Siegel angebracht und an der kuppelförmigen Decke die ebenfalls von Steiner entworfenen Tierkreiszeichen. Wenngleich es sich hier nur um einen ersten Versuch handelt, vermag dieses

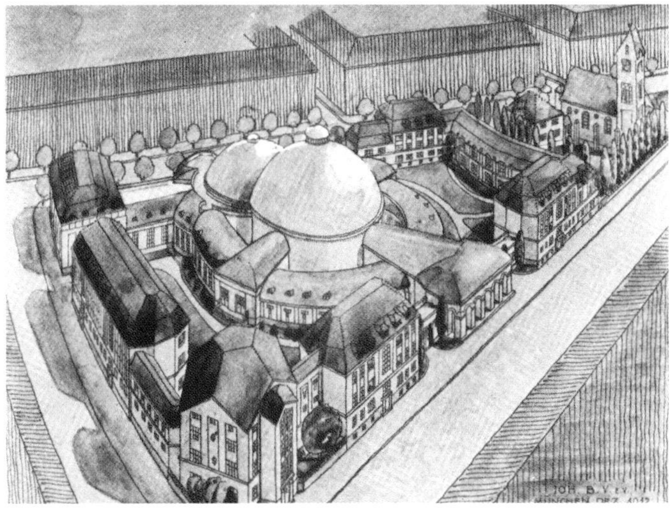

Gebäude immer noch einen starken Eindruck von den spirituellen Intentionen zu vermitteln, die Steiner mit seiner Architektur verband.

Kurze Zeit später, 1911, wurde in Stuttgart ein Haus für die Theosophische Gesellschaft (später die Anthroposophische Gesellschaft) gebaut. Außer einem ebenerdigen Vortragsraum beherbergte dieses Haus im Souterrain einen ellipsenförmigen Raum, der ebenfalls mit einer ringförmigen Decke, getragen von zweimal sieben Säulen, versehen war.

Im Anschluss daran bildete sich eine Initiative, die in München, dem Kunstzentrum jener Tage, einen großen Saal für die Aufführung der von Steiner verfassten Mysteriendramen realisieren sollte. Dabei handelte es sich um ein in Stein konzipiertes Gebäude, das von Häuserblocks umgeben wurde. In diesem Entwurf taucht erstmals das Motiv zweier sich durchdringender Kuppeln auf. Wegen anhaltender Schwierigkeiten mit den Baubehörden kam es jedoch nicht zu einer baulichen Umsetzung.[76]

Säulensaal im Haus der Theosophischen Gesellschaft, Landhausstraße, Stuttgart, 1911

Entwurfszeichnung für den Johannesbau in München, 1912

Das erste Goetheanum

Nach diesem ersten, vergeblichen Versuch, in München einen Theaterbau zu realisieren, wurde 1913 in Dornach, südlich von Basel, mit dem Bau des Goetheanums begonnen. Anlass zu diesem Bau waren die von Steiner seit 1909 geschriebenen Mysteriendramen. In ihnen wird, anhand der Erlebnisse einiger Menschen, ein Bild der individuellen Entwicklungswege und der Fügungen des Schicksals gezeichnet. Das Goetheanum sollte zum einen als Aufführungsort dieser Dramen und zum anderen als Zentrum der anthroposophischen Bewegung dienen.

Bei Entwurf und Bau des Goetheanums konzentrierte sich Steiners Bestreben darauf, eine Architektur zu entwickeln, die künstlerischer Ausdruck des Inhalts der Anthroposophie war. Um dies deutlich zu machen, verwendete Steiner häufig das Bild einer Nuss und der Nussschale oder eines Gugelhupfs und des Gugelhupftopfes. Wie die Nuss und die Nussschale aus derselben Gesetzmäßigkeit heraus geformt werden, so war es auch sein Bestreben, dass die Form des Goetheanums mit dem Inhalt, der in seinem Inneren lebendig sein sollte, übereinstimmte. Dabei ging es nicht um eine symbolische Wiedergabe von Gedankeninhalten, sondern um das künstlerische Erleben von Formen und Farben.[77]

Das Baumotiv des Goetheanums besteht aus zwei sich teilweise durchdringenden Kuppeln, einer

Dass solche Bilder gemacht werden, geht nicht etwa bloß aus einem Bedürfnisse nach einer Versinnlichung der übersinnlichen Vorgänge hervor, sondern es entspricht der Tatsache, dass das Hineinleben in diese Bilder – wenn sie die rechten sind – wirklich eine Erregung von Kräften bedeutet, welche in der Menschenseele schlummern, und durch deren Erweckung die Vorstellungen der übersinnlichen Welt auftauchen.[78]

– Rudolf Steiner

Skizze für Säulen und Architrav der kleinen Kuppel des ersten Goetheanums, Rudolf Steiner, 1913

Innenansicht des ersten Goetheanums im Modell, Rudolf Steiner, 1913

Wer die Formen betrachtet hat, aus denen sich die Gesamtgestaltung des Goetheanums in lebendiger Gliederung zusammenfügte, konnte ersehen, wie Goethes Metamorphoseideen in den Baugedanken eingegangen sind.[80]

– Rudolf Steiner

kleineren im Osten und einer größeren im Westen. Die größere enthielt den Zuschauerraum, während die kleinere der Bühne Platz bot. In der gegenseitigen Durchdringung beider Kuppeln spiegelte sich die anthroposophische Sicht des Verhältnisses zwischen der sinnlich wahrnehmbaren und der geistigen Wirklichkeit. Die große Kuppel repräsentiert dabei die sinnliche Welt, die kleine Kuppel die diese durchdringende geistige Wirklichkeit.

Ein wichtiger Unterschied zum Modellbau von Malsch, dem Saal in Stuttgart und den Plänen für München bestand darin, dass das Goetheanum jetzt nicht mehr im Verborgenen, sondern für alle sichtbar auf einem Hügel erbaut wurde. Das führte dazu, dass die Gestaltung der Außenseite, der bis dahin nur wenig Aufmerksamkeit geschenkt worden war, viel wichtiger wurde. Hierfür wurde eine plastische Formensprache entwickelt, die zum größten Teil in Holz ausgeführt wurde.

Der Grundriss und die Plastik des Goetheanums waren symmetrisch angelegt. Der Haupteingang des Goetheanums befand sich auf der Symmetrieachse an der Westseite. Von diesem Portal aus führten links und rechts zwei Treppen zum Saaleingang empor. Der Zuschauerraum umfasste ungefähr neunhundert Sitzplätze. Die große Kuppel wurde von zweimal sieben hölzernen Säulen getragen. Sowohl die Basis als auch das Kapitell der Säulen waren mit plastisch geformten Metamorphosemotiven versehen. Diese Motive entwickelten sich von einfachen Formen im Westen schrittweise hin zu komplizierteren Formen in der Mitte, um schließlich nach Osten hin wieder zu einer gewissen Schlichtheit zurückzukehren. Auch die kleine Kuppel des Bühnenraums wurde von Säulen getragen, hier jedoch von insgesamt zwölf.[79]

Zwischen den Säulen der großen Kuppel befanden sich farbige Glasfenster. Bilder des anthroposophischen Schulungsweges und des menschlichen Wesens waren hier in monochromes Glas geschliffen. Die zugehörige Technik war nach Steiners Anweisungen extra hierfür entwickelt worden. Die in das Glas geschliffenen Vorstellungen wurden durch den Lichteinfall sozusagen zum Leben erweckt. Durch diese Fenster wurde der Raum mit verschiedenfarbigem Licht erfüllt, und um die Säulen herum ergab sich ein lebendiges Zusammenspiel farbiger Schatten.[81]

Erstes Goetheanum, von Südwesten gesehen

Erstes Goetheanum, Querschnitt

Erstes Goetheanum, Grundriss

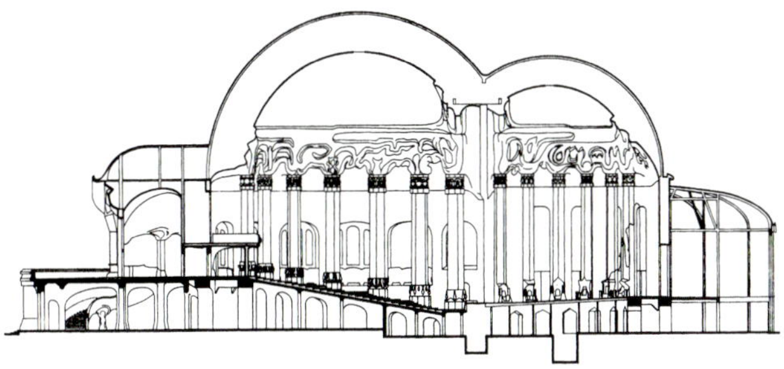

Ich habe öfter ein Bild gebraucht: Man betrachte eine Nuss und die Nussschale. Die Schale ist gewiss kein Symbol der Nuss. Aber sie ist aus denselben Gesetzmäßigkeiten heraus geformt wie die Nuss. So kann der Bau nur sein die Hülle, die in ihren Formen und Bildern künstlerisch den Geist verkündigt, der im Worte lebt, wenn Anthroposophie durch Ideen spricht.[82]

– Rudolf Steiner

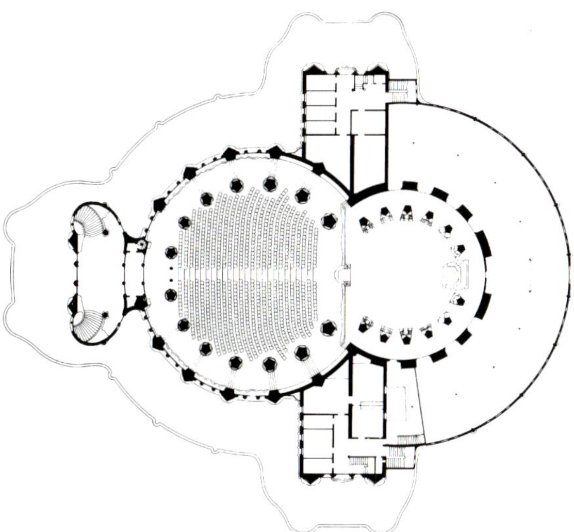

Gewohnt hat der Gott im griechischen Tempel, wohnen kann die Gemeinde mit ihrem Geiste in dem romanischen, im gotischen Bau, sprechen aber soll die Geisterwelt durch den Bau der Zukunft.[83]

– Rudolf Steiner

Erstes Goetheanum, Eingangsbereich mit Treppe zum Großen Saal

Erstes Goetheanum, Nordwestseite, von der Terrasse gesehen

Die Kuppel des Zuschauerraums und die der Bühne ruhten auf hohen, plastisch geformten Architraven und waren komplett mit farbigen Malereien überzogen. Die Gemälde der großen Kuppel vermittelten ein Bild von der Entstehungsgeschichte der Erde und den verschiedenen Kulturepochen, so wie sie in der Anthroposophie beschrieben werden. In der kleinen Kuppel hingegen waren die geistigen Wesen abgebildet, die die Entwicklung der verschiedenen Kulturen inspiriert haben.[84] Den Mittelpunkt dieser Malereien bildete im Osten ein Verweis auf das Mysterium von Golgatha, den Tod und die Auferstehung Christi. Darunter hätte, hinten auf der Bühne, eine etwa neun Meter hohe Holzschnitzerei aufgestellt werden sollen, die *Der Menschheitsrepräsentant* genannt wird. Diese ebenfalls von Steiner entworfene Bildgruppe thematisiert das Streben nach einem inneren Gleichgewicht zwischen den Kräften, die den Menschen zu sehr an die Erde binden wollen, und denjenigen, die ihn von ihr fortziehen wollen.

Neben den bildenden Künsten waren auch die musischen Künste vertreten, ja, der ganze Bau diente eigentlich dem gesprochenen Wort und der Aufführung der diversen Künste. Das Podium war für die Aufführung von Theaterstücken bestimmt, aber auch für Vorführungen der Eurythmie, eine von Steiner während des Baus des Goetheanums entwickelte Bewegungskunst. Des Weiteren befand sich über dem Eingang im Osten eine Orgel. Damit war das Ideal eines «Gesamtkunstwerks», wie es bei vielen Künstlern zu Beginn des zwanzigsten Jahrhunderts lebte, hier weitgehend realisiert.

Das Wesentliche wird sein [...], dass unser neuer Bau sich wie nach allen Seiten öffnet, dass seine Wände nach allen Seiten offen sind, allerdings nicht nach dem Materiellen, sondern offen sind hin nach dem Geistigen. [...] [Obwohl] wir abgeschlossen sind, erweitert sich der geistig-seelische Ausblick in die Weltenweite.[85]

– Rudolf Steiner

Erstes Goetheanum, Innenansicht, Bildrekonstruktion: Albert von Baravalle

Erstes Goetheanum, Eingangsbereich des Saals, Bildrekonstruktion: Wilfried Norton

Mit dem Ganzen war nicht so sehr ein ästhetisches als vielmehr ein spirituelles Ideal verbunden. Was Steiner vorschwebte, war eine neue Verbindung von Kunst, Wissenschaft und Religion. 1923 charakterisiert er die Anthroposophie als einen «Erkenntnisweg, der das Geistige im Menschenwesen zum Geistigen im Weltenall führen möchte». Dasselbe Streben liegt eigentlich auch dem Goetheanum zugrunde. Jede Kunst zielt darauf hin, beim Betrachter das Erleben der geistigen Wirklichkeit hervorzurufen. Damit werden Steiners vielfache Bemerkungen verständlich, dass er die Wände des Gebäudes «auflösen» oder «durchbrechen» wolle. Die Wände des Bauwerks müssen zwar den physischen Innenraum begrenzen, aber ihre Gestaltung, ihre Plastizität, die Verwendung von Farbe und Licht sollen solcher Art sein, dass sie den Besucher mit der geistigen Wirklichkeit um ihn herum verbinden. Während also Frank Lloyd Wright die Geschlossenheit der Innenräume aufhob, um sie mit dem natürlichen Außenraum zu verbinden, versuchte Steiner gerade, den Innenraum mit der geistigen Wirklichkeit in eine Verbindung zu bringen.

Steiner will dem Bauwerk damit einen zeitgenössischen Platz in der Kulturgeschichte geben. Wiederholt beschreibt er die Geschichte des Tempel- und Kirchenbaus als Ausdruck einer gewandelten Einstellung des Menschen zur geistigen Welt. Die vorchristlichen Tempel dienten als «Wohnstätten» der Götter, die christlichen Kirchen als Häuser der Zusammenkunft für die betende Gemeinde. Das Goethe-

Erstes Goetheanum, Rekonstruktion der Gemälde der kleinen Kuppel, Daniel van Bemmelen

Erstes Goetheanum, violette Fenster, mit Motiven aus dem pränatalen Leben

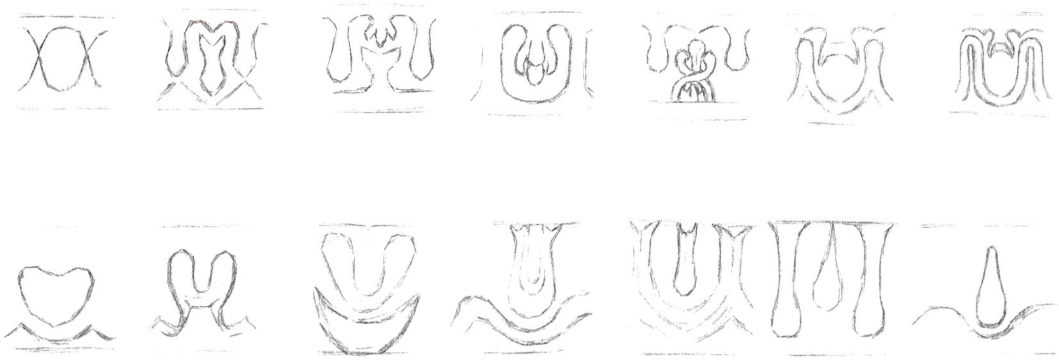

Erstes Goetheanum, Zeichnung einer Metamorphosenfolge von Kapitellen und Sockel, Säulen der großen Kuppel, Carl Kemper[86]

anum sollte ein Gebäude sein, in dem der moderne, sich entwickelnde Mensch eine neue Verbindung mit der geistigen Welt finden konnte. Diese bewusste Verbindung mit der Welt des Geistes betrachtete Steiner als Notwendigkeit für die heutige Zeit, um unserer Kultur fruchtbare Impulse geben zu können.

Die Nebengebäude rund um das Goetheanum

Der Bau des Goetheanums brachte die Notwendigkeit mit sich, in seiner näheren Umgebung mehrere Nebengebäude und Wohnhäuser zu erstellen. Auch für diese gestaltete Steiner zwischen 1913 und 1925 eigenhändig Entwürfe in Form von Skizzen und Modellen. Das Interessante an ihnen ist, dass sie Steiners Gedanken zur Architektur an eher alltäglichen Bauaufgaben illustrieren.[87]

Als eines der ersten wurde 1914 das so genannte «Glashaus» gebaut, in dem die großen Glasfenster für das Goetheanum geschliffen werden sollten. Das Gebäude ist, wie das Goetheanum, aus Holz gebaut und mit norwegischem Schiefer gedeckt. Der Baukörper besteht aus zwei gleich großen, kuppel-

förmigen Räumen und dazwischen einem flacheren Verbindungselement. Das verwendete Material und insbesondere das Motiv der doppelten Kuppel machen deutlich, dass das Gebäude zum Goetheanum gehört, ohne eine buchstäbliche Kopie dessen zu sein. Die Formgebung ist als Metamorphose des Motivs anzusehen, das auch dem Goetheanum selbst zugrunde liegt.

Auch an den Fenstern und am Eingang lässt sich das Metamorphose-Prinzip deutlich nachvollziehen. Die großen Fenster unter den beiden Kuppeln weisen dieselbe Dreiteiligkeit auf, die auch das Gebäude als Ganzes kennzeichnet. Dabei stehen die drei Teile des Fensters nicht jeder für sich allein, sondern neigen sich einander zu. Im Eingangsbereich wiederholt sich diese Dreiteilung noch einmal. Selbstverständlich gibt es nur eine Eingangstür, aber die beiden Seitenfenster scheinen hier als Oberlichter zusammengezogen zu sein. In den kleinen Fenstern über der Eingangstür ist das Motiv auf seine einfachste Form zurückgeführt. Und doch ist die Verwandtschaft zwischen diesen Fenstern und den anderen Teilen des Gebäudes noch deutlich erlebbar. Die gemeinsame Verwandtschaft zwischen den einzelnen Teilen des Gebäudes untereinander sowie den Teilen und dem Ganzen wird hier konsequent fortgeführt.

Im selben Jahr wurde der Bau des Heizhauses in Angriff genommen. In diesem Gebäude befand sich die Heizungsanlage für das Goetheanum. Über unterirdische Rohre wurde das für die Heizung benötigte Warmwasser zum Goetheanum gepumpt. Auch in diesem Gebäude ist das Doppelkuppelmotiv zumindest rudimentär vorhanden. Das auffallendste Einzelelement ist jedoch der plastisch geformte Schornstein, der zwischen den beiden Kuppeln emporragt und an beiden Seiten nach außen gekräuselte Ausstülpungen aufweist.

Glashaus, Dornach, 1914

Glashaus, Fenster

Eingang des Glashauses

So wirkt im Grunde genommen in dieser ganzen Architektur nichts für sich allein. Nichts ist so angeordnet, dass es für sich allein ist. Das eine strebt zum andern, und jedes strebt dem andern entgegen.[88]

– Rudolf Steiner

Man wird vielleicht gerade dadurch, dass die Aufgabe des Gebäudes wirklich auch in den Formen zum Ausdruck kommt, empfinden können, dass diese Formen nicht nur rein nach den Prinzipien der alten Utilitätsbaukunst gebildet worden sind, sondern zugleich so, dass eine innere ästhetische Formung stattgefunden hat.[89]

– Rudolf Steiner

Eingangstür des Heizhauses

Heizhaus, Dornach, 1914

Dieser Gestaltung liegt das Bestreben zugrunde, die Funktion des Gebäudes auch tatsächlich in der Form zum Ausdruck zu bringen. Was sich im Gebäude abspielt, ist das Verbrennen von Kohle, das Freisetzen von Wärme und der Ausstoß von Rauchgasen. In dem sich unten zusammenballenden und nach oben hin auffächernden Motiv wird versucht, das zum Ausdruck zu bringen. Dieser Aspekt des aufsteigenden Rauchs war für Steiner so wichtig, dass er der Meinung war, das Gebäude sei ohne den sich emporkringelnden Rauch eigentlich nicht fertig.

Auch hier sehen wir wieder, dass ein einziges Formprinzip den gesamten Bau durchzieht. Das Formmotiv des Schornsteins findet sich an der Eingangstür wieder, im Fenster der Eingangstür, an den Fensterrahmen und sogar an den Seitenenden der Stufen, die zur Eingangstür führen. Gerade dieses Gebäude rief zur damaligen Zeit auch viel Unverständnis und Kritik hervor. Als «schön» wurde – und

Transformatorenhaus, Dornach, 1921

Transformatorenhaus, Fenster der Seitenwand

wird – es vielfach nicht empfunden. Es ging Steiner jedoch nicht um eine Ästhetisierung der Lebensumgebung, sondern er wollte zum Ausdruck bringen, was sich in einem Gebäude abspielt.[90] Und das hat in diesem Fall nichts Liebliches, daher braucht es auch nicht so auszusehen.

Ein Vergleich zwischen dem Heizhaus und dem 1921 entstandenen Transformatorenhaus macht deutlich, dass es Steiner nicht um einen neuen Baustil mit festen Formmerkmalen ging, sondern um einen Weg zu einer Gestaltgebung, der in jeder Situation zu neuen Formen führen kann. Das Transformatorenhaus unterscheidet sich in jeglicher Hinsicht vom Heizhaus. Der Baukörper ist nicht plastisch geformt, sondern nahezu glatt, es gibt keine gebogenen Linien oder Rundungen, sondern nur gerade Linien und plane Flächen. Oberflächlich betrachtet, könnte es eher als Produkt des Kubismus denn als

Tafelzeichnung des Entwurfsmotivs für das zweite Goetheanum, Rudolf Steiner, 1. Januar 1924

Entwurfsmodell des zweiten Goetheanums, Rudolf Steiner, 1924

Sie müssen aber nicht vergessen, dass dieses neue Goetheanum aus einem verhältnismäßig auch neuen Material, aus Beton, gebaut werden muss. Betonbauten zu einem entsprechend wirklich künstlerischen Stil zu führen, ist außerordentlich schwierig [...]. [91]

– Rudolf Steiner

Bauwerk der organischen Architektur angesehen werden. Der Körper ist aus einfachen, fast geometrischen Elementen aufgebaut, die sich durchdringen, anstatt ineinander überzugehen.

Diese andere Formensprache hat mit dem – im Vergleich zur Verbrennung – völlig anderen Charakter der Elektrizität zu tun. Die Elektrizität ist ein viel «kälterer» und abstrakterer Prozess. In einem unauffälligen Detail – einem Seitenfenster – kommt das noch einmal deutlich zum Ausdruck. Hier sind die Ecken des Fensters nicht abgeschrägt oder gerundet, sondern bewusst scharfkantig nach außen gerichtet. Diese Schärfe wird noch einmal verstärkt durch die Einkerbungen im Stuck, die ebenfalls nach außen weisen. Sie verdeutlichen, dass es Steiner hier nicht bloß darum ging, Fenster abzuschrägen oder abzurunden, sondern für jede Bausituation den geeignetsten Ausdruck zu finden.

Bei der Gestaltung der privaten Wohnhäuser rund um das Goetheanum ging Steiner stark auf die individuellen Wünsche der Bewohner ein. Die Wünsche wurden dann ins Verhältnis gesetzt zur Lage des Hauses und seiner Position in Bezug auf das Goetheanum. Auf diese Weise entstand eine große Vielgestaltigkeit an individuellen Ausdrucksformen. Ebenso wie es in einer modernen Gesellschaft darum geht, auf der Grundlage der Individualität Zusammenhänge zu schaffen, so versuchte Steiner in der Gestaltung dieser Privathäuser ein Gleichgewicht zwischen individueller Ausdruckskraft und dem Zusammenhang untereinander und zum gemeinsamen Zentrum zu schaffen.

Das zweite Goetheanum

In der Silvesternacht 1922/1923 brannte das erste Goetheanum bis auf den aus Beton gefertigten Sockel nieder. Was innerhalb von zehn Jahren in unermüdlichem Einsatz von vielen Fachleuten und zahlreichen Freiwilligen errichtet worden war, ging in Flammen auf. Damit hatte Steiners Streben, eine neue Synthese von Architektur, Kunst und Spiritualität zustande zu bringen, einen schweren Rückschlag erlitten.

Zweites Goetheanum, von Nordwesten gesehen, Dornach

Zweites Goetheanum, vor dem bewaldeten Hügelrücken des Gempen

Zweites Goetheanum, von Südwesten gesehen

Querschnitt und Grundriss des zweiten Goetheanums

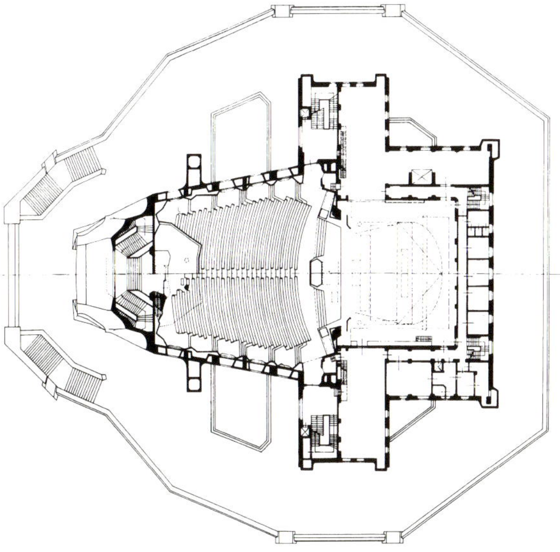

Der Ausgestalter des Baugedankens hat die Überzeugung, dass den Formen der Hügelgruppe, auf der das Goetheanum stehen darf, dieser Betonbau in seiner Gestaltung ganz besonders entsprechen wird. Als er den Holzbau gestaltete, war er mit diesen Naturformen noch nicht so vertraut wie jetzt, wo er auf ein Jahrzehnt zurückblicken darf, in dem er sie kennen und lieben gelernt hat, sodass er gegenwärtig in einem ganz anderen Sinne aus ihrem Geiste heraus den Baugedanken schaffen konnte als vor elf Jahren.[92]

– Rudolf Steiner

Ostseite Haus Duldeck, Dornach, 1915

Haus De Jaager, Dornach, 1921

Westseite Haus Schuurman, Dornach, 1924–1925

schnell auf dieselbe Person schließen. Nicht nur, dass Steiners Entwürfe kaum von Zeitgenossen beeinflusst zu sein scheinen, noch dazu scheint er sich selbst nicht zu wiederholen.

Ordnet man seine Entwürfe zeitlich, dann lässt sich eine allmähliche Veränderung des architektonischen Stils erkennen. Auffällig ist, dass Steiners früheren Entwürfe – zu denen unter anderen das «Haus Duldeck» und das Heizhaus gerechnet werden – in der Form plastischer und expressiver sind. In seinen späteren Entwürfen, etwa dem Transformatorenhaus von 1921, dem Verlagsgebäude und dem Haus der Familie Schuurman (beide von 1924), ist seine Formensprache bedeutend strenger. Es ist sicher möglich, diese Veränderung zur jeweiligen Zeit in Beziehung zu setzen, in der diese Entwürfe entstanden sind. Dieselbe Entwicklung ist auch am Werk Henry van de Veldes und verschiedener anderer Zeitgenossen abzulesen.

Erst dann empfinden wir architektonisch, wenn wir also hineinkriechen in das Lastende, in das Stützende und in das Gleichgewicht zwischen dem Lastenden und dem Stützenden.[97]

– Rudolf Steiner

Eines des drei «Eurythmiehäuser», Dornach, 1920

Westseite des Eurythmeums, Dornach, 1924

Es wäre jedoch falsch, diese Unterschiede ausschließlich damit erklären zu wollen. Im Hintergrund spielt noch ein anderer, mehr verborgener Aspekt eine Rolle. Bis auf einen Anbau sind alle Entwürfe Steiners streng symmetrisch angelegt. Obwohl er dazu niemals eine explizite Begründung abgegeben hat, scheint er damit an die Gesetzmäßigkeiten anknüpfen zu wollen, die den Aufbau des menschlichen Körpers bestimmen. Dazu passt auch die Einführung einer ausgesprochen polaren Formgebung an Front und Rückseite seiner Gebäude. Wie die Vorder- und Rückseite des menschlichen Körpers je einen Teil eines Organismus ausmachen, aber doch von unterschiedlichem Charakter sind, so gestaltet auch Steiner seine Entwürfe aufgrund von Polaritäten.

Ein markantes Beispiel hierfür ist das «Haus De Jaager» von 1921, das aus zwei sich durchdringenden Teilen besteht. Im vertikalen Nordteil befindet sich das Atelier des Bildhauers, der südliche Teil

Gelände des Goetheanums
mit Nebengebäuden

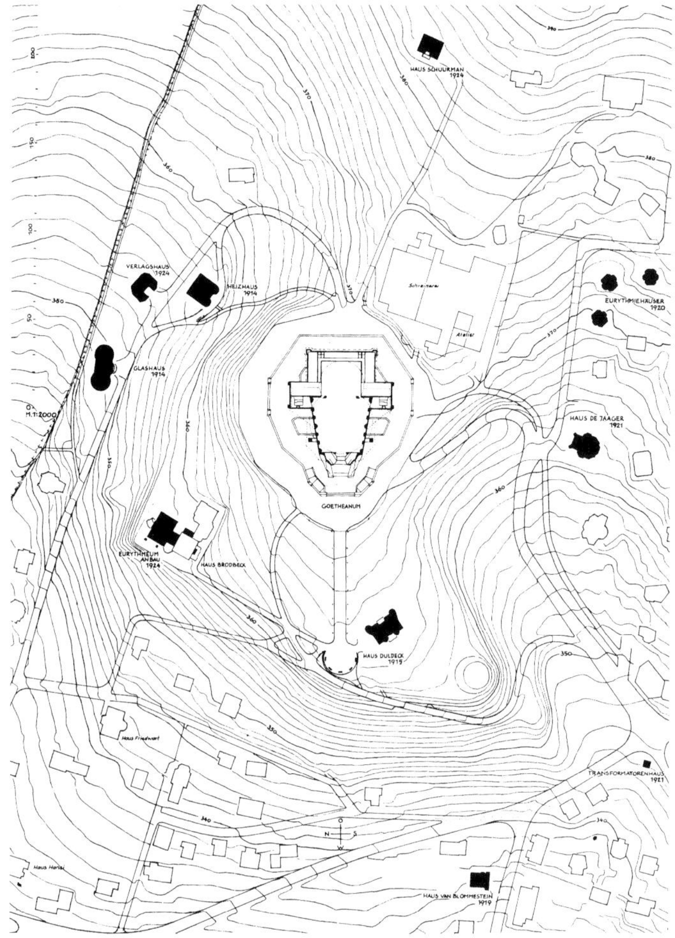

Damit man weiß, was man zu diesen Formen braucht, ist notwendig, dass man zuerst kenne eine genaue, spezifizierte Angabe alles dessen, was in dem Gebäude drinnen geschehen soll, zu welchem Zwecke es dienen soll. [...] [Und] weiß man ferner genau den Ort, wie das betreffende Gebäude zum Johannesbau [dem späteren Goetheanum] liegt, nach Norden oder Süden, dann kann man für jede solche Angabe eine entsprechende Architektur finden.[98]

– Rudolf Steiner

Und wäre unser Goetheanum ganz fertig geworden, dann wäre auch vom Eintritte im Westen der Blick gefallen auf jene Statue, in der der Mensch die Aufforderung gefunden hätte, sich selber als kosmisches Wesen zu wissen, hingestellt zwischen die Mächte des Luziferischen und die Mächte des Ahrimanischen, in innerer, gottgetragener Wesensausgleichung.

– Rudolf Steiner

beherbergt die Wohnung der Familie und umfasst das Atelier mit einer eher horizontalen Geste. In anderen Entwürfen manifestiert sich die Anwesenheit von Polaritäten zum Beispiel durch den Gebrauch konkaver gegenüber konvexer Formen oder runder gegenüber gerader Formen. Am stärksten findet man diese Gestaltung aufgrund von Polaritäten zweifellos beim Goetheanum selbst. Da bildet die plastische, bewegliche Westseite in nahezu jeder Hinsicht das Gegenteil der kantigen Ostseite.

Dieses Prinzip beherrscht nicht nur das Goetheanum selbst, sondern scheint auch auf die umstehenden Gebäude auszustrahlen. So liegt «Haus Duldeck» mit seinem plastisch geformten Dach der Westseite des Goetheanums gegenüber, also der – was die Form betrifft – beweglichsten Seite des Goetheanums. Das «Haus Schuurman» hingegen liegt an der Ostseite des Goetheanums. Wenn man unter dem Portal steht, das den Zugang zur Haustür bildet, ist die Verwandtschaft zwischen der Formensprache dieses Hauses und der strengen Rückseite des Goetheanums sehr schön zu erkennen. Eine enge Verwandtschaft ist auch zwischen dem an der Nordwestseite des Goetheanums gelegenen Übungsgebäude für Eurythmie (Eurythmeum) und der entsprechenden Seite des zweiten Goetheanums festzustellen. Eine gleichartige Gebärde der Dachform, auslaufend in eine kraftvolle, frei stehende Säule, scheint beide Gebäude zu durchdringen. Somit scheinen alle Häuser und Nebengebäude auf jeweils eigene Weise Teil eines unsichtbaren Formenkräftefeldes zu sein, dessen Zentrum das Goetheanum bildet.[99]

Bildnis «Menschheits-repräsentant», Rudolf Steiner und Edith Maryon, 1917–1924

Alles dasjenige, was sonst in der Kuppel und überhaupt im Bau ist, es ist wie synthetisch zusammengefasst in dieser Ostgruppe, in dieser Christus-ähnlichen Figur in der Mitte, Lucifer darüber, Ahriman darunter – was dann eben in der darunter stehenden Felsgruppe seine Vollendung erfahren wird.[100]

– Rudolf Steiner

Wie in einem Brennpunkt zusammengefasst, kehrt das Motiv des Spannungsfeldes zwischen zwei polaren Kräften im Schnitzwerk des *Menschheitsrepräsentanten* noch einmal wieder, das Steiner für das erste Goetheanum entworfen hatte. Dieses Werk hätte hinten auf der Bühne seinen Platz finden sollen. Wäre man von Westen her in den Saal eingetreten, so hätte man es als eine Art mahnendes und ermutigendes Bild vor sich gesehen. Das Bild bringt die menschliche Aufgabe zum Ausdruck, ein inneres Gleichgewicht zu schaffen zwischen den zwei gegensätzlichen Tendenzen, die in der Seele wirken und den Menschen von seiner Bestimmung abbringen wollen. Die eine Kraft will den Menschen an die Erde fesseln und zeigt sich in verhärteten, statischen Formen, die andere will ihn dazu verleiten, sich von der Erde hinwegzuträumen, und drückt sich in runden, überquellenden Formen aus. Auf der linken Seite der Bildgruppe greifen beide ineinander – von einem freien Zwischenraum kann hier keine Rede sein. Auf der rechten Seite werden beide Kräfte durch die Erscheinung des Menschheitsrepräsentanten auseinander getrieben. Wann immer der Mensch aus sich selbst heraus eine freie Mitte schafft, verlieren beide Gegenkräfte ihren Einfluss. Für Steiner war Christus das Wesen, das dem Menschen helfen will, dieses Gleichgewicht in seinem Leben zu schaffen.[101]

Schematische Wiedergabe der Form als Resultante der Einflüsse von Funktion (von innen), Umgebung (von außen), Baumaterialien («von unten») und ideellen Hintergründen («von oben»)

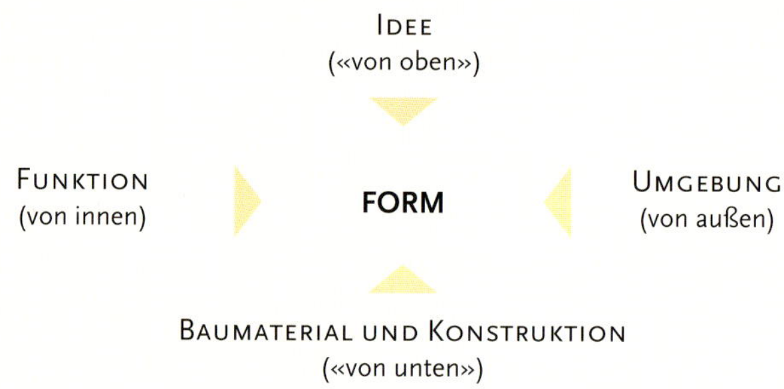

Das Unsichtbare sichtbar machen

Die Vielgestaltigkeit von Steiners Entwürfen macht deutlich, dass es ihm nicht um die Einführung eines neuen Baustiles mit festen Formmerkmalen ging. Worauf es ihm stattdessen ankam, ist weniger einfach aufzuzeigen. In den Erklärungen seiner Entwürfe kommen zahlreiche Themen zur Sprache; immer wieder setzte er dabei neue Schwerpunkte.

Während des Münchener Kongresses und des Baus des ersten Goetheanums scheint es Steiner in erster Linie um die Gestaltung einer Umgebung zu gehen, die sich in Form und Farbe an den spirituellen Inhalten der Aktivitäten orientiert, die in diesen Räumen stattfinden sollen. Diese Beziehung zwischen Kunst und Inhalt geht sogar so weit, dass Steiner in behutsamen Worten darauf hinweist, dass Formen – zumindest wenn es die richtigen sind – in der Lage sein können, die Fähigkeit zu geistigen Wahrnehmungen wachzurufen. Dabei spielt auch das Prinzip der Metamorphose eine wichtige Rolle. Indem man sich in metamorphosierende Formen hineinversetzt, wird ein lebendiges Denken geweckt, das imstande ist, eine Brücke zwischen der sinnlich wahrnehmbaren und der geistigen Wirklichkeit zu bilden.

Bei den Entwürfen für die Nebengebäude um das Goetheanum ist von einer derartigen Zielsetzung keine Rede mehr. Hier wird versucht, mit einfachen Mitteln zum Ausdruck zu bringen, was sich in dem Gebäude abspielt. Während beim Modellbau von Malsch und beim ersten Goetheanum der Schwerpunkt noch ganz auf der Gestaltung der Innenseite liegt, wird beim Heizhaus und beim Transformatorenhaus insbesondere die Außenseite betont. Auch beim zweiten Goetheanum spielt die Außenseite eine wichtige Rolle. Hier hebt Steiner in erster Linie die Beziehung zwischen der Formgebung und dem verwendeten Material hervor. Er macht deutlich, dass jedes Material eine eigene Behandlung und eine eigene Formensprache erfordert. Als ein zweites neues Element tritt nun auch die Beziehung zwischen dem Gebäude und dem Charakter der Landschaft in den Vordergrund. Daneben kommen noch Themen wie die Wirkung von Kräften in der Konstruktion und die Beziehung der Einzelteile des Gebäudes zum Ganzen mit gewisser Regelmäßigkeit immer wieder.

Jetzt aber leben wir in einem Zeitalter, wo wieder die Menschheit sich versetzen muss in die geistige Welt, wo sie von der imitativen Kunst übergehen muss zu einer wahren künstlerischen Neuschöpfung, wo alles neu werden muss.[102]

– Rudolf Steiner

So unterschiedlich, ja sogar gegensätzlich diese Ansatzpunkte auch scheinen mögen, es liegt ihnen doch dieselbe Absicht zugrunde. Steiner richtet sein Augenmerk darauf, mithilfe bildnerischer Mittel das

Wesen der Bauaufgabe darzustellen. Es geht ihm nicht um die Einführung von Elementen, die dem Entwurf wesensfremd sind, sondern um das Sichtbarmachen dessen, was unsichtbar mit der Bauaufgabe verbunden ist. Die Form ist nicht Ausgangspunkt beim Prozess des Entwerfens, sondern die Resultante. In der Gestaltung finden die verschiedenen mit der Bauaufgabe verknüpften Aspekte wie Funktion, Umgebung und verwendetes Material ihren Ausdruck. Welcher Aspekt dabei am stärksten in den Vordergrund tritt, ist abhängig von der Art der Aufgabe.

Wie Goethe der Überzeugung ist, dass die Natur ihr Wesen in den Erscheinungsformen offenbart, so will Steiner Gebäude entwerfen, die durch ihre Formgebung ihre Bauaufgabe zum Ausdruck bringen. Dabei geht es nicht um das Gebäude an sich, sondern stets um die Bedeutung, die das Gebäude für die Menschen hat, die es benutzen. Eine solche Gestaltung hilft dem Menschen, mit dem, was tatsächlich geistig in seiner Umgebung anwesend ist, in Verbindung zu treten. Was ansonsten mehr oder weniger unbewusst bleibt, wird durch die Formgebung ins Bewusstsein gerufen. Damit ist Steiners organische Architektur die konsequente Fortsetzung seines Strebens, das Geistige im Menschen mit dem Geistigen in der Welt zu verbinden. Auf die Frage, wie man zu einer derartigen Gestaltung kommen kann, soll im letzten Kapitel näher eingegangen werden.

Haus Muchenberger,
Dornach, Hermann
Ranzenberger, um 1929

Die Weiterentwicklung der organischen Architektur

Nach Rudolf Steiners frühem Tod 1925 wurde noch einige Jahre am zweiten Goetheanum weitergebaut, bis der Rohbau 1927 fertig war und das Gebäude offiziell in Gebrauch genommen wurde. Es sollte jedoch noch bis in die fünfziger Jahre dauern, bis ein erster Versuch unternommen wurde, den Großen Saal fertigzustellen, für den Steiner keinen Entwurf mehr hatte machen können. Diese Tatsache scheint symptomatisch für die schwierige Lage, in welche die Anthroposophische Gesellschaft nach dem Tod ihres großen Inspirators geraten war. Der Impuls wurde mit Hingabe weitergetragen, entbehrte aber der Stoßkraft, um außerhalb der eigenen Bewegung viel Einfluss zu haben. In Dornach wurden von Architekten wie Hermann Ranzenberger und Albert von Baravalle[103] noch mehrere Wohnhäuser gebaut, in verschiedenen Ländern wurden Waldorfschulen und sogar anthroposophische Kliniken[104] errichtet, aber zu Beginn der dreißiger Jahre kamen die meisten Bauaktivitäten zum Stillstand.

Bei den anderen Pionieren der organischen Architektur verlief die Entwicklung nicht viel günstiger. 1924 war Louis Sullivan völlig verarmt gestorben. In seinen letzten Lebensjahren hatte er kaum noch neue Aufträge erhalten. Henry van de Velde hatte im Ersten Weltkrieg seine Anstellung in Weimar, seine Auftraggeber und seinen ganzen Besitz verloren. Nur mühsam gelang es ihm, eine neue Existenz aufzubauen, aber seine Arbeit sollte nie wieder die Kraft und Eleganz der früheren Periode zurückgewinnen. Antoni Gaudí kam 1926 auf tragische Weise durch ein Unglück ums Leben, und mit seinem Tod endete auch sein höchst individueller Bauimpuls. In Deutschland musste Hugo Häring leidvoll mit ansehen, wie die moderne Bewegung eine andere Richtung einschlug, als ihm vorgeschwebt hatte. So war es von den Pionieren der ersten Generation eigentlich nur Frank Lloyd Wright, der unermüdlich die Weiterentwicklung der organischen Architektur vorantrieb.

Zu all dem kam noch die ökonomische Krise der dreißiger Jahre hinzu, die eine Stagnation der Bautätigkeit verursachte und wenig Raum für hochgespannte Ideale ließ. Als in Deutschland der Nationalsozialismus aufkam, emigrierten zahlreiche Künstler und Architekten wie Walter Gropius, Ludwig Mies van der Rohe und Erich Mendelsohn nach Amerika.

Insofern ihre Arbeit einen organischen Einschlag hatten, wie es unter anderem bei Mendelsohn der Fall war, verschwand dieser Einschlag in der Neuen Welt völlig. Dagegen fielen die in Europa entwickelten Ideen des «neuen Bauens» oder des Funktionalismus auf fruchtbaren Boden und wurden zum dominierenden Stil. Als nach dem Zweiten Weltkrieg in Europa eine große Wohnungsnot herrschte

Haus Baravalle, Dornach, Albert von Baravalle, 1943

Die rationale Architektur, wie wir sie uns erträumt hatten, hat – zumindest quantitativ – einen unverhofften Höhenflug erlebt: als modernistischer Zierrat, als Romantik aus Beton, als Fehlen der Schwere, und mit einer totalen Langweiligkeit als Resultat. Die eigentliche rationale Architektur ist kaum dazu gekommen, Gestalt anzunehmen. Die moderne Baukunst ist bereits degeneriert, bevor sie sich angemessen manifestieren konnte.[105]

– Max Bill

Ich habe Licht im Überfluss verwendet, das ist Ihnen sicher schon aufgefallen. Das Licht ist für mich die wesentliche Grundlage der Architektur. Ich gestalte mit Licht.[108]

– Le Corbusier

Notre-Dame-du-Haut, Innenansicht Seitenkapelle

Notre-Dame-du-Haut, Innenansicht

Notre-Dame-du-Haut, Nordwestseite

erhalten sollte. Zwischen dem westlichen Turm und der gebogenen Südwand entsteht der Haupteingang, zwischen den beiden Türmen an der Nordseite noch ein Hintereingang.

Auf diesen organischen Grundriss setzte Le Corbusier ein durchhängendes Betondach, das im Westen seinen niedrigsten Punkt besitzt und sich zur Südostecke emporschwingt. Zwischen diesem Dach und der Südwand ließ er einen schmalen Lichtspalt offen, der dem durchhängenden Dach seine Schwere nimmt. Die Inspiration zu dieser Dachform erhielt er vom Panzer einer Krabbe, die er einige Jahre zuvor in Amerika gefunden hatte.

Im Gegensatz zum traditionellen Kirchenbau ist die Kapelle von Ronchamp nicht symmetrisch angelegt. Jede der vier Seiten hat einen ausgeprägten eigenen Charakter, und auch im Inneren ist keine eindeutige Symmetrieachse mehr erkennbar. Der zentrale Raum ist auf den Hauptaltar im Osten ausgerichtet, aber dieser Raum wird umspielt von verschiedenen Nebenräumen. In den drei halbrunden Türmen haben die geforderten Nebenkapellen ihren Platz erhalten. Auch zwischen diesen Kapellen und dem Kirchenschiff besteht eine räumliche Polarität. Während das Schiff überwiegend horizontal ausgerichtet ist und sein Licht direkt aus der Seitenwand empfängt, haben die Kapellen vertikalen Charakter und erhalten ihr Licht indirekt von oben. In jedem Augenblick des Tages und des Jahres ist dieses Lichtspiel anders, sodass in der Kapelle immer wieder eine andere, neue Stimmung herrscht. Dieses Zusammenspiel zwischen Plastizität und Licht erweckt die Kapelle zum Leben und verleiht ihrem Innenraum eine besondere, besinnliche Atmosphäre.[109]

In diesem Sinne unterlag der Grundriss einem «Organismus», wie Le Corbusier bekräftigt hat, einem lebendigen, dem Handeln verbundenen Ganzen; und seine gekrümmten und biegsamen Linien haben denn auch ihr Echo in der Linienführung der Kapellenmauern gefunden.[110]

– Danièle Pauly

Wenngleich die Kapelle von Ronchamp zu den bekanntesten Arbeiten Le Corbusiers gehört und sich zu einer der Ikonen der Architektur des zwanzigsten Jahrhunderts entwickelt hat, stieß das Gebäude anfangs nicht auf ungeteilten Beifall. Le Corbusier wurde vorgeworfen, die Ausgangspunkte der modernen Architektur verleugnet zu haben und zum Barock zurückgekehrt zu sein. Wer jedoch sieht,

«Hvitträsk», bei Helsinki, Eliel Saarinen, Herman Gesellius und Armas Lindgren, 1902

Speisezimmer Hvitträsk

wie sorgfältig der Grundriss und die Plastik der Kapelle auf ihre Nutzung und ihre Umgebung abgestimmt sind, der wird schnell einsehen, dass das Gebäude den Funktionalismus nicht verlassen, sondern ihn mit einem poetischen Ausdruck bereichert hat. Nachdem sich Le Corbusier seine Sporen längst verdient hatte, ging er mit diesem Bauwerk über die von ihm selbst geschaffene geometrische Formensprache hinaus und drang damit in den Bereich der rein künstlerischen organischen Ausdrucksformen vor.

Eero Saarinens TWA-Flughafenterminal in New York

Ein Architekt, auf den Le Corbusiers Kapelle einen tiefen Eindruck machte, war der in Finnland geborene Eero Saarinen (1910–1961). Die ersten dreizehn Jahre seines Lebens verbrachte er in «Hvitträsk», dem idyllisch gelegenen Landhaus, das sein Vater Eliel Saarinen (1873–1950) im Jahre 1902 zusammen mit Hermann Gesellius und Armas Lindgren entworfen hatte und das eines der schönsten Beispiele der finnischen «nationalen Romantik» ist.[III] Unter dem Druck der ökonomischen Rezession, die auf die finnische Unabhängigkeit folgte, emigrierte die Familie 1923 in die Vereinigten Staaten, wo Eliel in Cranbrook mit Erfolg ein neues Architekturbüro aufbaute.

Der junge Eero studierte zuerst Bildhauerei in Paris, entschied sich aber schließlich für ein Studium an der Yale School of Architecture. Einige Jahre nach seinem Studienabschluss kehrte er nach Cranbrook zurück und übernahm dort, nach dem Tod seines Vaters 1950, die Leitung des Büros. Durch umfangreiche Aufträge von Firmen wie General Motors, IBM oder der Bell Telephone Corporation wuchs es von einem Büro mit zehn Mitarbeitern zu einer Organisation mit schließlich neunzig Mitarbeitern.

Für diese Aufträge von spezialisierten technischen Firmen suchte Saarinen nach neuen Baumate-

Sanatorium Paimio, Alvar Aalto, 1929–1933

Villa Mairea, Noormarkku, Alvar Aalto, 1938–1941

Villa Mairea, Halle

Aber weil die Architektur das ganze Gebiet des menschlichen Lebens abdeckt, muss wirklich funktionalistische Architektur in erster Linie vom menschlichen Standpunkt aus funktional sein. [...] Ihre Aufgabe ist immer noch, die materielle Welt mit dem menschlichen Leben in Einklang zu bringen.[116]

– Alvar Aalto

Alvar Aalto

Während derselben Jahre, in denen die Kapelle von Ronchamp und der TWA-Terminal in New York gebaut wurden, entwickelte auch der finnische Architekt Alvar Aalto (1898–1976) seine organische Annäherung an die moderne Architektur. Im Gegensatz zu Le Corbusier und Eero Saarinen bildeten organische Entwürfe keine Ausnahmen in seinem Œuvre, sondern waren die Frucht einer stetigen Entwicklung, die von einer großen Treue zu denselben inhaltlichen Ausgangspunkten getragen wurde.[117] Im Mittelpunkt dabei steht die Sorge um das menschliche Wohlbefinden. Aaltos Annäherung an den Funktionalismus ist gekennzeichnet durch einen starken humanen Einschlag, wobei psychologische Aspekte eine wichtige Rolle spielen. Ein zweites Thema, das alle seine Entwürfe durchzieht, ist die Beziehung seiner Gebäude zur Natur. Diese Beziehung äußert sich sowohl in der Anlage seiner Bauten in der Landschaft als auch im verwendeten Material.

Architektur sollte immer ein Mittel sein, das für die organische Verbindung zwischen Gebäude und Natur sorgt (d.h. ein Mittel, bei dem der Mensch und das menschliche Leben von größerer Bedeutung sind als andere Aspekte).[118]

– Alvar Aalto

Im Jahr 1923, als Eliel und Eero Saarinen Finnland verließen, eröffnete Aalto in Jyvèskylè ein eigenes Architekturbüro. Anfangs wurde seine Arbeit durch eine moderne Form des Klassizismus

Eines der schwierigsten architektonischen Probleme ist die Gestaltung der Umgebung nach menschlichem Maß. Da in der modernen Architektur die Rationalität der Konstruktion und die Masse des Gebäudes zu dominieren drohen, bleibt vom Baugelände oft nur ein architektonischer Restbestand übrig. Anstatt diesen mit dekorativen Gärten auszufüllen, wäre es besser, wenn in ihre Gestaltung die natürliche Benutzung durch den Menschen einbezogen würde, um dadurch ein engeres Band zwischen Mensch und Architektur zu knüpfen.[119]

– Alvar Aalto

Technische Universität Helsinki, Otaniemi, Alvar Aalto, 1955–1964

beeinflusst, so wie sie in jener Zeit in Skandinavien tonangebend war. In der zweiten Hälfte der zwanziger Jahre kam er mit der funktionalistischen Architektur in Kontakt und entwickelte sich schnell zu einem enthusiastischen Anhänger und Vertreter dieser Richtung. Sein siegreicher Ausschreibungsentwurf für ein Sanatorium in Paimio von 1929 fand in breiten Kreisen Zustimmung und galt schon bald als einer der Höhepunkte des modernen Bauens. Die funktionalistischen Ideale von «Licht, Luft und Raum» stimmten hier ganz überein mit der zu dieser Zeit einzig bekannten Behandlungsmethode von Tuberkulose. Aalto, der selber krank war, als er den Auftrag erhielt, entdeckte auf seinem Krankenlager, dass die meisten Gebäude für stehende und nicht für liegende Menschen entworfen werden. In der Folge versuchte er sich so weit wie möglich in die Patienten hineinzuversetzen und das Gebäude und die Einrichtung aus ihrem Blickwinkel zu entwerfen. So richtete er sein besonderes Augenmerk auf die Privatsphäre der Patienten in ihren Räumen, auf die Vermeidung von Blendung durch Lichteinfall und von Zugluft durch natürliche Ventilation. Auch entwickelte er spezielle Armaturen für die indirekte Beleuchtung und einen Waschtisch, der kein die Mitpatienten störendes klatschendes Geräusch machen durfte.[120]

Die gebogenen hölzernen Lehnstühle, die er in der Absicht entwarf, den Patienten die Atmung zu erleichtern, stellen den Beginn einer langen Reihe von Möbelentwürfen dar, die er im Laufe der Jahre machte. Die Verwendung von Holz nimmt dabei einen wichtigen Platz ein. Aalto betrachtete Holz als ein billiges und leichtes Konstruktionsmaterial, das angenehm anzufassen ist und eine warme Ausstrahlung besitzt. Die runden Formen und fließenden Linien, die Aaltos Möbel kennzeichnen, wurden durch Laminieren des Holzes ermöglicht, eine Technik, für die sich das heimische Birkenholz besonders gut eignet. Sein Entwurf für einen Hocker mit ausfächernden laminierten Beinen vermittelt einen guten Eindruck von der eleganten natürlichen Formgebung, die damit erreicht werden kann (siehe S. 147, untere Abb.).

Zur Fertigung seiner Möbelentwürfe gründete Aalto 1935 zusammen mit Maire Gullichsen die Firma Artek. Zwei Jahre später erhielt er vom Ehepaar Gullichsen den Auftrag, für sie ein Wohnhaus in

Im Gegensatz zu einer Auffassung, die in etablierten Formen und der Standardisierung neuer Formen den einzigen Weg zu einer harmonischen Architektur und einer erfolgreich zu beherrschenden Bautechnologie sieht, möchte ich […] unterstreichen, dass der wertvollste Besitz der Architektur Vielfalt und Wachstum ist, das an natürliches organisches Leben erinnert. Ich möchte sagen, dass dies letztlich der einzig wahre Architekturstil ist. Wenn ihr Hindernisse in den Weg gestellt werden, wird die Architektur schwinden und untergehen.[121]

– Alvar Aalto

Wohnhaus in der Weißenhof-Siedlung, Stuttgart, Hans Scharoun, 1927

Der Familie muss der Lebensraum gegeben werden, der ein Leben in der Familie und mit Freunden auch wirklich gestattet.[124]

– Hans Scharoun

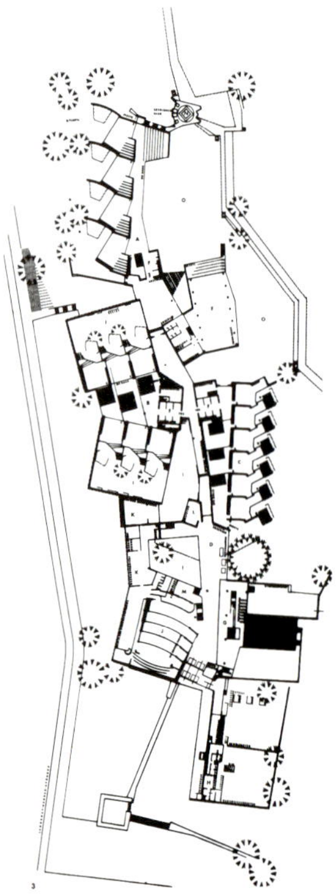

Ausschreibungsentwurf für ein Schulgebäude in Darmstadt, Hans Scharoun, 1951

Die Hintergründe, vor denen sie ihre Laufbahn begannen, sind jedoch sehr verschieden. Aalto war ein Bewunderer des modernen Klassizismus von Asplund, während Scharoun nach dem Ersten Weltkrieg an dem von Bruno Taut initiierten utopischen Briefwechsel der «Gläsernen Kette» teilnahm. Aus diesen Jahren stammen seine farbenfrohen Zeichnungen visionärer Bauwerke wie etwa die «Stadtkrone», in der soziale, künstlerische und spirituelle Ideale ihren Kristallisationspunkt fanden. Diese Thematik weicht um 1921 Skizzen von dynamisch geformten Bauwerken, die auf seine späteren, expressiven Entwürfe hinweisen.[125]

Durch seine Mitgliedschaft in «Der Ring» lernte Scharoun in diesen Jahren Hugo Häring und Mies van der Rohe kennen. Letzterer lud ihn 1926 ein, einen Entwurf für ein Einfamilienhaus in der Weißenhof-Siedlung in Stuttgart beizusteuern. Dieses Haus gehört zu Scharouns modernistischsten Entwürfen, illustriert aber auch die ihm eigene Herangehensweise. So ist sein Entwurf nicht als universeller Prototyp zu verstehen, sondern als spezifische Antwort auf eine konkrete Bauaufgabe. Auch ist die äußere Form des Hauses nicht aus einem vorher festgelegten ästhetischen Ideal entstanden, sondern das Resultat seiner inneren Gliederung.

Damit rückte Scharouns Architekturauffassung in die Nähe der von Hugo Häring formulierten Ausgangspunkte für das neue Bauen. Häring, der elf Jahre älter war als Scharoun, regte dessen Arbeit an und gab ihm ein solides theoretisches Fundament. Ihr gegenseitiges Verhältnis ist von Peter Blundell Jones sehr schön charakterisiert worden; demnach stellten Härings Ideen die Basis für Scharouns Entwürfe dar, während Scharouns Entwürfe als Illustration der nicht immer leicht zugänglichen Theorien Härings angesehen werden konnten. Ebenso wie Häring, mit dem ihn eine lebenslange Freundschaft verband, suchte Scharoun nach einer Gestaltung, die der Bauaufgabe entsprang. Ein Gebäude sollte als «Organ» für die Aktivitäten fungieren, die darin stattfinden sollten, und mit seiner Umgebung eine unverwechselbare Beziehung eingehen.

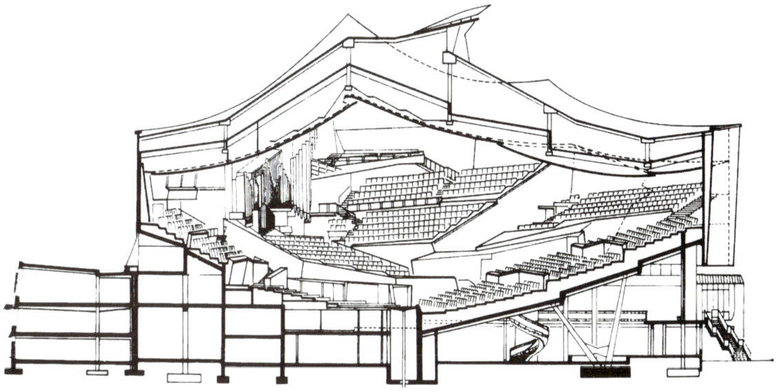

Musik im Mittelpunkt – das ist, auf die einfachste Formel gebracht, die Idee, die dem neuen Konzertsaal der Berliner Philharmoniker zugrunde liegt. Davon ausgehend ist das gesamte Bauwerk, sind vor allem Grundriss und Gestaltung des Saales zu betrachten. Anders als bei der traditionellen Anordnung wird das Orchester mit seinem Dirigenten auch räumlich und optisch zum Mittelpunkt ...[126]

– Hans Scharoun

Philharmonie, Innenansicht

Philharmonie, Berlin, Hans Scharoun, 1963

Philharmonie, Querschnitt

Dieser Ansatz lässt sich gut an Scharouns Entwürfen für Schulen aus den fünfziger und sechziger Jahren verdeutlichen. Der erste entstand 1951 als Ausschreibungsentwurf für die Stadt Darmstadt. Dieser Entwurf erregte viel Aufsehen durch seine starke Gliederung und informelle Anlage. Diese Gliederung ergab sich aus der Einteilung der Schullaufbahn in drei Lebensabschnitte mit jeweils eigenem Charakter, der Scharoun eine räumliche Umsetzung verlieh.[127]

Für die jüngsten Kinder, die noch spielerisch lernen, gibt es nach Süden ausgerichtete Klassenräume in verspielter Form und warmen Farben. Die Schüler der mittleren Klassen, für die das kognitive Lernen im Mittelpunkt steht, sind in Räumen untergebracht, die eine strengere Form aufweisen und ihr Licht von Osten und Westen erhalten. Die Oberstufenschüler schließlich lernen in freier geformten, nach Norden ausgerichteten Klassenräumen, welche die wachsende Verantwortung der jungen Erwachsenen widerspiegeln. Auch allgemein genutzte Räume, wie Fachräume und die Aula, verdanken ihre Form und Lage im Schulorganismus ihrer spezifischen Funktion. Das Gangsystem, das alle Räume miteinander verbindet, dient dabei nicht nur als Verkehrsraum, sondern auch als Begegnungsraum.

Mit all dem wollte Scharoun Freiräume schaffen für die Entwicklung von Kindern zu sozial und gesellschaftlich verantwortlichen Individuen. Obwohl der Entwurf letztlich nicht realisiert wurde, bildete er doch die Basis für Scharouns spätere Schulentwürfe und hat auch einen gewissen Einfluss auf die Entwürfe von Waldorfschulen in den sechziger und siebziger Jahren gehabt.

Auch in Scharouns Wohnungsbauprojekten und städtebaulichen Entwürfen nach dem Krieg spielt die Beachtung der sozialen Dimension seiner Pläne eine wichtige Rolle. Anstatt formale Strukturen festzulegen, versuchte er Rahmen zu schaffen, in denen sich soziales Leben entwickeln konnte. Dabei sollte auch Freiraum für zukünftige Entwicklungen bleiben. Konsequenterweise bleibt diese Vorstellung bis hinunter zur Ebene der Nachbarschaftsbeziehungen bestimmend. Scharouns Wohnviertel zeichnen sich durch eine große Vielgestaltigkeit an Wohnungstypen aus, auch der Außenraum erfährt viel Aufmerksamkeit. Hinter seinen manchmal etwas strengen Gebäudefronten verbergen sich oftmals prächtige, bewegliche Grundrisse.

Bei beiden Bauten liegt, wie bei jeder Aufgabe, der Wille zugrunde, den Gegenstand in seiner Wesenheit rein aufzufassen – rein bedeutet die «wesensgemäße» Lösung der Aufgabe.[128]

– Hans Scharoun

Die Krönung seiner Karriere stellt der Ausschreibungsentwurf für die Berliner Philharmonie 1956 dar. Hiermit gewann er den ersten Preis, und in den Folgejahren wurde mit der Ausführung des weitgehend unveränderten Entwurfs begonnen. Das zentrale Motiv lautet «Musik im Mittelpunkt» – so die Formulierung Scharouns. Bereits zuvor hatte er in seinen Theaterentwürfen nach einer Möglichkeit gesucht, das Publikum und die Schauspieler einander näher zu bringen. In der Philharmonie platzierte er die Musiker buchstäblich in die Mitte und verkürzte so den Abstand zwischen den Ausführenden und dem Publikum. Die Gesamtzahl von 2200 Sitzplätzen wurde auf mehrere «Terrassen» aufgeteilt, wodurch sich eine Einteilung in übersichtliche Einheiten ergab. Gerade dieser stark gegliederte Aufbau und die segmentierte, durchhängende Decke tragen zu der fantastischen Akustik des Saales bei.

Schräg gegenüber der Philharmonie wurde in den siebziger Jahren als einer von Scharouns letzten Entwürfen die Staatsbibliothek realisiert. Zusammen mit der Philharmonie und der Nationalgalerie von Mies van der Rohe bildet sie einen Teil des Berliner «Kulturforums», für das Scharoun auch noch ein «Haus der Mitte» plante. Dieses Forum sollte einem lebendigen sozialen und kulturellen Leben Freiräume bieten. Angesichts der prestigeträchtigen Neubauten kommerzieller Riesen, die momentan rund um den Potsdamer Platz aus dem Boden schießen, scheint dieses ehrgeizige Ziel zum größten Teil vergessen zu sein. Und doch zeugen Scharouns Entwürfe noch immer von einer kulturellen «Mitte» und von einer Architektur, die nicht durch eine formale Ästhetik oder die Macht des Geldes beherrscht wird, sondern im Dienste der Menschen steht, für die sie gedacht ist.

Die Vielfalt der siebziger und achtziger Jahre

Mit dem Tod von Hans Scharoun und Alvar Aalto in den siebziger Jahren endete die zweite Phase in der Entwicklung der organischen Architektur. Diese Phase kann als die eines «organischen Funktionalismus» charakterisiert werden, und sie wurde von einigen Vorreitern der modernen Bewegung mitgetragen. Während die erste Generation organischer Architekten sich gegen die Neo-Stile wandte und einen neuen

Kirche der Christengemeinschaft in Heidenheim, Rex Raab, 1973

Kirche der Christengemeinschaft in Heidenheim, Innenansicht

Stil zu finden trachtete, versuchte die zweite Generation die Grenzen der mittlerweile entstandenen modernen Bewegung zu erweitern und in eine organische Richtung weiterzuentwickeln. Inhaltlich zeigt ihre Vorgehensweise eine starke Verwandtschaft mit der ersten Generation, aber ihre Formgebung ist von modernerem und freierem Charakter. Ebenso wie die Pioniere zu Beginn des zwanzigsten Jahrhunderts ernteten sie mit ihren Arbeiten zwar viel Anerkennung, fanden aber letztendlich kaum Nachfolger.

Im Gegensatz zu den zwanziger Jahren dauerte es diesmal nicht Jahrzehnte, ehe die folgende Entwicklungsphase einsetzte. Bereits zu Lebzeiten Aaltos und Scharouns kündigte sich ein neuer Impuls an. Diese dritte Entwicklungsphase war keine direkte Fortsetzung der vorigen, sondern entsprang wieder einer anderen Richtung. Genau genommen waren es sogar mehrere Richtungen, die gleichzeitig aufkamen und sich gegenseitig beeinflussten.

Die erste ist mit dem Wiederaufleben der anthroposophischen Bewegung in den sechziger und siebziger Jahren verknüpft. Durch das wachsende Interesse an ihren Arbeitsgebieten, wie der biologisch-dynamischen Landwirtschaft, der anthroposophischen Medizin, der Heilpädagogik und vor allem den Waldorf- und Rudolf-Steiner-Schulen, erhielt auch die organische Architektur einen neuen Impuls. Insbesondere das weltweite Wachstum der Waldorfschulbewegung förderte ihre Verbreitung und weitere Entwicklung.[129]

Viele Waldorfschulen wollten, soweit es irgend möglich war, ein Schulgebäude, das ihren pädagogischen Idealen entsprach, insbesondere was die räumliche Gliederung, die Gestaltung und die Verwendung von Farben betraf. Die Architekten, die sich diesen Aufgaben widmeten, hatten zwar längst nicht immer selbst einen anthroposophischen Hintergrund, orientierten sich jedoch in den meisten Fällen an Steiners pädagogischen und architektonischen Ideen. Sie standen dabei vor der schwierigen Aufgabe, seinen ursprünglichen Impuls in zeitgemäße Formen zu übertragen.

Oft entstanden interessante neue Lösungen, manchmal wurde aber auch zu stark an äußerlichen

Bibliothek Tampere, Finnland, Reima Pietilä, 1986

Dipoli-Zentrum, Otaniemi, Finnland, Reima Pietilä, 1966

Innenansicht der Bibliothek von Tampere

Merkmalen festgehalten, sodass noch nachträglich ein gewisser Stil oder sogar eine Art Manierismus zu entstehen drohte. In anderen Fällen wurde mit so großer Freiheit oder großem Unverständnis an die Arbeit gegangen, dass vom ursprünglichen Impuls kaum etwas übrig blieb. Unter dem Einfluss lokaler Faktoren und Querverbindungen zu anderen organischen Richtungen entstand eine Differenzierung des ursprünglichen Impulses, wobei sich eine Vielzahl verschiedener Ausdrucksformen entwickelte. Auch der Bau zahlreicher heilpädagogischer Institute, Kirchen für die Christengemeinschaft und Wohnprojekte trug dazu bei. Was auf diese Weise innerhalb der anthroposophischen Bewegung entwickelt wurde, fand in der Folge auch seine Anwendung für zahlreiche Bauaufgaben außerhalb dieser Bewegung.

Daneben kamen verschiedene organische Architekten zu Ehren, die ihre Inspiration – zum Teil oder gänzlich – aus anderen Quellen bezogen. So bildete für den niederländischen Architekten Ton Alberts sein Hintergrund als Yoga-Lehrer den Ansatz, nach einer Verbindung zwischen Architektur und Spiritualität zu suchen. Er entwickelte eine eher intuitive Arbeitsweise, wobei er sich nicht zuletzt durch landschaftliche Formen und traditionelle Bauweisen inspirieren ließ. Erst später lernte er das Werk von Gaudí und Steiner kennen, die dann ebenfalls zur Inspirationsquelle für ihn wurden.

Bei Imre Makovecz ist die ungarische Volksarchitektur und Handwerkstradition ein wichtiger Nährboden seines Werkes. Diese Tradition hat er mit Einflüssen aus den diversen organischen Richtungen bereichert und ihnen in der Folge einen expressiven, manchmal beinahe mythologischen Charakter verliehen. Während der vergangenen Jahrzehnte hat seine Arbeit viele Nachfolger gefunden und ist zu einer breiten, nahezu nationalen Bewegung angewachsen.

Der Boden für diese Vielgestaltigkeit organischer Richtungen wurde durch ein breites gesell-

Fernheizwerk, Spittelau,
Friedensreich Hundertwasser,
1992

Natur, Kunst und Schöpfung sind dasselbe; wir jedoch haben sie getrennt. Wenn wir die Schöpfung der Natur vergewaltigen und die Schöpfung in uns zerstören, zerstören wir uns selbst. Nur die Natur kann uns lehren, zu schöpfen und kreativ zu sein. Unser wahres Analphabetentum ist die Unfähigkeit, schöpferisch tätig zu sein.[130]

– Friedensreich Hundertwasser

schaftliches Interesse für alternative und humane Architektur bereitet. Dieses Interesse war eine Reaktion auf den vorherrschenden und oft monotonen Charakter der modernen Architektur. In hohem Tempo waren nach dem Zweiten Weltkrieg neue Stadtzentren und umfangreiche Stadterweiterungen hochgezogen worden, wobei sich die Ideale des neuen Bauens in der Praxis nicht immer als so ideal erwiesen, wie sie ursprünglich erschienen waren. Insbesondere ihre Häufung, ihre Anonymität und ihr monotoner Charakter waren für viele Architekten der Anlass, auf die Suche nach humaneren und fantasievolleren Alternativen in kleinerem Maßstab zu gehen.

In denselben Jahren entstanden auch die Strömungen des ökologischen Bauens und der Baubiologie. Sie entsprangen beide der zunehmenden Sorge um die Umwelt und die menschliche Gesundheit. Anfangs entwickelten sich diese Strömungen weitgehend unabhängig von der organischen Architektur. Obwohl alle drei das menschliche Wohl in den Mittelpunkt ihrer Bemühungen stellen und sich an natürlichen Gesetzmäßigkeiten orientieren, tun sie das auf verschiedene Weisen. In der Baubiologie und im ökologischen Bauen findet das primär auf einer materiellen Ebene statt, wobei im einen Fall die Gesundheit des Menschen und im anderen die der Natur im Zentrum steht. In der organischen Architektur geht es dagegen stärker um eine ideelle Beziehung zwischen Mensch, Gebäude und Umgebung, die in der Formgebung zum Ausdruck kommt und auf diese Weise an das Erleben und das Bewusstsein appelliert.

Obwohl diese drei Richtungen einander nicht auszuschließen brauchen, entstanden nur zögerlich Querverbindungen. Ein Beispiel für einen Ansatz bietet das Werk des deutschen Architekten Joachim Eble. In den von ihm ökologisch und baubiologisch entworfenen Projekten wird die menschliche Gesund-

in ihrem eigenen Land, sondern auch in Ägypten oder Norwegen, und versuchen bewusst eine Formensprache zu entwickeln, die sich an den örtlichen Gegebenheiten orientiert.

Ein zweites wichtiges Merkmal der vorgestellten Projekte ist ihre starke Beziehung zu den Menschen und Initiativen, für die sie entworfen wurden. In vielen Fällen ist diese Beziehung das Resultat einer intensiven Beteiligung der zukünftigen Benutzer am Entstehungsprozess des Entwurfs. Es geht dabei niemals um das Gebäude an sich, sondern immer um eine integrale Gestaltung der Lebensumgebung zum Nutzen der Menschen, die darin wohnen oder arbeiten werden. Viele Entwürfe sind denn auch das Resultat einer Zusammenarbeit zwischen verschiedenen Disziplinen. Neben technischen Beratern können daher auch Garten- und Landschaftsarchitekten, Farbgestalter und Künstler hinzugezogen werden.

So spielt etwa der Gebrauch von Farbe in der organischen Architektur eine wichtige Rolle. Es wurden spezielle Techniken entwickelt, um transparente Farben in mehreren Schichten übereinander aufzubringen. Diese Lasurtechnik ermöglicht ein lebendiges Resultat und erreichte unter anderem durch Fritz Fuchs ein qualitativ hohes Niveau. Dasselbe gilt für die Integration der Bepflanzung inner- und außerhalb der Gebäude. Gelungene Beispiele dafür finden sich in der Zusammenarbeit zwischen den niederländischen Architekten Alberts & Van Huut und dem ebenfalls niederländischen Garten- und Landschaftsbüro Copijn Utrecht.

So schön die Resultate einer derartigen Zusammenarbeit auch sind: Niemals geht es um dieses Ergebnis an sich, sondern immer um die Bedeutung, die die entstandene Umgebung für die Menschen hat, die in ihr wohnen und leben. Dieser Aspekt lässt sich nicht fotografieren, darf aber auch nicht vergessen werden, denn hierin liegt die Essenz der organischen Architektur. Man würde den vorgestellten Projekten daher nicht gerecht, wenn man sie nur nach ihrer ästhetischen Qualität beurteilte. In vielen Fällen sind sie aus dem Willen heraus entstanden, auf eine dauerhafte Weise mit der Natur umzugehen, neue Formen der Zusammenarbeit zu entwickeln oder nach spirituellen Idealen zu suchen. Es ist dieser Wille, der in den betreffenden Gebäuden zum Ausdruck kommt und von dem sie zeugen.

Eines der diesbezüglich beeindruckendsten Beispiele ist Sekem in Ägypten. Dort hat sich mitten in einem Wüstengebiet ein blühendes Gemeinwesen entwickelt, das sich mit biologisch-dynamischem Landbau und der Verarbeitung der erzeugten Produkte beschäftigt. Die Gebäude, in denen sich das Zentrum dieser Bewegung befindet, weisen eine für Ägypten einzigartige Balance zwischen traditionellen Einflüssen, moderner Ausstrahlung und organischer Gestaltung auf. Und doch sind auch hier nicht die Gebäude das Wesentliche, sondern der soziale Impuls, aus dem heraus sie entstanden sind und dem sie ein Heim bieten. Dies ist der Blickwinkel, unter dem eigentlich jedes der vorgestellten Projekte betrachtet werden sollte. Organische Architektur soll Ausdruck einer gesellschaftlichen Erneuerung sein und der individuellen und sozialen Entwicklung der Menschen dienen.

Da bei vielen Projekten lokale Einflüsse mitschwingen, wurde eine geografische Ordnung gewählt. Die Rundreise beginnt in Mitteleuropa, führt über die Niederlande, Belgien und Frankreich nach Skandinavien und danach über Großbritannien nach Amerika und Australien. Von dort aus geht die Reise weiter durch Afrika und Südeuropa, um schließlich wieder in Mitteleuropa, in Ungarn, zu enden.

Schweiz und Österreich

Durch den Bau des Goetheanums und die inhaltlichen Aktivitäten, die sich in der Folgezeit dort konzentrierten, entwickelte sich Dornach ab 1913 zum Zentrum der anthroposophischen Bewegung und einem beliebten Wohnsitz für Anthroposophen. Weil Steiner viel an dem inneren Zusammenhang zwischen dem Goetheanum und der umliegenden Bebauung lag, stammten viele Entwürfe aus dieser Anfangszeit von seiner Hand. Nach seinem Tod traten Architekten wie Ernst Aisenpreis, Hermann Ranzenberger und Albert von Baravalle in den Vordergrund, die noch direkt am Bau des Goetheanums beteiligt waren und daraus die Inspiration für ihre eigenen Arbeiten schöpften. In ihrer plastischen Formgebung und den zumeist symmetrischen Grundrissen spürt man die große Hingabe an den ursprünglichen Impuls. Das gilt übrigens nicht nur für die Architekten dieser ersten Generation, sondern auch für deren Nachfolger. Die räumliche Nähe zur «Quelle» scheint in vielen Fällen dazu zu führen, dass man sich auch inhaltlich stärker an ihr orientiert, als das in anderen Ländern der Fall ist. Weil man von den inhaltlichen Hintergründen stärker durchdrungen ist, beschreitet man anscheinend weniger schnell neue Wege.

Auffallend an vielen der schweizerischen wie auch der österreichischen Beispiele ist ihre plastische Gestaltung. Die Morphologie der Landschaft mit ihren Hügeln und Bergen scheint ihr Echo in plastisch geformten Dächern und Dachgesimsen zu finden. Markante Beispiele dafür sind die leicht geschwungene Dachlinie von «Haus Julian» in Dornach, die mit dem dahinter gelegenen Hügelrücken einen Zusammenklang bildet, und das Dach von «Haus Hitsch» in Salzburg, dessen plastische Formgebung unter anderem vom nahe gelegenen Untersberg inspiriert wurde.

Diese Vorliebe für plastische Formgebung beschränkt sich übrigens nicht nur auf das Äußere, sondern durchdringt auch die Innengestaltung und wird manchmal sogar bis ins Mobiliar weitergeführt. Große Aufmerksamkeit wird dabei der Farbgebung und der Integration von Malerei und Bildhauerei in die Architektur gewidmet. Zwei Beispiele dafür sind das von Christian Hitsch entworfene Gebäude für die Anthroposophische Gesellschaft in Salzburg und die Innengestaltung der Christengemeinschaft in Bern. Beide Projekte können als Ausdruck einer allgemeineren Tendenz angesehen werden, über den Inhalt zur Formgebung zu gelangen, diese gründlich durchzugestalten und sehr gediegen auszuführen.

C. Conrad Hoenes

Haus Julian

Dornach, Schweiz, 1987

Das Haus Julian wurde 1987 auf Initiative von J.J. van der Linden als Jugendhaus erbaut. Ursprünglich wollte er eine Begegnungsstätte mit Bibliothek errichten. In Gesprächen mit der Anthroposophischen Gesellschaft und deren Jugendsektion zeigte sich dann, dass bei den Studenten ein großer Bedarf nach gemeinsamem Wohnraum bestand. So entstanden in den beiden unteren Geschossen dreizehn Studentenzimmer und auf der Ebene des Gartens eine Gemeinschaftsküche mit einem sich daran anschließenden Speiseraum. Im Obergeschoss befindet sich ein Gemeinschaftsraum für kulturelle Zwecke. Unter einem Teil des Gebäudes und dem Vorgarten entstand eine offene Tiefgarage, die auch dem benachbarten Pädagogischen und Heilpädagogischen Seminar dient.

Mit seinem lebendig gestalteten Dachaufbau öffnet sich das Haus zum westlich gelegenen Tal und bildet mit den benachbarten Hügeln einen harmonischen Zusammenklang.

Henning Schulze-Schilddorf

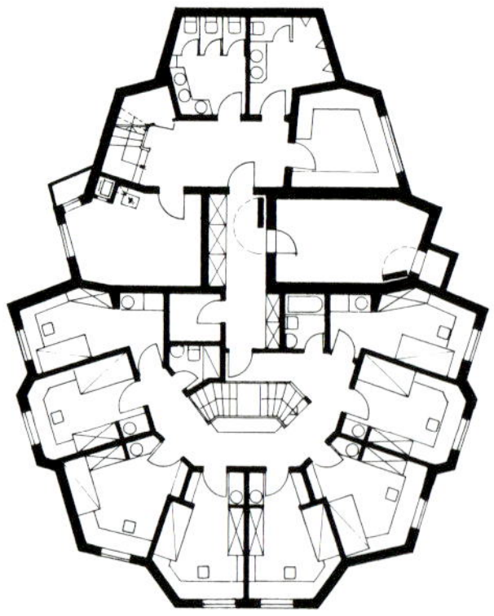

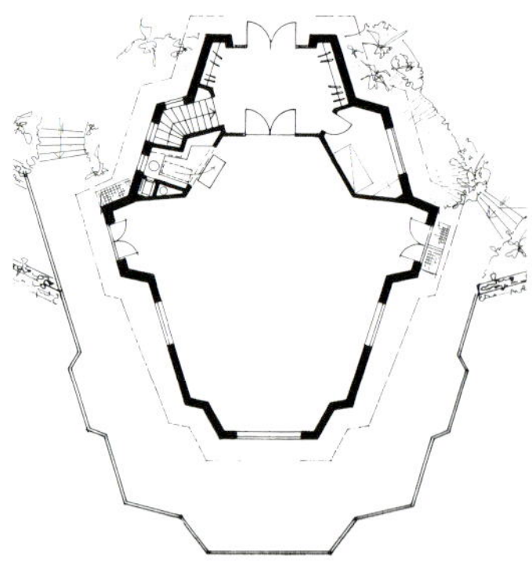

Initiative: Iona Stichting, Amsterdam **Auftraggeber:** Gemeinnütziger Dotationsverein in Basel-Land **Art des Bauauftrags:** Studentenhaus mit kulturellen Räumen **Bruttogeschossfläche:** 617 m² **Planungsbeginn:** 1983 **Fertigstellung:** 1987 **Projektarchitekt:** C. Conrad Hoenes

Walter Känel

Rudolf Steiner Schule Zürcher Oberland

Wetzikon, Schweiz, 1987

Saalbau und Klassentrakt stehen in einem polaren Verhältnis zueinander. Im Klassentrakt liegen die Klassenzimmer peripher um eine zweigeschossige Pausenhalle. Mit seiner U-Form begrenzt er auf der Ostseite den Pausenplatz. Der Saal steht gegenüber auf der Westseite als kompakter Körper, in dem die Schulgemeinschaft zusammenkommt.

Bei der architektonischen Gestaltung war es ein Anliegen, Formen zu finden, die auch wirklich das sind, was sie durch ihr Äußeres suggerieren. Im Gebäude ist eine Entwicklung von unten nach oben sichtbar, von statischen, kristallinen Formen im Sockelbereich zu dynamischen, bewegten im Saal und im Dach. Dies kommt auch durch die verwendeten Baumaterialien zum Ausdruck: Beton, Backstein, Holz und Eternitschiefer – von schweren zu immer leichteren Materialien.

Im Saal treten die Schüler vor allem füreinander auf. Dieser Raum entwickelt sich in die Breite um die vorgewölbte Bühne; die Sichtdistanzen sind kurz. Die Eingänge befinden sich an beiden Seiten der Bühne, sodass die Kinder, die in den Saal hereinkommen, den anderen Kindern begegnen, die schon auf ihren Plätzen sitzen.

Walter Känel

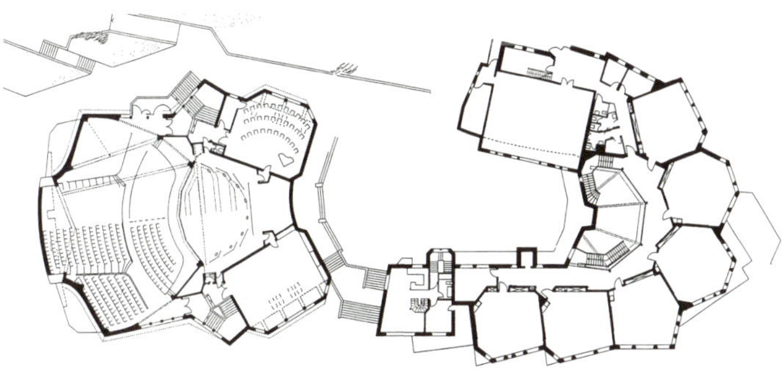

Bauherr: Freie Schulvereinigung Zürcher Oberland **Art des Bauauftrags:** Neubau Schule **Bruttogeschossfläche:** Saalbau: 1.650 m²; Klassentrakt: 2.250 m² **Planungsbeginn:** 1982 **Fertigstellung:** Saal: 1987, Klassentrakt: 2001 **Projektarchitekten:** Walter Känel und Hans van der Heide

Planwerk 3, John C. Ermel

Wohnhaus Am Wald

Dornach, Schweiz, 1995

Das Wohnhaus steht in einem neueren Einfamilienhausviertel auf dem Dornacher Hügel und zeigt deutlich seinen Bezug zum Goetheanum als kulturellem Zentrum und zur Siedlungsstruktur der näheren Umgebung. Es ist mit dem Rücken zum Wald hin gelegen und schmiegt sich an die Bebauungsgrenze und die Höhenlinien an. Die großen Frontfenster bieten durch die Lücken der bestehenden Bebauung hindurch eine Aussicht in die Weite des Birstals bis in die Vogesen.

Das Haus spiegelt das Bemühen, das organische Bauen zeitgemäß zu interpretieren, soweit es im engen Korsett der üblichen Bauvorschriften möglich war. In funktionaler, formaler und konstruktiver Hinsicht sollte es eine organische Ganzheit bilden.

Es wurde besonders darauf geachtet, dass

- flüssige Bewegungsabläufe einerseits und Ruhezonen andererseits in einem ausgewogenen Verhältnis zueinander stehen
- die Polaritäten Unten–Oben, Vorne–Hinten und Links–Rechts berücksichtigt sind; aus ihnen heraus wurde ein Baumotiv entwickelt und für die Detailgestaltung variiert
- natürliche Baumaterialien in diffusionsoffener Konstruktion zur Anwendung kamen.

John C. Ermel

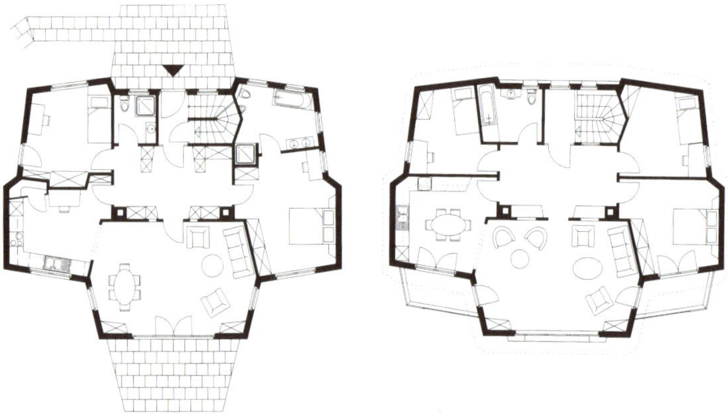

Bauherr: Stockwerkeigentümergemeinschaft **Art des Bauauftrags:** Zweifamilienhaus **Bruttogeschossfläche:** 528 m² **Planungsbeginn:** 1990 **Fertigstellung:** 1995 **Projektarchitekt:** John C. Ermel

BPR ARCHITEKTUR UND DESIGN, PLANWERK 3

Siedlung Lolibach

Duggingen, Schweiz, 1996–1999

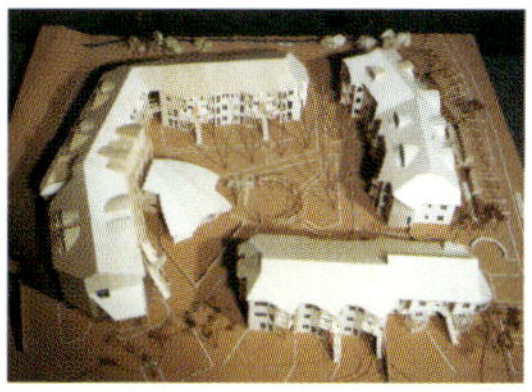

Die Siedlung mit 43 Wohneinheiten und einem Gemeinschaftsraum liegt im Birstal in Sichtweite des Goetheanums. Im Osten wird das Grundstück durch eine Straße und im Westen durch eine Bahnlinie begrenzt. Beide Verkehrswege sind relativ gering befahren. Trotzdem wurde die Anlage mit vier Gebäuden um einen Innenhof so konzipiert, dass Lärmbelästigungen minimiert werden.
Die Wohnungen werden als Mieteigentum vergeben. Das bedeutet, dass sie sowohl durch Einlage von Eigenkapital mit Anrechnung der Kapitalzinsen auf den Mietzins wie auch als reine Mietwohnungen auf Lebenszeit mit eigentumsähnlichen Rechten vergeben werden. Die eigentumsähnlichen Verhältnisse drücken sich im Entwurf so aus, dass jede Wohnung – wie bei Einfamilienhäusern – direkt vom öffentlichen Raum aus erschlossen wird. Es gibt keine innen liegenden, abgeschlossenen Treppenhäuser. Das wird durch Laubengänge und intern erschlossene Maisonette- und Atelierwohnungen möglich.
Gregor Hafner

Initiative: Stiftung Edith Maryon zur Förderung sozialer Wohn- und Arbeitsstätten
Art des Bauauftrags: Siedlung mit 43 Wohneinheiten **Bruttogeschossfläche:** ca. 6.000 m² **Planungsbeginn:** 1990 **Fertigstellung:** 1996–1999
Projektarchitekten: John C. Ermel, Jens Peters, Elke Schmitter, Gregor Hafner
Farbgestaltung: Gregor Hafner

Gerhard Egger, Markus Schellenberg, Guillermo Steinhäuser

Kirche der Christengemeinschaft Bern

Bern, Schweiz, 1999

Äußere Umstände bedingten, dass die Christengemeinschaft ihre neue Kirche teilweise in den Hang hineinbauen musste. So standen wir vor der Aufgabe, einen unterirdischen Raum zu schaffen, der seinen Standort nicht verleugnen (es hat auch positive Aspekte, wenn der Kultus in der Erde vollzogen wird) und gleichzeitig eine gewisse Leichte behalten sollte. Von Anfang an suchten wir die Lösung in der Lichtführung. Wir wollten «Lichtorgane» schaffen, die das Licht empfangen und in den Raum geleiten.
Das Dachgewölbe ist entgegen der traditionellen Kirchenarchitektur nach innen gekrümmt. Damit wird Introversion und «Erdenschwere» markiert. Das Aufschwingen des Geistes zum Licht hin wird dagegen durch die nach oben geöffneten Fenster erlebbar.[141]
Guillermo Steinhäuser

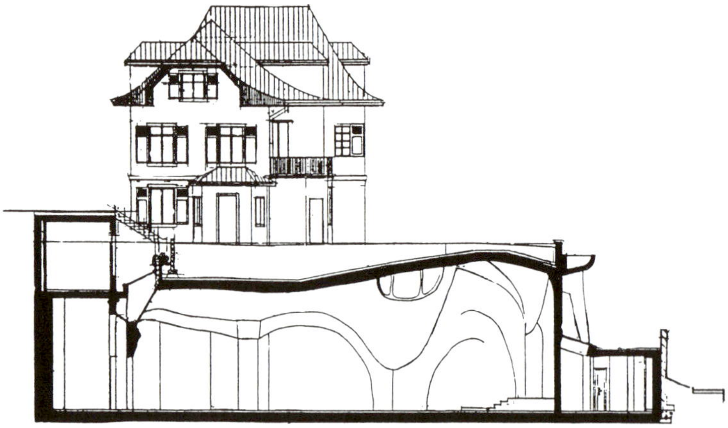

Bauherr: Baukreis der Christengemeinschaft Bern **Art des Bauauftrags:** Neubau kirchliches Zentrum **Bruttogeschossfläche:** 1500 m² **Planungsbeginn:** 1988 **Einweihung Kirchenraum:** 1999 **Beratung 1. Phase:** Gerhard Egger **Projektleitung:** Markus Schellenberg **Architektonische Gestaltung:** Guillermo Steinhäuser **Altarbild:** Gabriela de Carvalho **Glaskunst:** Udo Zembok

Christian Hitsch

Haus Dr. Astrid und Dr. Eckart Hitsch

Salzburg, Österreich, 1985

Der Betrachter des Hauses wird bemerken, wie sich die Formen der umgebenden Landschaft am Haus spiegeln. Das gilt zum Beispiel für die Polarität von runden und kantigen Formen der die Stadt Salzburg umgebenden Berge; aber auch die Eigenart, dass sich plötzlich und unvermittelt aus der Ebene gewaltige Gebirge aufrichten, kommt am Bau zum Ausdruck. Er wächst nicht langsam aus der Erde heraus, sondern setzt sich, wie die Berge, dem Betrachter unmittelbar, direkt vors Auge.
Die schattige Nordseite des Hauses ist kantig gehalten, die Südseite ist rund und blickt in die Landschaft. Die Dachform versucht, durch eine dynamische, sattelflächenartige Form zwischen beiden Polen zu vermitteln. Alle plastisch modellierten Außenformen wachsen so aus den Wänden hervor, dass sie sich auch gemäß dem Ort ihres Auftretens in das Ganze einfügen. Es wurde dabei immer auf einen «künstlerischen Funktionalismus» geachtet, der sich im Inneren durch das Bemühen und Suchen nach menschengemäßer Formgebung fortsetzt.[142]
Christian Hitsch

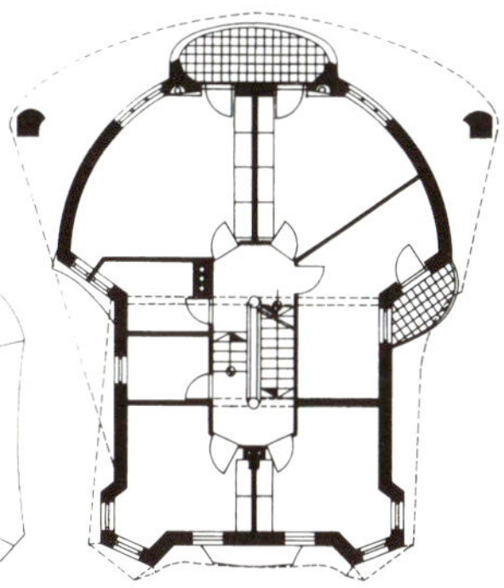

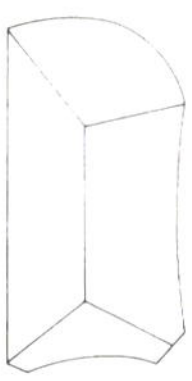

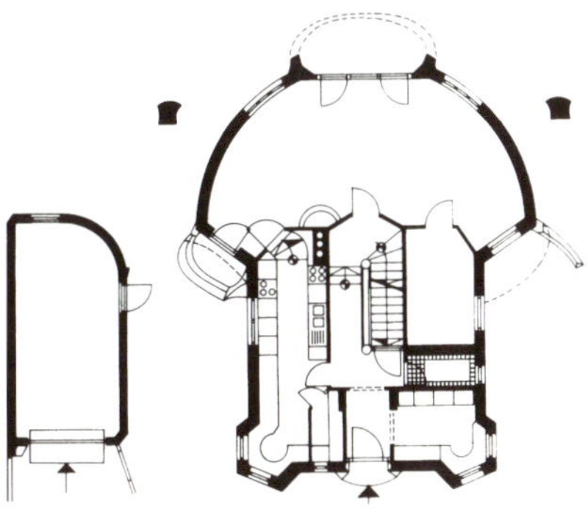

Bauherr: Dr. Astrid und Dr. Eckart Hitsch **Art des Bauauftrags:** Einfamilienhaus **Wohnnutzflache:** 180 m² **Planungsbeginn:** 1982 **Fertigstellung:** 1985 **Projektarchitekt:** Christian Hitsch **Rohbau und künstlerische Gestaltung** unter Mitarbeit von Studenten der Goetheanistischen Studienstätte Wien

Deutschland

In Deutschland hat sich die organische Architektur in den vergangenen Jahrzehnten besonders stark und vielfältig entwickelt. Ebenso wie in der Schweiz und in Österreich ist sie von einer plastischen Gestaltung gekennzeichnet. Die Vorliebe dafür scheint im Süden Deutschlands mit seiner hügeligen Landschaft und barocken Tradition am stärksten zu sein. Die von Wilfried Ogilvie entworfene Freie Waldorfschule am Bodensee (Überlingen) ist ein markantes Beispiel hierfür. Im Norden Deutschlands herrscht eine nüchternere Formgebung vor, die unter anderem von skandinavischen Vorbildern inspiriert zu sein scheint. Die Verwendung von Farbe, auch für das Exterieur, spielt dabei eine wichtige Rolle – eine Tendenz, die in den letzten Jahren in ganz Deutschland an Boden gewinnt. Beispiele für diese farbige Gestaltung sind die Freien Waldorfschulen in Mönchengladbach und in Offenburg.

Es fällt auf, dass viele der deutschen Projekte Gebäude sind, die eine kulturelle Bestimmung haben, etwa Schulen, Kirchen und anthroposophische Zentren. Damit einhergehend ist die Architektur viel stärker inhaltlich ausgerichtet als in anderen Ländern. Deutschland ist eines der wenigen Länder, in denen der von Steiner verwendete Begriff des «Baugedankens» als unsichtbare Essenz der Bauaufgabe Inhalt bekommen hat. Dessen ungeachtet besteht eine starke Wechselbeziehung zwischen der deutschen organischen Architektur und der der Nachbarländer. So haben beispielsweise Architekten wie Alvar Aalto, Erik Asmussen und Imre Makovecz diverse Projekte in Deutschland realisiert, während Entwürfe deutscher Architekten, etwa von Jens Peters und Winfried Reindl, in den Niederlanden, der Schweiz, in Österreich, Norwegen und sogar in Ägypten ausgeführt wurden.

Deutschland gehört obendrein zu den wenigen Ländern, in denen organische Projekte in städtischem Umfeld realisiert wurden. Zwei sehr unterschiedliche Beispiele hierfür sind ein von Hinrich und Inken Baller entworfenes Wohnungsbauprojekt in Berlin und das von Portus-Bau entworfene Anthroposophische Zentrum in Kassel. Einer der wenigen echten Pioniere auf dem Gebiet des organischen Städtebaus ist der Architekt Joachim Eble. Mit seiner Arbeit erforscht er auf interessante Weise das Grenzgebiet zwischen ökologischem Bauen, Baubiologie und organischer Gestaltung. Gerade in Deutschland entstehen zwischen diesen drei Strömungen in den letzten Jahren immer mehr Querverbindungen. So hat der anfänglich nur ökologisch ausgerichtete Architekt Peter Hübner in der letzten Zeit zahlreiche Gebäude von Waldorfschulen in lebendiger Formgebung realisiert, und andererseits wächst bei organisch orientierten Architekten das Bewusstsein für die ökologischen und baubiologischen Aspekte ihres Faches.

Wilfried Ogilvie

Freie Waldorfschule am Bodensee

Überlingen, Deutschland, 1986

Der Ausgangspunkt eines zehnjährigen künstlerischen und sozialen Prozesses war der Wille, einen Bau zu errichten, in dem einerseits der Charakter der Waldorfpädagogik zum Ausdruck kommt, andererseits das Besondere dieser spezifischen Schulgemeinschaft. Die Aufgabe dabei war, zu berücksichtigen, was im Inneren des Baues geschehen soll – die tägliche pädagogische Arbeit – und was andererseits von außen die Örtlichkeit und die Landschaft fordern. Gestalterische Voraussetzungslosigkeit war die Methode, die hierfür notwendig war. Hinzu kam die Einsicht, dass am Anfang des Planungsprozesses nicht die Frage stehen sollte: Was kostet es? So war ein denkbar fruchtbares Klima geschaffen, um einen belebten und beseelten Bau mit einer unverwechselbaren Aussage, einer individuellen Physiognomie zu errichten. Wenn der gute Geist der Schule sich in diesem Bauwerk ausspricht, wird man es schön nennen können.[145]

Wilfried Ogilvie

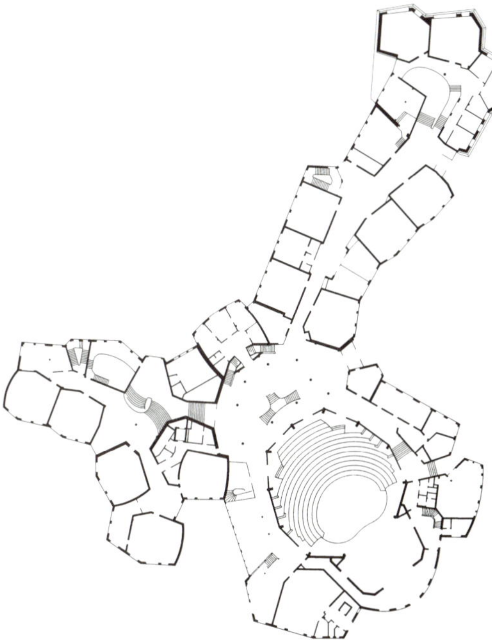

Bauherr: Vorstand und Kollegium der Freien Waldorfschule am Bodensee **Art des Bauauftrags:** doppelzügige Waldorfschule **Bruttogeschossfläche:** 14.130 m² **Planungsbeginn:** 1976 **Fertigstellung:** 1986 **Projektarchitekt:** Wilfried Ogilvie **Bauausführung:** Büro Bockemühl & Partner

Hinrich und Inken Baller

Wohnbebauung am Fraenkelufer

Berlin-Kreuzberg, Deutschland, 1982–1984

Die Konzeption für den Baublock am Fraenkelufer stützt sich auf die Tradition von abgestimmten Innen- und Außenräumen in der «Kreuzberger Mischung»: dem Wechsel von Straße und dahinter liegenden Hofräumen für Wohnungen, Schule, Gewerbe.
Der Innenhof mit Garten wird von den umgebenden Wohnungen als Raum begrenzt, gleichzeitig bedeutet er für die Wohnräume eine Erweiterung. Nicht Standorte für Funktionen definieren die Wohnungen und die Außenräume, sondern Raumangebote, die zu funktionaler Aneignung anregen. Alle neuen Grundrisse sind so konzipiert, dass Durchblicke Raumzusammenhänge erleben lassen, die dem Wohngefühl im Altbau nahe kommen.
Die Wohnungen sind im Rahmen der Internationalen Bauausstellung Berlin 1987 als sozialer Wohnungsbau erstellt worden.[146]
Inken Baller

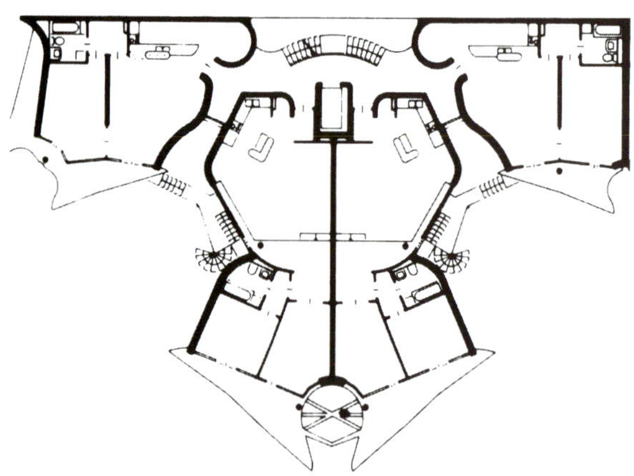

Bauherr: GSW **Art des Bauauftrags:** Neubau von 96 Wohnungen **Planungsbeginn:** 1979 **Fertigstellung:** 1984 **Projektarchitekten:** Hinrich und Inken Baller

BPR ARCHITEKTUR UND DESIGN

Festsaal der Freien Waldorfschule Stuttgart Uhlandshöhe

Stuttgart, Deutschland, 1977

Ziele und Anliegen:
Der Ansatz zur Lösung von Entwurfsaufgaben sind die leiblichen, seelischen und geistigen Bedürfnisse der mit der Aufgabe verbundenen Menschen sowie die Erkenntnisse aus der Menschenkunde Rudolf Steiners. Die organisch-lebendige Gestaltung drückt sich in der Art aus, wie Form, Farbe und Material lebendig verwandelnd eingesetzt werden. Sie bezieht die Ökologie als wichtigen Bestandteil mit ein, wobei nicht nur Art und Herkunft der eingesetzten Werkstoffe, sondern auch die angemessene Minimierung des Energiebedarfs bzw. die Nutzung alternativer Energien von Bedeutung sind. Ziel unserer Tätigkeit ist es, einen Gestaltungsbeitrag zur Lösung der gegenwärtigen Probleme in der Umwelt und in allen Bereichen des menschlichen Zusammenlebens zu liefern.

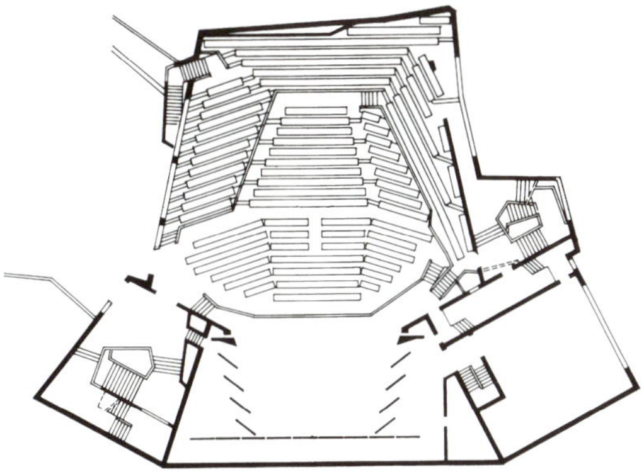

Zum Saalbau:
Die schwierigen Gründungsverhältnisse im Auffüllbereich eines ehemaligen Steinbruchs machten konstruktiv einen Betonmonolith notwendig. Dadurch bestand die Aufgabe, nach Gestaltungsansätzen für den Werkstoff Beton zu suchen. Soweit es in dem begrenzten Kostenrahmen möglich war, wurde an den wichtigsten Bauteilen die sphärische Verformbarkeit des Gussmaterials als Gestaltungsmittel eingesetzt.[147]
Gregor Hafner

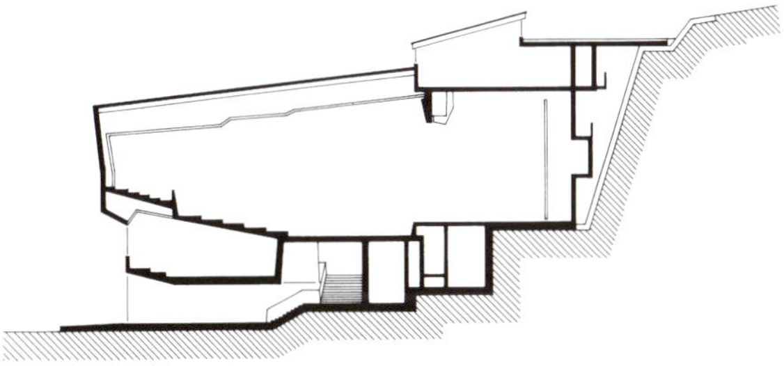

Bauherr: Freie Waldorfschule Stuttgart **Art des Bauauftrags:** Festsaal mit Klassenräumen **Bruttogeschossfläche:** 4.030 m² **Planungsbeginn:** 1975 **Fertigstellung:** 1977 **Projektarchitekten:** Jens Peters und Michael Bernadotte **Farbgestaltung:** Fritz Fuchs

BPR ARCHITEKTUR UND DESIGN

Freie Waldorfschule Mönchengladbach

Mönchengladbach, Deutschland, 1996

Die Freie Waldorfschule Mönchengladbach wurde in Nachfolge der holländischen «Vrije Pedagogische Academie» in Zeist aus Fertigteilen erstellt.

Das Erlebnis am ersten Bauabschnitt war so positiv, dass sich die Schulgemeinschaft entschloss, auch den zweiten Bauabschnitt – für die Oberstufe – nach dem gleichen System zu bauen. Wir haben dabei unter anderem folgende interessante Erfahrungen gemacht:

- Die leichte Form führte zur Akzeptanz. Sie wurde als freilassend charakterisiert.
- Die Orientierung zum Zentrum hin fördert die Gemeinschaftsbildung. Die Schule hat keine Flure. Sie wird durch zentrale Innenräume erschlossen, die sich vielfältig nutzen lassen.
- Wenige plastische Details an den Eingängen reichten uns, um das hier erwünschte Lebensgefühl zu erzeugen.
- Die Farbe übernimmt viele Funktionen aus Architektur und Plastik, indem sie die einfachen Räume bewusst funktional gestaltet.[148]

Jens Peters

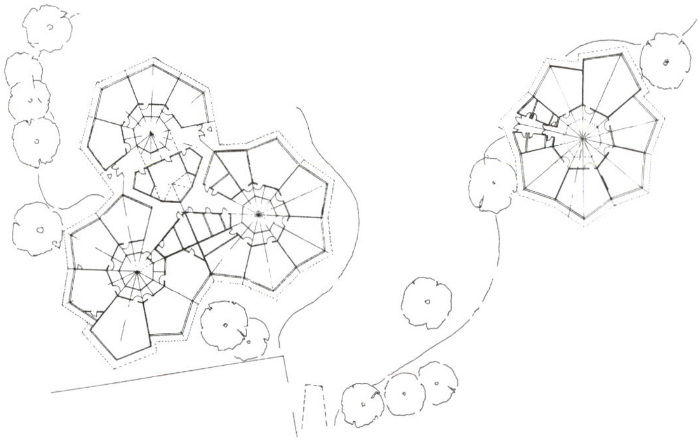

Bauherr: Verein zur Förderung der Waldorfpädagogik e.V. Mönchengladbach **Art des Bauauftrags:** 13-klassige Waldorfschule **Bruttogeschossfläche:** 2.900 m² **Planungsbeginn:** 1992 **Fertigstellung:** 1996 **Projektarchitekten:** 1. Bauabschnitt: Jens Peters und Günther Steinbächer, 2. Bauabschnitt: Gregor Hafner und Lothar Bracht **Farbgestaltung:** Heiner Nienhaus

BPR ARCHITEKTUR UND DESIGN, DESIGN-CENTER DB,
PFA, TRICON UND FRITZ FUCHS

Fahrzeugdesign

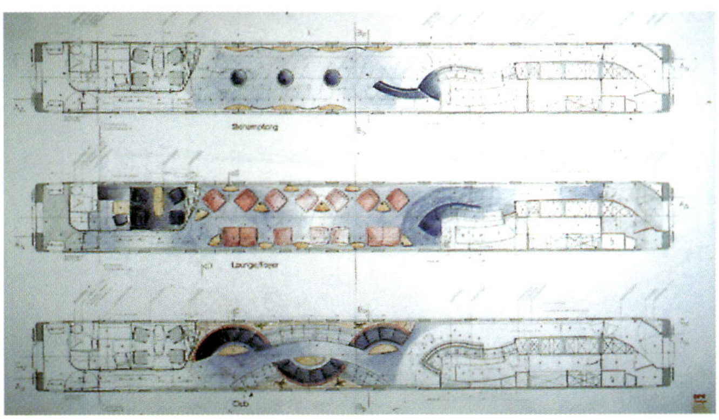

In den achtziger Jahren entwickelte das Design-Center der Deutschen Bundesbahn (DB) die Marketing- und Design-Strategie einer neuen «Kultur des Bahnreisens». Dazu sollten Fahrzeuge so gestaltet werden, dass sie innovativ und ganzheitlich alle Bedürfnisse der Menschen befriedigen. In mehreren Arbeitsphasen entwickelte sich das Büro bpr zum wichtigsten Design-Partner der DB. Nachdem die InterRegio-Fahrzeuge (Design in Kooperation mit dem Design-Center der DB, der PFA und Fritz Fuchs) ab 1988 ein großer Markterfolg wurden, gewann bpr den Wettbewerb für das Interieur-Design der ersten Generation der ICE-Züge. Danach wurden auch die Innenräume für verschiedene Bord-Restaurants, die ICE-2-Züge sowie in Zusammenarbeit mit TRICON-Design die Servicewagen für den Touristik-Zug gestaltet.

Im Auftrag von Adtranz wurden das Exterieur-Design für die Steuerwagen der InterRegio-Züge, die U-Bahn Berlin und mehrere Straßenbahnen entworfen. Beim Entwurf der Straßenbahnen wurde versucht, an die individuellen Qualitäten der jeweiligen Städte anzuknüpfen.

In allen Fällen boten die «Freiheiten» der «organischen» Arbeitsweise den Entwerfern alle Chancen, vielfältige, innovative Lösungen zu entwickeln, die den Reisenden Freude bereiten und ihr Wohlbefinden unterstützen. Mit Recht vermarktet die DB den InterRegio denn auch unter dem Motto «Ein menschlicher Zug».

Karl-Dieter Bodack

Fotos:

Steuerwagen InterRegio der DB — Kopf der U-Bahn Berlin

Lounge im Touristik-Zug der DB — Bord-Restaurant ICE-1 der DB

Grundrisse der Servicewagen des Touristik-Zuges der DB

Bockemühl, Weller, Schediwy, Vogel und Partner

Nikolaus-Cusanus-Haus

Stuttgart-Birkach, Deutschland, 1992

Das Nikolaus-Cusanus-Haus liegt in ruhiger Höhenlage (430 m) am südöstlichen Stadtrand von Stuttgart. Das Haus bietet Platz für 265 rüstige und pflegebedürftige Bewohner, die nachbarschaftlich auf allen Ebenen leben und betreut werden können; es gibt keine getrennten Pflegestationen. Das bedeutet für die Rüstigen, dass sie auch für den Fall einer Pflegebedürftigkeit weiterhin in ihrem Appartement wohnen können, und für die pflegerisch betreuten Menschen ein Eingebundensein in das pulsierende Leben des Hauses.
Vom glasgedeckten Innenhof, dem Zentrum des Hauses, mit seiner Begrünung und den Wasserläufen ausgehend, sind die Wohnflügel zur Südseite hin, zur Filderebene, orientiert. Die Gemeinschaftsräume liegen an der den Wohnbereichen abgewandten Seite.
Das gesamte Bauwerk ist so angelegt, dass sich eine Lebensgemeinschaft im Alter bilden kann.
Gundolf Bockemühl

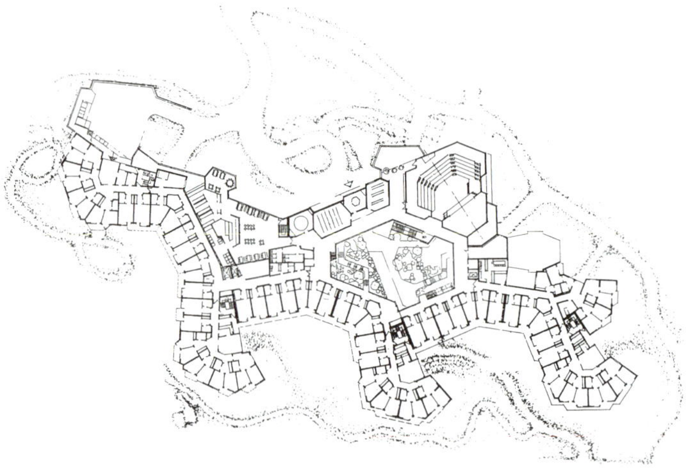

Bauherr: Baugemeinschaft Birkach GbR, Frankfurt am Main **Art des Bauauftrags:** Altenwohn- und Pflegeheim **Bruttogeschossfläche:** 23.000 m² **Wettbewerbsentwurf:** 1987 **Fertigstellung:** 1992 **Projektarchitekten:** Gundolf Bockemühl, Hans Georg Weller, Ewald Schediwy und Barbara Vogel **Farbgestaltung:** Gundolf Bockemühl **Wasserkünste und Innenhofgestaltung:** Herbert Dreiseitl

ULRICH OELSSNER

Autobahnraststätte Illertal-West

Illertal-West, Deutschland, 1986

Die Raststätte liegt an der Fahrbahn der A 7 Ulm–Füssen zwischen den Ausfahrten Altenstadt und Dettingen in der Talniederung der Iller.

Dem Gebäude liegt die Idee zugrunde, durch zwei ineinander greifende Kreissegmente eine Raumform zu schaffen, die als ruhendes Zentrum eine Art Gegenpol zum Fließband Straße bildet. Der Mensch soll zur Ruhe kommen können: Material und Form laden dazu ein. Der Innenraum wird einerseits durch die sichtbare Brettschichtholzkonstruktion, die von zwei Mittelpunkten aus den Raum umgreift, und andererseits durch zwei begrenzende, in Holz gestaltete Wände geprägt.

Diese Wände wollen dem Entspannung Suchenden selbst Bild harmonischer Begegnung sein. Im «plastischen Bild» wird so versuchsweise zur Anschauung gebracht, was als sozialer Prozess im menschlichen Miteinander sich täglich in einer Raststätte, mehr oder weniger gelungen, vollzieht.

Ulrich Oelssner

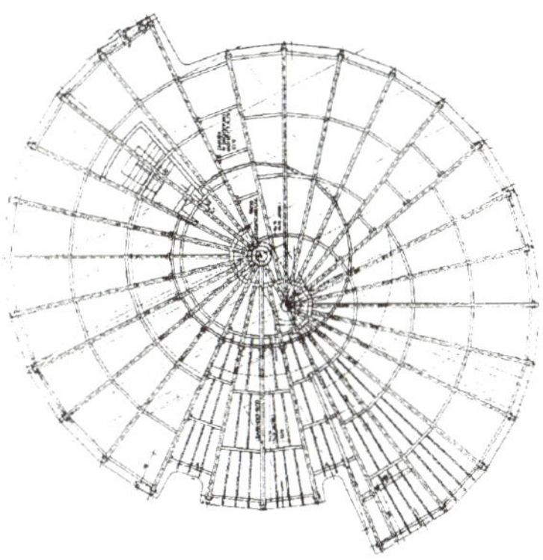

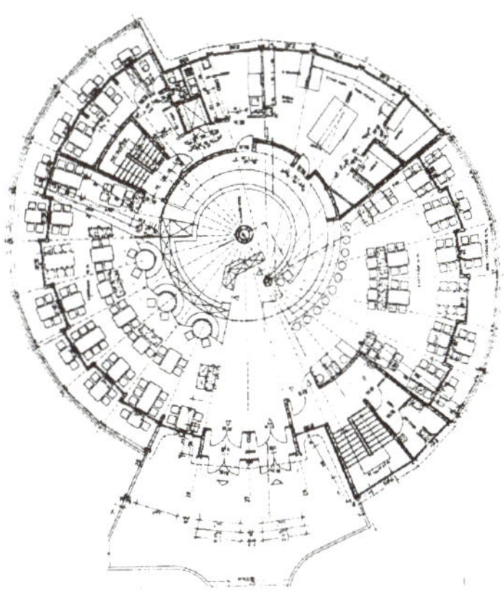

Bauherr: Autobahnamt Baden-Württemberg **Art des Bauauftrags:** Autobahnraststätte **Bruttogeschossfläche:** 627 m² **Planungsbeginn:** 1982 **Fertigstellung:** 1986 **Projektarchitekt:** Ulrich Oelssner **Holzreliefwände:** Astrid Haueisen-Oelssner

Ulrich Oelssner

Kirche der Christengemeinschaft Stuttgart-Möhringen

Stuttgart-Möhringen, Deutschland, 1992

Ziel und Aufgabe unserer Arbeitsgemeinschaft ist es, mit ihren Projekten einen Beitrag zu einer neuen Kultur der Zusammenarbeit und der Zusammenführung der Künste (Architektur, Bildhauerei und Malerei) zu leisten. Das heißt:

- gleichberechtigtes Einbeziehen aller an einem Projekt Beteiligten, wie Bauherr, Planer, Künstler und Handwerker.
- Angestrebt wird eine organische Arbeitsweise: Einer arbeitet dem anderen zu, ohne seine Eigenständigkeit aufzugeben.
- Das Baumotiv entsteht bei der Suche nach einer «der Funktion des Baues» entsprechenden Gebärde. Metamorphosiert taucht es durch den ganzen Bau immer wieder auf, sodass alle Einzelheiten eine Beziehung zum Ganzen haben.

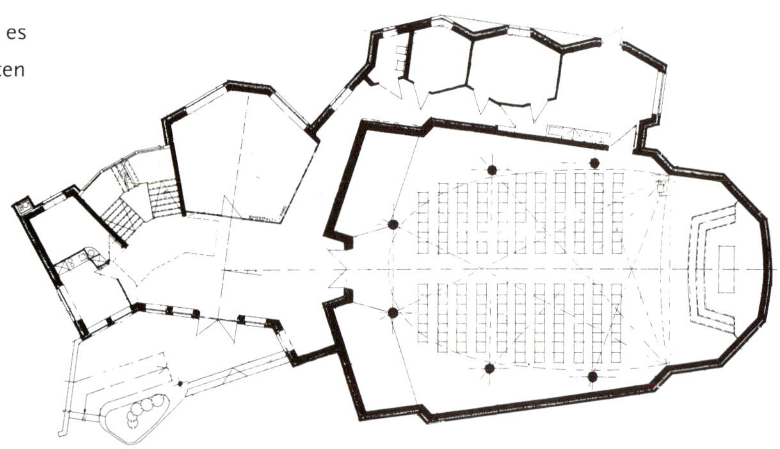

Ulrich Oelssner

Kirche der Christengemeinschaft Stuttgart-Möhringen

Stuttgart-Möhringen, Deutschland, 1992

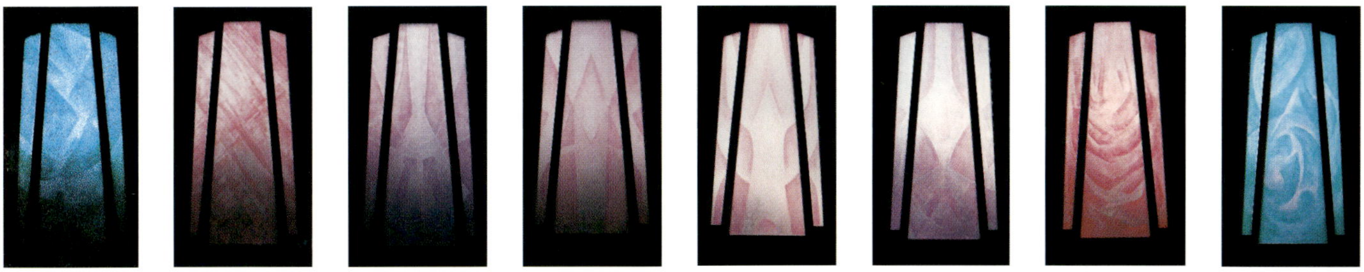

Der Bau und die Ausgestaltung der Johanneskirche sind aus einer intensiven Beschäftigung des Architekten, der Künstler und der Pfarrer mit der Sprache des Johannesevangeliums heraus entstanden; diese Gruppe befasste sich mit den künstlerischen, architektonischen und christlichen Grundelementen. Was sich durch diese Arbeit vertiefte, wurde zuerst in malerischen Skizzen zu fassen versucht, dann in plastische Formen verdichtet und zuletzt erst in der Raumgestalt des Gebäudes, in Grundrissen, Wandbewegungen, Säulenstellung und Dachgebärde sichtbar gemacht.
Ulrich Oelssner

Bauherr: Die Christengemeinschaft Gemeinde Stuttgart-Möhringen **Art des Bauauftrags:** Kirchenneubau mit Nebenräumen **Bruttogeschossfläche:** 645 m² **Planungsbeginn:** 1985 **Fertigstellung:** Gebäude: 1992, Kunst: 1998 **Projektarchitekt:** Ulrich Oelssner **Plastik am Bau:** Astrid Haueisen-Oelssner

PORTUS-BAU

Anthroposophisches Zentrum

Kassel, Deutschland, 1992

Das Gebäude liegt an Kassels historischer Achse, der im Barock entstandenen Wilhelmshöher Allee, und beherbergt einen Saal mit 600 Plätzen für Kongresse und kulturelle Veranstaltungen, ein Seminar für Sozialpädagogik und Läden. Der Saal wird von verschiedensten Veranstaltern aus ganz Deutschland genutzt. Aufgrund seiner idealen Akustik wird er vom Kasseler Kammerorchester für Aufnahmen sehr geschätzt.
Für die Außenform wird der – durch Joseph Beuys berühmt gewordene – sechseckige Säulenbasalt aus Kassels Naturumgebung als Gestaltungselement aufgenommen. Trotz der Eigenwilligkeit kann so eine städtebaulich harmonische Eingliederung erreicht werden. Im Inneren sind die Räume vorwiegend seitensymmetrisch, zur Konzentration auffordernd konzipiert – im Gegensatz zu den sich verengenden und weitenden asymmetrischen Fluren, in denen das Element des Sich-Bewegens vorherrscht. Die Farbgebung folgt dem Formkonzept. So sind die Innenräume jeweils in einer Grund-Farbstimmung gehalten, während die Flure und Treppenhäuser in differenzierten Farbverläufen gestaltet sind.
Winfried Reindl

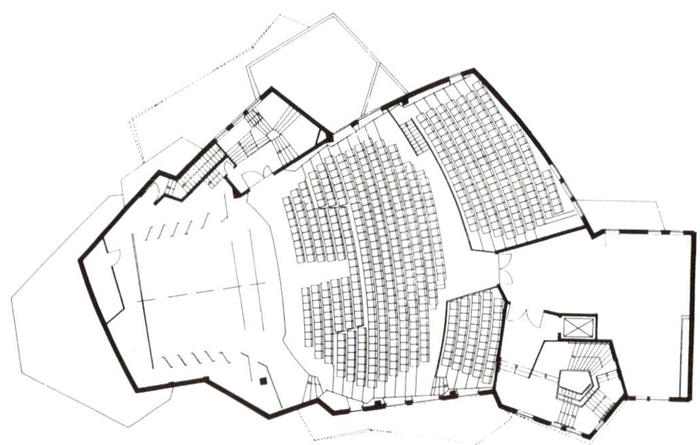

Bauherr: Anthroposophisches Zentrum Kassel **Art des Bauauftrags:** Sozialkulturelles Zentrum mit Läden **Bruttogeschossfläche:** 3.942 m^2 **Planungsbeginn:** 1986 **Fertigstellung:** 1992 **Projektarchitekt:** Winfried Reindl, in Zusammenarbeit mit Ulrich Hernmarck, Katharina Lehmann und Gerdi Bentele

Wohnhaus Familie Werner

Karlsruhe-Durlach, Deutschland, 1992

Ein lebendiges Haus für eine lebendige Familie.
Der Entwurf lebt von der Spannung zwischen dem individuellen Lebensraum der Bewohner und gastlicher Weltoffenheit. Die Individualräume der Familienmitglieder sind bewusst klein konzipiert, die Allgemeinräume groß.
Die Hanglage des Grundstückes wird in dem terrassenförmigen Aufbau des Grundrisses aufgenommen. Die unterschiedlichen Ebenen sind durch eine Vielzahl von Treppen und Stufen verbunden. Große Glasflächen lassen den grünen Außenraum zur zusätzlichen Wohnfläche werden. Die bis zu 50 cm dick gemauerten Wände dienen als Speichermasse und schaffen ein angenehmes Raumklima im Haus.
Die schwebend wirkenden, abgehängten Decken unterstützen in ihrer Plastizität die Dynamik des Hauses und spiegeln gleichzeitig die Form des leichten, geschwungenen Blechdaches wider. Die Farbvielfalt der Wände zieht sich in den Böden, Decken und Möbeln durch das gesamte Haus und macht es ungezwungen und fröhlich.
Winfried Reindl

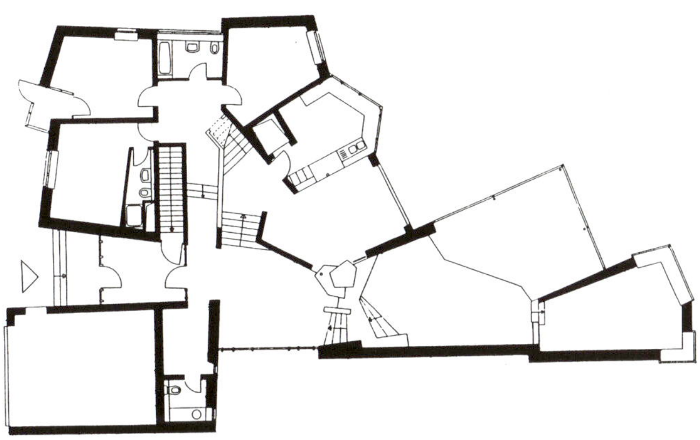

Bauherr: Familie Werner **Art des Bauauftrags:** Wohnhaus mit Außenanlagen
Bruttogeschossfläche: 594 m² **Planungsbeginn:** 1989 **Fertigstellung:** 1992
Projektarchitekten: Winfried Reindl, Veit Ruser

Portus-Bau

Freie Waldorfschule Offenburg

Offenburg, Deutschland, 1997

Gestaltet wird mehr durch Lichtführung und Anordnung der Bauteile als durch aufwändige Formgebung. Das Motiv der gegeneinander versetzten Pultdächer erzeugt durch ein Oberlichtband helle, leichte Räumlichkeit. Dieses Motiv gibt allen Gebäuden ihr zum Innenhof gewandtes Gesicht. Es kehrt in Türen, Leuchten, Geländerpfosten und anderen Details in verwandter Gestalt wieder.
Die Gebäude auf dem Grundstück gruppieren sich wie eine kleine Dorfsiedlung um den Hauptschulhof. Sie vermitteln zwischen der Stadt und den angrenzenden Streuobstwiesen.
Mit dem Gang durch die Schulzeit vollzieht sich der Gang durch die Gebäude. Die Architektur unterstützt die Pädagogik, indem die Lage der Räume, ihre Farbe und Form entsprechend den Altersstufen der Schüler abgewandelt sind.
Aus dem Kontrast Rot – Blau wurde ein «Farbgespräch» entwickelt. Nach außen hin bilden die Fassaden der Gebäudegruppe eine entschiedene Farbfront, zum Innenhof hin lichten sich die kräftigen Töne auf. Mit dem Schritt ins Gebäude hinein findet nochmals ein Auflichten der Farbe zu differenzierten Lasurtönen statt.
Winfried Reindl und Stefan Schwarz

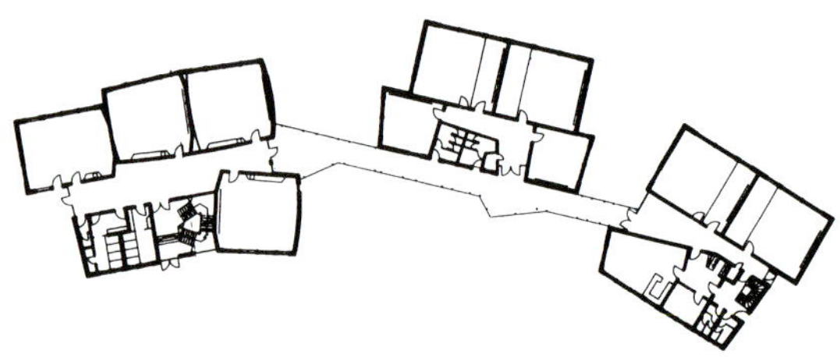

Bauherr: Genossenschaft zum Betrieb der Freien Waldorfschule im Ortenaukreis e.G., Offenburg **Art des Bauauftrags:** Neubau 13-klassige Waldorfschule **Bruttogeschossfläche:** 5.300 m² **Planungsbeginn:** 1994 **Fertigstellung:** 1997 **Projektarchitekt:** Winfried Reindl in Zusammenarbeit mit Imme Denker und Joachim Zimmer

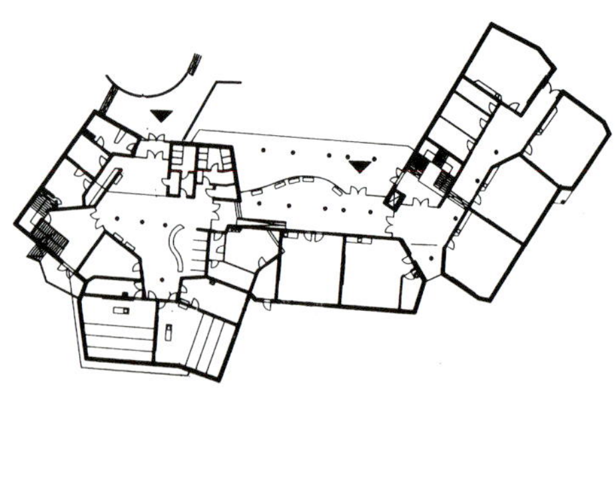

Joachim Eble

Ökologischer Wohn- und Gewerbehof «Prisma»

Nürnberg, Deutschland, 1997

Am Rande des mittelalterlichen Stadtzentrums liegt der ökologische Wohn- und Gewerbehof «Prisma»; er ist ein Projekt der ökologisch qualifizierten Dichte. Trotz dieser hohen Dichte galt es, eine organische Verflechtung des Gebäudes mit seiner Umwelt zu erreichen, wobei Wohnen und Arbeiten unter einem Dach stattfinden sollten. Das Projekt ist als «Sonnenhof» konzipiert und bildet eine Stadtoase in Bezug auf Sinneserlebnisse wie Klang, Farbe, Licht und Duft.
Der aus architektonischer und energetischer Sichtweise wohl wichtigste Bestandteil des Komplexes ist das zum Innenhof hin ausgerichtete Glashaus, das die beiden Geschäftshäuser überspannt. Es wird nicht beheizt und dient als Klimapuffer zwischen Stadtraum und den an das Glashaus angrenzenden Büroräumen.
Ein wichtiger Bestandteil im Klimakonzept bildet das Wasser, vor allem das Regenwasser; es wird benützt für die Bewässerung der Pflanzen in den Glashäusern und für Wasserläufe und Klimawände, die für die Luftbefeuchtung und Kühlung sorgen.[149]
Joachim Eble

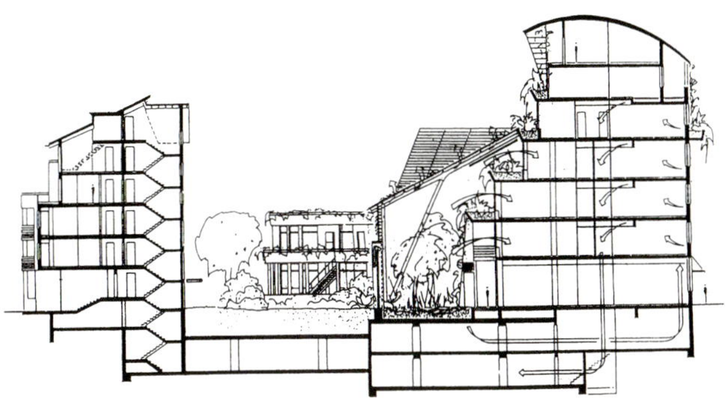

Bauherr: Karlsruher Lebensversicherung AG **Art des Projekts:** 61 Wohnungen, 32 Büros, 9 Läden, 1 Café und 1 Kindergarten **Bruttogeschossfläche:** 16.000 m² **Planungsbeginn:** 1989 und 1993 **Fertigstellung:** 1996–1997 **Projektarchitekt:** Joachim Eble **Wasser- und Grüngestaltung:** Atelier Dreiseitl

Henk Hupkes

Kirche der Christengemeinschaft

Amsterdam, Niederlande, 1971

Die geometrische Ordnung, die dem Kirchengebäude zugrunde liegt, besteht aus einem Raster von 4 x 4 Ellen, jede Elle zu 66 cm. Hierdurch steht das Gebäude nicht nur in Beziehung zum «menschlichen» Maß, sondern verweist obendrein auf das «Neue Jerusalem», wie es in der Johannes-Apokalypse beschrieben wird. Dessen Maße werden ebenfalls in Ellen angegeben, wobei noch hinzugefügt wird: «Menschenmaß ist Engelsmaß.»
Der Turm neben dem Haupteingang stellt einen vertikalen Akzent dar und wirkt hierdurch wie ein Wächter, der die Schwelle zwischen Innen- und Außenraum beschützt.
Das Herz des Kirchenbaus bildet ein neuneckiger Kultusraum, dessen geknickte Rückwand als «Rückgrat» dient. Eine Besonderheit ist die Wandbemalung hinter dem Altar, die auf die Seitenwände übergreift und so die Gemeinde gleichsam in das Geheimnis von Tod und Auferstehung einführen will.
Henk Hupkes

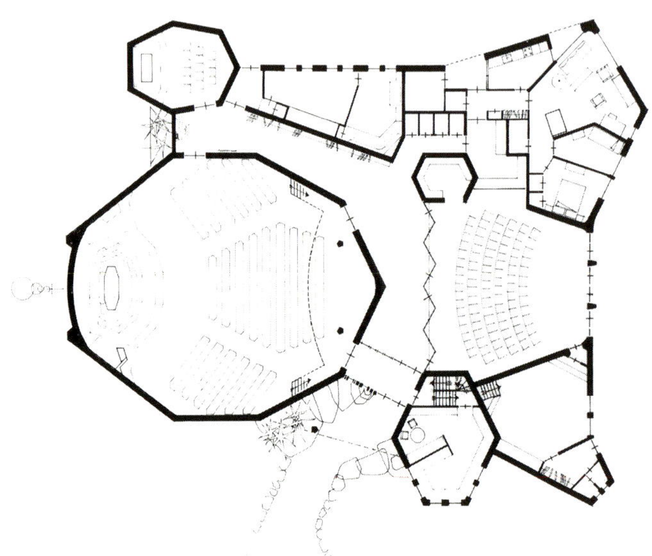

Bauherr: Christengemeinschaft Amsterdam **Art des Bauauftrags:** Neubau einer Kirche mit Wohnhaus **Bruttogeschossfläche:** ca. 840 m² **Planungsbeginn:** 1969 **Fertigstellung:** 1971 **Projektarchitekt:** Henk Hupkes **Altarwand:** Wilfried Ogilvie

Henk Hupkes

Kristallwohnungen

Zeist, Niederlande, 1984

Das Konzept der «Kristallwohnungen» entsprang dem Ideal, die alltäglichen Wohnbedürfnisse auf der Grundlage eines geometrischen, der lebendigen Natur entnommenen Prinzips zu ordnen. So besteht jeder Grundriss aus zwei ineinander geschobenen Fünfecken, die zusammen ein Sechseck bilden, wodurch zahllose Maßverhältnisse im Goldenen Schnitt entstehen. Dieser Grundriss bietet vielfältige Einteilungsmöglichkeiten und sorgt dafür, dass jede Wohnung von mindestens drei Seiten Tageslicht erhält.

Durch die fächerförmige Gruppierung entsteht eine Polarität zwischen Vorder- und Rückseite. An der Vorderseite konzentrieren sich die Eingänge um gemeinsame Eingangsbereiche, während an der Rückseite maximale Privatsphäre entsteht.

Eine mehrgeschossige Variante desselben Konzeptes wurde schon früher bei zwei Wohnprojekten auf der ehemaligen Insel Marken realisiert.

Henk Hupkes

Bauherr: Stiftung Vermogen Valckenbosch **Art des Bauauftrags:** 23 Seniorenwohnungen **Wohnfläche:** 59 m² pro Wohnung **Planungsbeginn:** 1982 **Fertigstellung:** 1984 **Projektarchitekt:** Henk Hupkes

ALBERTS & VAN HUUT

Zentrale der ING-Bank

Amsterdam, Niederlande, 1987

Natur ist die Inspirationsquelle meiner Arbeit. Die Schönheit der Natur ist mit der organischen Architektur verbunden.
Jedes Gebäude hat für mich etwas Eigenes, etwas Natürliches, das der Zusammenarbeit mit den Benutzern entspringt. Das Zusammenspiel von Form, Farbe und Material bildet ein harmonisches Ganzes, in dem der Mensch die zentrale Position einnimmt. So ist auch dieses besondere Gebäude entstanden. Obendrein erfüllt es auch die Anforderungen von Funktionalität, Flexibilität und niedrigen Betriebskosten. Um dieses Ziel zu erreichen, bestand von Beginn an eine enge Zusammenarbeit zwischen allen Beteiligten. Nicht nur Auftraggeber und Architekt, sondern auch Bauunternehmer, Statiker, technischer Berater, Landschaftsarchitekt und Kunstkoordinator haben fortwährend ihre innovativen Beiträge eingebracht. So entwarfen wir ein ökologisch verantwortliches Gebäude, das zugleich auch rationell gefertigt und standardisiert ist. Indem wir dieser Methode folgten, entstand ein völlig neues Gebäude, eine Architektur für die Zukunft.[151]

Ton Alberts

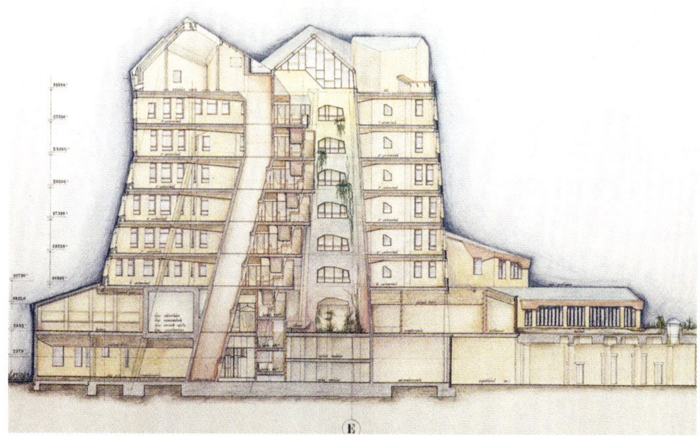

COPIJN UTRECHT

Gartengestaltung der ING-Bank

Amsterdam, Niederlande, 1987

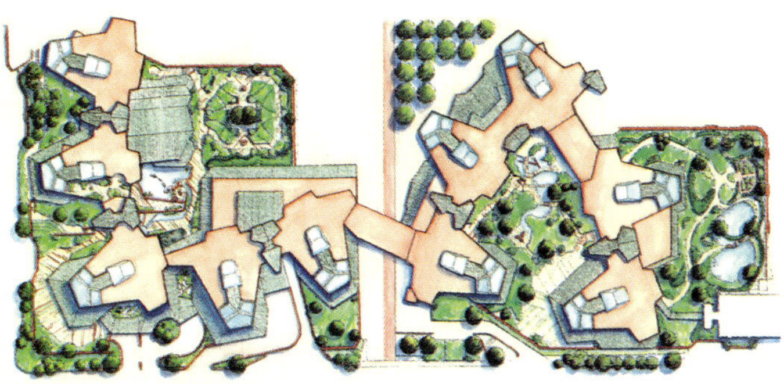

Bauherr: NMB Postbank Gruppe **Art des Bauauftrags:** Neubau der Bankzentrale **Bruttogeschossfläche Büros:** 50.000 m² **Bruttogeschossfläche Parkhaus:** 28.000 m² **Planungsbeginn:** 1979 **Fertigstellung:** 1987 **Projektarchitekten:** Ton Alberts, Max van Huut **Konstruktion:** Aronsohn **Technische Beratung:** Treffers & Partners und Peutz & Associés **Gartengestaltung:** Copijn Utrecht **Innengestaltung:** Alberts & Van Huut, bpr architektur und design, Theo Crosby

ALBERTS & VAN HUUT

Konzernzentrale der «Gasunie»

Groningen, Niederlande, 1994

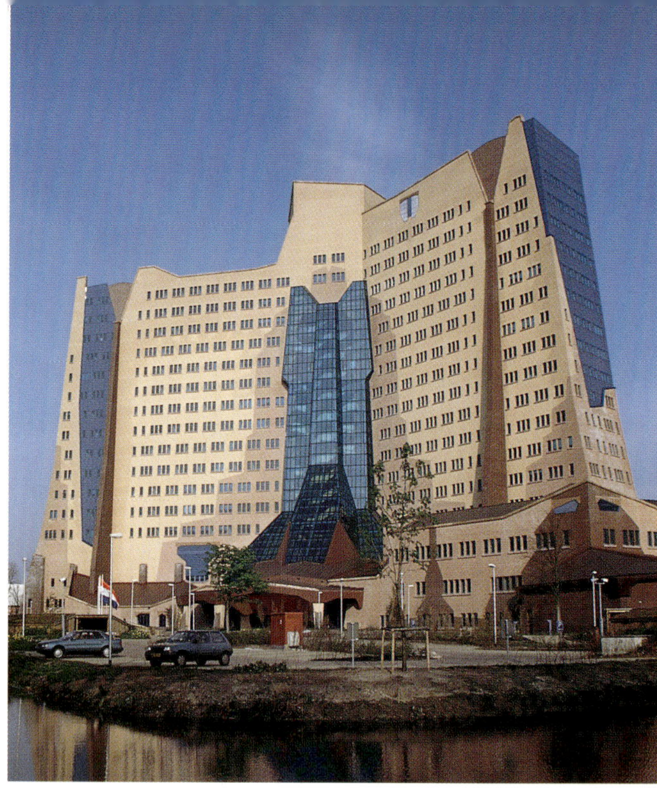

In diesem Gebäude wurden Architektur, Bildhauerei, Farbgestaltung und Gartenarchitektur zu einem Ganzen vereinigt; dadurch erhält das Gebäude einen eigenen «Klang» und bildet zusammen mit den Menschen, den Aktivitäten und der Umgebung eine Melodie. Die beiden Flügel des Hochbaus umarmen gleichsam die zentrale Halle. Das Gebäude empfängt und begrüßt den Besucher somit fast wie ein Mensch den anderen. In der Halle offenbart sich ihm die räumliche Qualität des Gebäudes. Der Blick wird in die Höhe gelenkt und folgt den Treppen, die erst im Himmel zu enden scheinen. In einer schier endlosen Spirale schrauben sich die sechzehn Stockwerke in die Höhe, wobei sie allmählich ihre Farbe ändern, um schließlich im Licht zu enden.[152]

Max van Huut

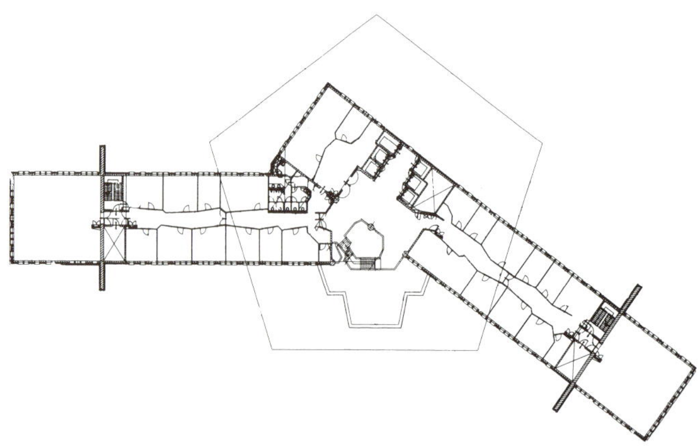

Bauherr: N.V. Nederlandse Gasunie **Art des Bauauftrags:** Neubau der Konzernzentrale **Bruttogeschossfläche:** 45.000 m² **Bruttogeschossfläche Dachgarten:** 1.800 m² **Planungsbeginn:** 1989 **Fertigstellung:** 1993/1994 **Projektarchitekten:** Ton Alberts, Max van Huut **Gartengestaltung:** Copijn Utrecht **Farbgestaltung:** Lani van Petten

Copijn Utrecht

Gartengestaltung der «Gasunie»

Groningen, Niederlande, 1994

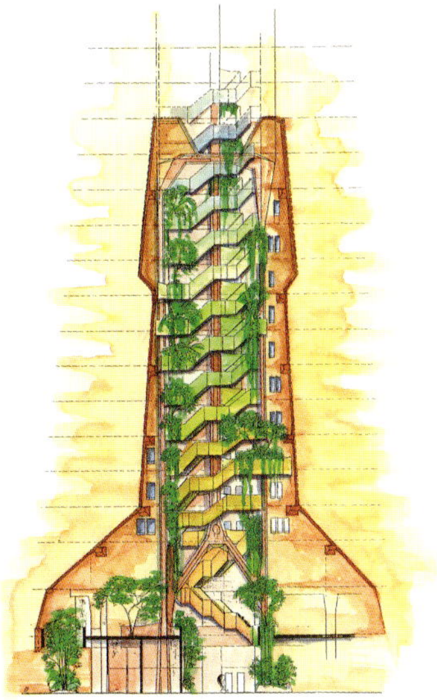

Die Lage des Gebäudes wird von dem angrenzenden, etwa vier Hektar großen Parkplatz bestimmt, der eine Übergangszone zwischen Schnellstraßen und dem Stadtpark bildet. Das Gelände um das Hauptgebäude wird von einer Umarmung des Wassers und von einem großen, runden Fahrradabstellplatz mit begrünter Überdachung geprägt. Das an der Nordwestseite gelegene sechzig Meter hohe offene Treppenhaus ist mit subtropischen Pflanzen begrünt. Die Bepflanzung hängt wie ein grüner Wasserfall herab und trägt zur Klimaverbesserung und zur Luftbefeuchtung bei.

Der erste Stock hat Dachterrassen, die mit hohen Bäumen und Sträuchern begrünt sind und so eine Beziehung zu der Bepflanzung der Umgebung herstellen. Die Natur ringsum wird über die begrünten Dächer nach innen fortgeführt und findet in dem vertikalen Innengarten ihren Höhepunkt.

Jørn Copijn

ORTA Atelier

Druckerei J. Max Aarts

Enschede, Niederlande, 1991

Die Druckerei liegt auf einem Industriegelände am Stadtrand. Neben den Produktionsabteilungen sind in dem Gebäude auch Büros und ein großes Lager untergebracht. Verglaste Innenwände und gläserne Erker sorgen für den gewünschten visuellen Kontakt zwischen den verschiedenen Abteilungen. Eine «Lichtstraße» zieht sich über das ganze Gebäude und versorgt das Lager, das Obergeschoss und die zentrale Halle mit Tageslicht.

Die Rücksicht auf die Umwelt, die innerhalb des Produktionsprozesses der Druckerei eine wichtige Rolle spielt, sollte auch in dem Gebäude zum Ausdruck kommen. Aus diesem Grund besteht die Grundkonstruktion aus laminierten Holzbalken, das gesamte Gebäude ist mit Naturfarbe gestrichen, und die Abwärme wird zurückgewonnen.[153]

Peter van der Cammen

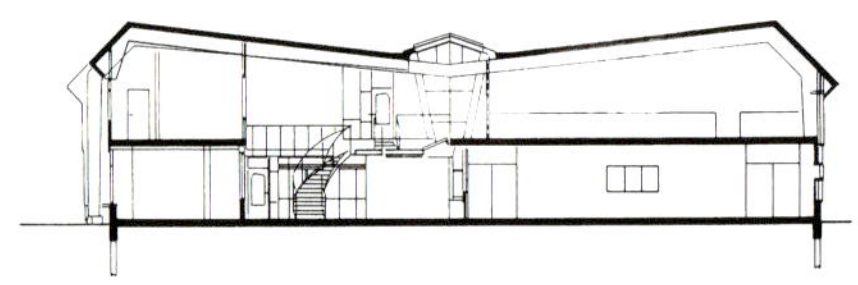

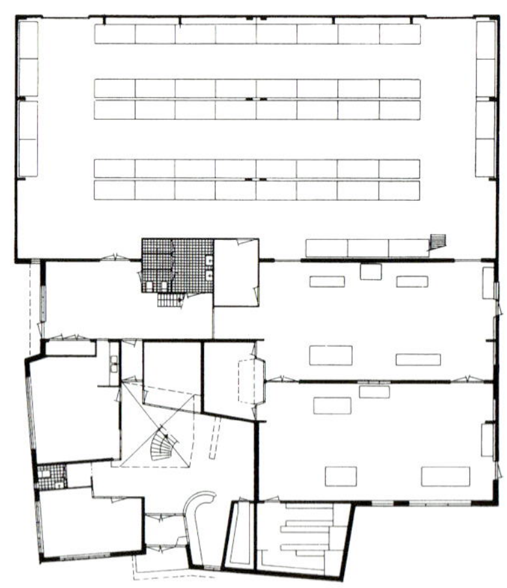

Bauherr: J. Max Aarts **Art des Bauauftrags:** Neubau einer Druckerei **Bruttogeschossfläche:** 1500 m² **Planungsbeginn:** 1989 **Fertigstellung:** 1991 **Projektarchitekten:** Peter van der Cammen, Warmolt Lameris

ORTA Atelier

Kirche der Christengemeinschaft

Alkmaar, Niederlande, 1993

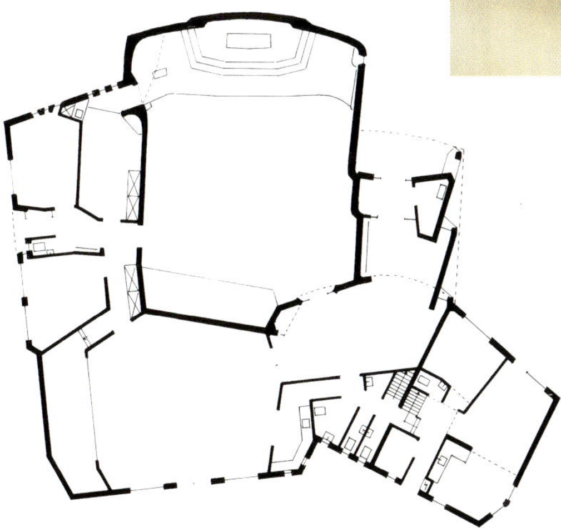

Der Entwurf für diese Kirche entstand in intensiver Zusammenarbeit mit der Gemeinde. Anhand von Zeichenaufgaben und Modellierübungen wurde gemeinsam mit den Gemeindemitgliedern nach einer Formensprache gesucht, die an den Ritus der Christengemeinschaft und die Glaubenserfahrung der Gemeindemitglieder anschloss. Neben den plastischen Formen von Wänden und Decke spielt der Lichteinfall dabei eine wichtige Rolle. Die unterschiedlichen Funktionen des zentral gelegenen Kultusraums und der um diesen gruppierten Nebenräume kommen sowohl in der Formgebung als auch in der Materialwahl zum Ausdruck. Der plastisch geformte Kultusraum wurde in Gasbeton ausgeführt, die Nebenräume in Backstein, wobei beide Baumaterialien als solche sichtbar blieben. Die transparenten Farben des Kultusraums verleihen diesem eine festliche und gleichzeitig geweihte Atmosphäre.

Peter van der Cammen

Bauherr: Christengemeinschaft Alkmaar / Bergen / Schoorl **Art des Bauauftrags:** Neubau einer Kirche mit Wohnhaus **Bruttogeschossfläche:** 600 m² **Planungsbeginn:** 1990 **Fertigstellung:** 1993 **Projektarchitekt:** Peter van der Cammen **Farbgestaltung des Kultusraums:** Eugène Hennekens

ORTA Atelier

Warmonderhof

Dronten, Niederlande, 1999

Der Warmonderhof ist eine Ausbildungsstätte für biologisch-dynamischen Land- und Gartenbau. 1993 bezog die Schule ein Gelände im Flevo-Polder, etwas außerhalb von Dronten. Die Weite dieses Polders bildete den Ausgangspunkt dafür, dem Neubau von Aula, Mensa und Studentenwohnheim eine lang gestreckte, gebogene Form zu geben. Hierdurch entstand ein geschützter Außenraum, der als Garten und Aufenthaltsraum dient. Der Kopf des Gebäudes mit dem Eingang und der Aula ist der Zufahrtsstraße zugewandt, die Studentenwohnungen liegen am Garten.

Die Wohnungen sind in Einheiten zu acht Räumen mit gemeinschaftlich genutzter Küche und Wohnzimmer unterteilt; jedes Stockwerk besitzt ein eigenes Bad. Die Formensprache und die Farben der Holzwände bilden ein stilles Echo jener Schiffe, die einst hier über die Zuiderzee fuhren.

Peter van der Cammen

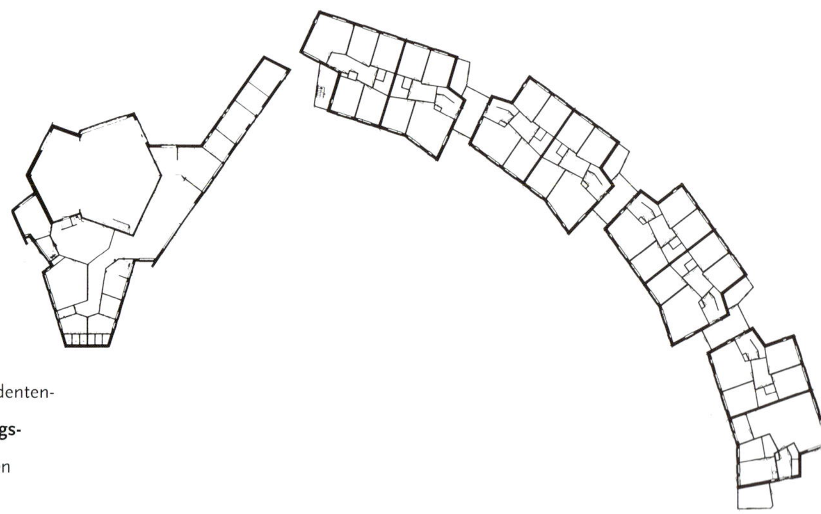

Bauherr: Stiftung Warmonderhof **Art des Bauauftrags:** Neubau eines Studentenwohnheims mit Aula und Mensa **Bruttogeschossfläche:** 2250 m² **Planungsbeginn:** 1996 **Fertigstellung:** 1999 **Projektarchitekt:** Peter van der Cammen **Gartengestaltung:** Hyco Verhaagen, Copijn Utrecht

Joachim Eble und Copijn Utrecht

Stadtbebauungsplan EVA-Lanxmeer

Culemborg, Niederlande, 1999–2003

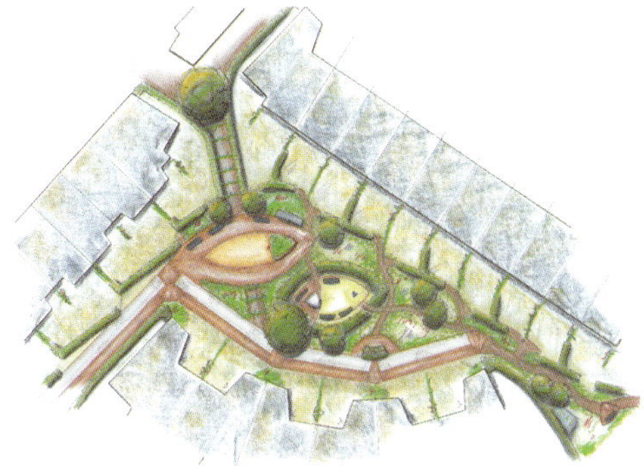

Der Stadtteil EVA-Lanxmeer ist auf Initiative von Marleen Kaptein hin entstanden, in Zusammenarbeit mit der Stadt Culemborg. Ihre Idee war es, ein Stadtviertel zu realisieren, in dem die Prinzipien des ökologischen Bauens, der Perma-Kultur und der organischen Architektur miteinander verbunden werden sollten und das Wohnen, Arbeiten, Lernen und Erholung, Wasser und Bepflanzung integriert. Dazu wurde ein Entwurfsteam zusammengestellt, bestehend aus einem Stadtplaner, Garten- und Landschaftsarchitekten, Architekten sowie Wasser- und Energieberatern. Zusätzlich wurden Treffen mit den künftigen Bewohnern organisiert, um ihre Ideen und Wünsche in den Entstehungsprozess des Entwurfs mit einfließen zu lassen. Das Viertel ist um ein Wasserschutzgebiet herum geplant, das die Möglichkeit bot, Bebauung, Wasser und Pflanzen optimal miteinander zu verbinden. Wo immer es möglich war, wurden die Wohnungen nach Süden ausgerichtet, um passive und aktive Sonnenenergie nutzen zu können. Ein ausgeklügeltes System von Wasserläufen sorgt für das Auffangen des Regenwassers, die natürliche Klärung des Abwassers und die Rückgewinnung von Energie aus Kanalschlamm.

Die Gartenentwürfe für die gemeinsamen Innenhöfe wurden zusammen mit den Anwohnern erstellt. Auch bei der zukünftigen Verwaltung des Außenraumes sollen sie eine wichtige Rolle spielen.

Hyco Verhaagen

Bauherr: Stadt Culemborg und Stiftung EVA **Art des Bauauftrags:** Stadtviertel mit ca. 200 Wohnungen, Büros, einem städtischen Bauernhof und einem Zentrum für Umwelterziehung **Städtebaulicher Entwurf:** Joachim Eble **Garten- und Landschaftsentwurf:** Hyco Verhaagen, Copijn Utrecht **Architekten der 1. und 2. Bauphase:** Joachim Eble, ORTA Atelier **Energiekonzept:** Dick Sidler, Core-international

Rau & Partners Architektenburo

Rathaus Zutphen

Zutphen, Niederlande, 1999

Der Prozess als Instrument

Jedes Projekt, jede Bauaufgabe hat eigene, spezifische Themen, die aus den Vorstellungen des Auftraggebers, aus der Bausituation, dem Programm, den Umständen, unter denen das Gebäude entsteht, und den Entwurfsauffassungen des Architekten hervorgehen. Für uns ist Architektur nicht allein Gestaltgebung, sondern in erster Linie ein Prozess, in dem die einzelnen Themen weiterentwickelt werden und eine bestimmte Form erhalten. Aufgrund dieser Arbeitsweise ist die Beschäftigung mit allen Aspekten einer Aufgabe wichtig, um zum Kern des Gewünschten vorzudringen.

Ohne Dialog kein Prozess, ohne Prozess kein Entwurf. Der Stil des Büros spiegelt sich daher auch nicht im äußeren Erscheinungsbild des Bauwerks wider, sondern im Prozess, durch den es zustande gekommen ist.

Das Rathaus:

Das Baugelände für das neue Rathaus liegt mitten im alten Stadtzentrum. Sowohl städtebaulich als auch architektonisch handelt es sich um eine sehr empfindliche Stelle – insbesondere deshalb, weil eine Anzahl denkmalgeschützter Gebäude in den Entwurf integriert werden mussten.

Rau & Partners Architektenburo

Rathaus Zutphen

Zutphen, Niederlande, 1999

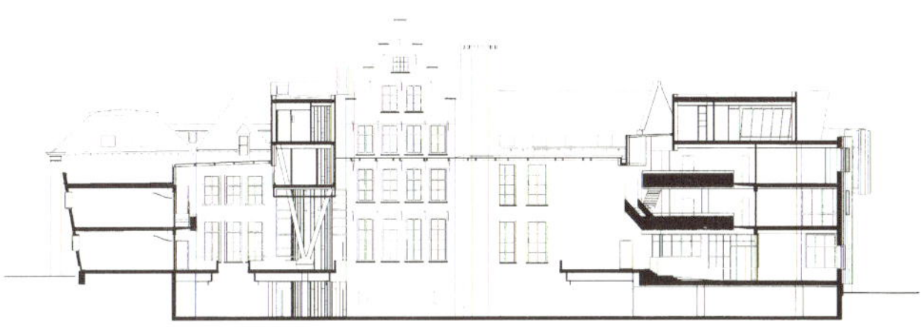

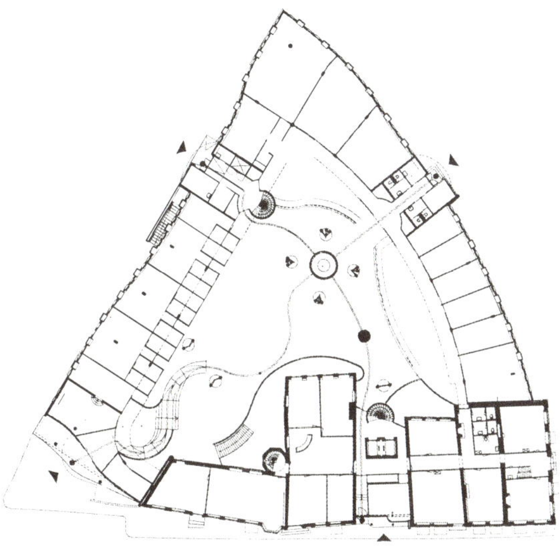

Das Konzept des Gebäudes wird bestimmt durch die Art der Begegnung zwischen den Bürgern und den Beamten bzw. der Beamten untereinander. Indem die Halle in der Mitte des Gesamtkomplexes platziert wird, rückt nicht nur der Besucher in den Mittelpunkt; auch alle Beamten sitzen jetzt optisch und physisch gleich weit vom Bürger wie auch voneinander entfernt.
Unter Nutzbarmachung der vier Elemente wurde ein System natürlicher Ventilation entwickelt, das kaum Betriebskosten verursacht und dessen Investitionskosten zum größten Teil subventioniert wurden.[154]

Thomas Rau

Bauherr: Gemeinde Zutphen **Art des Projekts:** Rathaus **Bruttogeschossfläche:** 8400 m² **Planungsbeginn:** 1995 **Fertigstellung:** 1999 **Projektarchitekt:** Thomas Rau **Gläserne Wassersäule:** Gera van der Leun, Rocco Marotta

RAU & PARTNERS ARCHITEKTENBURO

Triodos-Bank

Zeist, Niederlande, 1999

Das Baugrundstück, auf dem früher eine Kirche stand, liegt am stark befahrenen Utrechtseweg, in der Nähe des heutigen Friedhofs, und wird von einem wertvollen Baumbestand umsäumt.
Gemeinsam mit dem Auftraggeber wurde ein ökologisch-ökonomisches Gesamtkonzept entwickelt, wobei eine andauernde Abwägung von Investitionskosten und Betriebskosten stattfand. So entstand ein Bürogebäude, das sowohl den Energiequellen in primärem Sinne als auch den Energiequellen der Menschen, die täglich darin arbeiten, Rechnung trägt.
Durch die Hufeisenform des vierstöckigen Gebäudes wurden zusätzliche Lärmschutzmaßnahmen vollkommen überflüssig. Auch der alte Baumbestand und der angrenzende Friedhof wurden in die gesamte Gestaltung integriert. Die Anlage eines Innenhofes eröffnete die Möglichkeit, den Park bis direkt an das Gebäude weiterzuführen.[155]
Thomas Rau

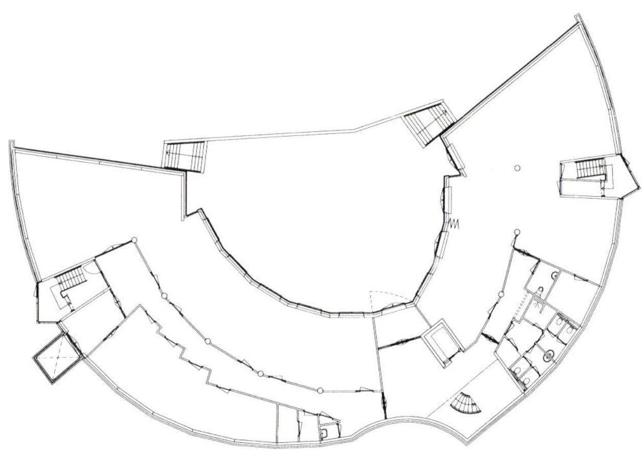

Bauherr: Triodos-Bank **Art des Bauauftrags:** Hauptgeschäftsstelle **Bruttogeschossfläche:** 2.700 m² **Planungsbeginn:** 1997 **Fertigstellung:** 1999 **Projektarchitekt:** Thomas Rau **Inneneinrichtung:** Odette Ex

Belgien und Frankreich

Belgien vereinigt in seinen Grenzen drei verschiedene Sprachgebiete: das niederländische in Flandern, das französische in Wallonien und das deutsche im äußersten Südosten des Landes. Auf dem Gebiet der organischen Architektur hat dieses Land jedoch eine eigene Formensprache entwickelt, die diese regionalen Unterschiede überwindet und durch die es sich deutlich von seinen Nachbarländern unterscheidet. Aufgrund der beherrschten Verwendung gebogener Linien und runder Formen wirkt diese weniger streng als die niederländische Architektur und weniger schwer als die deutsche. Stärker als in anderen Ländern sollen Form und Farbe an das Gemüt appellieren.

Die belgische organische Architektur vermag insbesondere mit Privathäusern zu glänzen. Bemerkenswert an diesen Häusern sind ihr individueller Charakter und die sorgfältige Detailgestaltung. Viel seltener als in den Niederlanden wird von vorgefertigten Elementen oder Standarddetails Gebrauch gemacht. Türen und Fensterrahmen werden gezielt entworfen und fachmännisch von Schreinern hergestellt. Hierin scheint das Gefühl für Form und Material, das der belgischen Art Nouveau eine so große Blüte bescherte, bis auf den heutigen Tag weiterzuleben.

Wenn überhaupt von regionalen Unterschieden gesprochen werden kann, so scheint es, dass die flämische organische Architektur des Büros «Sfragis» freieren und beweglicheren Charakter besitzt als die Arbeiten der wallonischen Architekten Éric Furnémont und Bernard Herbecq, die zurückhaltender und beherrschter in der Form sind. Die beiden letzteren erhielten ihre Ausbildung am Institut d'Architecture Lambert Lombard in Lüttich, wo Professor Jacques Gillet lange Jahre hindurch Studenten mit der organischen Architektur bekannt machte.

Einen besonderen Platz innerhalb der belgischen Architektur nimmt Lucien Kroll ein. Obwohl seine Arbeiten aus formalen Gründen nicht direkt zur organischen Architektur gerechnet werden können, enthält seine Herangehensweise an das Bauen doch zahlreiche organische Elemente. Für ihn steht die Beziehung zwischen dem Gebäude und dem menschlichen Leben im Mittelpunkt. Wo diese Beziehung gestört ist, wie zum Beispiel im Fall monotoner Neubaugebiete, vermag er durch umfassende Renovierung oftmals das Leben wieder in solche Gebäude zurückzubringen. Neben dieser sozialen Dimension spielt auch die Ökologie eine wichtige Rolle in seinem Werk. Ein Beispiel dafür ist das in Malsaucy (Frankreich) realisierte Naturerziehungszentrum. Ansonsten kennt Frankreich nur eine kleine Anzahl von Beispielen organischer Architektur, die vor allem als Schulbauten und Privathäuser realisiert wurden.

Sfragis

De Sterrendaalders

Lier, Belgien, 1990–1996

Architektur lässt sich nicht am Zeichenbrett oder am Computer erstellen; das Bild eines Bauwerkes entsteht durch das Gespräch. Was im Geist lebendig ist, sucht sein Heim auf der Erde. Aus Stein, Pflanze, Tier und Mensch spricht eine göttliche Sprache. Der Mensch in seiner Sehnsucht nach Kunst versucht diese Sprache zu übersetzen und begegnet im künstlerischen Arbeiten seinem Mitmenschen.

Der Entwurf für die Schule entstand in einem Prozess des Dialogs, der Wahrnehmung und des Studiums des sich entwickelnden Kindes sowie durch künstlerische Aktivitäten. Kindergarten, Schule (Unterstufe) und Saal sind in separaten Gebäuden untergebracht, die jeweils eigenen Charakter besitzen. Zwischen ihnen und um sie herum befinden sich die Spielplätze und Schulgärten für die verschiedenen Altersgruppen.
Marc Schepens

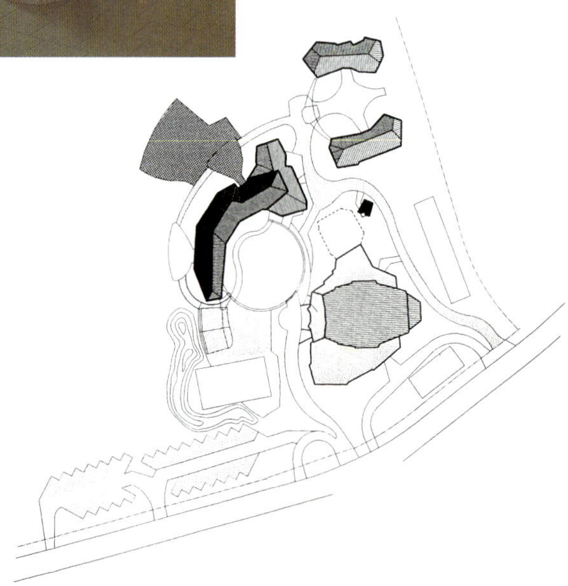

Bauherr: De Sterrendaalders, Rudolf Steinerschool Lier **Art des Bauauftrags:** Neubau eines Kindergartens und einer Schule (Unterstufe) mit Saalbau **Bruttogeschossfläche:** 1.900 m² **Planungsbeginn:** 1988 (1. Bauphase) **Fertigstellung:** **1996** (4. Bauphase) **Projektarchitekten:** Jep Bogemans, Marc Schepens **Farbgestaltung:** Zwenk BVBA, Dora Seaux

SFRAGIS

Wohnhaus der Familie Schepens

Heide-Kalmthout, Belgien, 1996

Einen offenen Platz im Wald schaffen, dessen Stimmung erfassen und mit einem Gebäude ausfüllen, das auf diese Örtlichkeit antwortet und ihre Stimmung wiedergibt.
Eine Treppe schraubt sich aus dem Garten bis zur Wohnebene empor, von der aus man tief in den Wald hineinschaut. Knospende Blätter, Frühlingsgrün, rot gefärbtes Herbstlaub, kahle Äste – durch das viele Grün ringsum lebt man hier mit den Jahreszeiten und den Vögeln. Die hölzernen Balken des Aufbaus streben – wie Baumstämme – vertikal nach oben. Oben, hinter der gewölbten hölzernen Giebelverkleidung, befinden sich die Schlafzimmer wie in einer Baumkrone; hier ist das Haus eher träumend nach innen gekehrt.
Marc Schepens

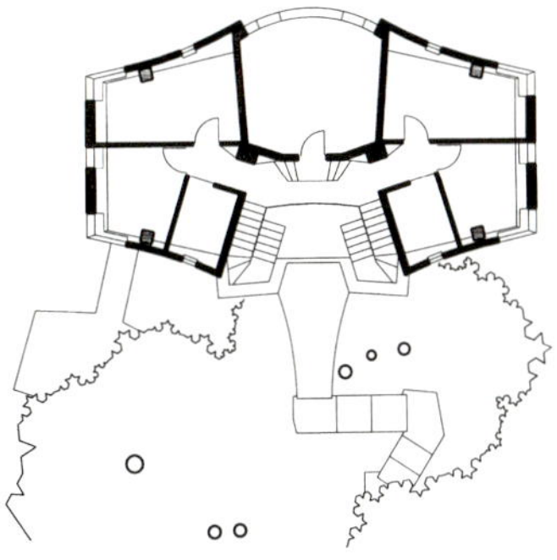

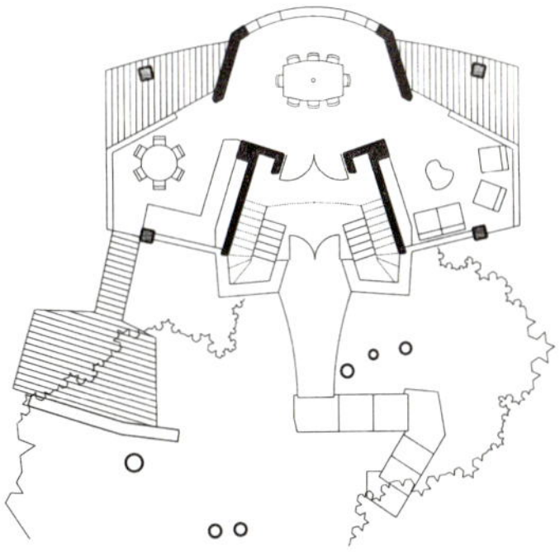

Bauherr: Familie Schepens **Art des Bauauftrags:** Einfamilienhaus **Bruttogeschossfläche:** 275 m^2 **Planungsbeginn:** 1995 **Fertigstellung:** 1996 **Projektarchitekt:** Marc Schepens

SFRAGIS

Innengestaltung der Zeitungsredaktion

De Financieel Economische Tijd

Antwerpen, Belgien, 2000

De Financieel Economische Tijd ist eine Tageszeitung nebst Verlag, die sich auf die Verbreitung von Wirtschaftsberichten mittels Druckerpresse und elektronischer Netzwerke spezialisiert hat.
Der Entwurf für den Empfangsraum und die Besprechungsräume ist darauf ausgerichtet, Besuchern das Gefühl zu vermitteln, willkommen zu sein, und sie auf bestmögliche Art und Weise empfangen zu können.
So wie anfangs die Aufmerksamkeit gegenüber dem Empfangsbereich und gegenüber Details die Inspirationsquelle dieses Entwurfs war, regt nun die Inneneinrichtung die Mitarbeiter dazu an, das Empfangen von Besuchern zu einer Kunstform zu erheben.
Marc Schepens

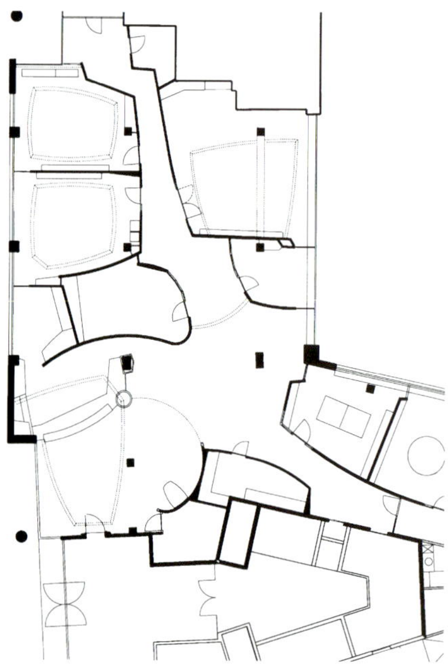

Bauherr: De Financieel Economische Tijd **Art des Bauauftrags:** Innengestaltung des Büros **Bruttogeschossfläche:** 7.400 m² **Planungsbeginn:** 1993 (1. Bauphase) **Fertigstellung:** 2000 (Empfang) **Projektarchitekten:** Jep Bogemans **Wandmalerei:** Erik Rau

Alberts & Van Huut

Roels HiFi-Shop

Wevelgem, Belgien, 1992

Der Auftrag von Herrn Roels bestand darin, einen «musikalischen» Entwurf für sein Ladengeschäft mit einem Akustikraum zum Probehören von HiFi-Anlagen zu schaffen. Der Neubau liegt auf einem Viadukt über einer Autobahn, und der Auftraggeber wünschte einen Ruhepunkt in dieser chaotischen Umgebung.

Um ein Ganzes von bildender Kunst, Klang und Musik zu erzielen, wurde ein Team gebildet: Landschaftsarchitekten, Architekten, Glaskünstler und Maler schufen gemeinsam eine Sinfonie. Farben, Formen, Möblierung, Bepflanzung und natürliche Materialien sorgen für eine freundliche Hörumgebung.[156]

Max van Huut

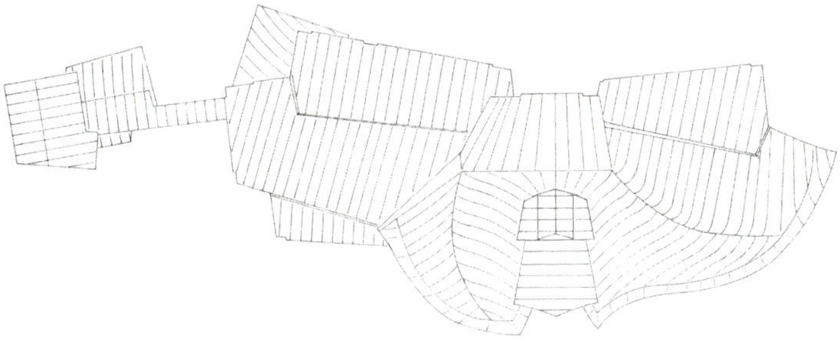

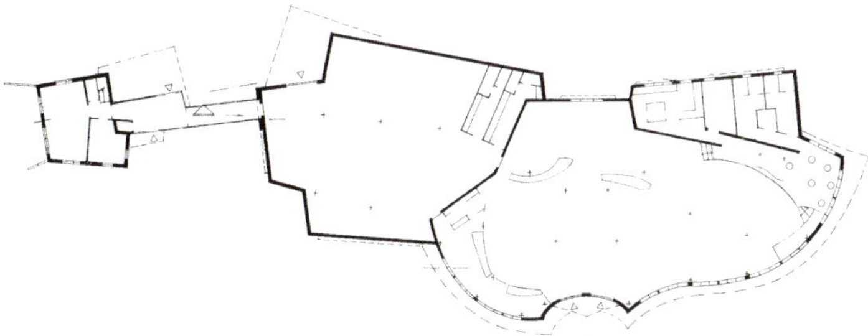

Bauherr: Roels HiFi **Art des Bauauftrags:** Ladengeschäft mit Wohnung **Bruttogeschossfläche:** 800 m² **Planungsbeginn:** 1989 **Fertigstellung:** 1992 **Projektarchitekt:** Max van Huut **Farbgestaltung:** Lani van Petten **Gartengestaltung:** Copijn Utrecht

ATELIER D'ARCHITECTURE ÉRIC FURNÉMONT

Zwei Wohnhäuser

Court-Saint-Étienne, Belgien, 1998–2000

Auf einem bewaldeten Gelände in Court-Saint-Étienne werden zwei Häuser errichtet. Ihrem Charakter nach sind sie komplementär; beide sind auf jeweils eigene Weise nach Süden ausgerichtet: Das eine Wohnhaus schafft Raum für eine große Terrasse, das andere umschließt eine offene Fläche mit der Aussicht auf den Wald.
Das Projekt, von dem ein Haus fertiggestellt, das andere noch im Bau ist, wird oberhalb einer großen, in den Hang gebauten Lagerhalle ausgeführt.
Die Fassade ist mit rauen Planken aus Lärchenholz verkleidet, die Nordseite besteht aus Backstein-Mauerwerk, die Südseite besitzt eine Tragekonstruktion aus Oregon-Pinie. Für die Innenräume wurden Holzverkleidungen aus Pappel, Lärche und Eiche verwendet. Im Hausinneren sind die Wände mit Lehm verputzt. Die gebogenen Dachsparren erhielten eine Eindeckung aus Kupferplatten mit gefalzten Verbindungen.
Éric Furnémont

Bauherr: Didier & Violaine Verdin-Morelle **Art des Bauauftrags:** Zwei Wohnhäuser **Bruttogeschossfläche:** 300m² **Planungsbeginn:** 1995 **Fertigstellung:** 1. Bauphase: 1998, 2. Bauphase: 2000 **Projektarchitekt:** Éric Furnémont

Éric Furnémont

Stall für den Hof «La Voie Lactée»

Aywaille, Belgien, 1995

Aufgrund der Notwendigkeit, einen neuen Stall zu errichten und zusätzliche Unterbringungsmöglichkeiten für Heu, Stroh und die landwirtschaftlichen Fahrzeuge zu schaffen, entstand der Bau einer Scheune mit Heuboden und eines Stalles auf dem Gelände des Bauernhofs «La Voie Lactée» in Aywaille. Dieser wird von einer Eigentümergemeinschaft betrieben, deren Ziel es ist, sowohl die biologische Arbeitsweise zu fördern als auch Ideen für neue Formen ökonomischer Zusammenarbeit zu erarbeiten.

Der Stall schließt sich an eine Seite der großen Scheune an (die noch nicht fertiggestellt ist) und ist teilweise in den Hang gebaut. Im Obergeschoss befindet sich ein kleiner Heuboden.

Die im Erdboden gelegenen Bauteile sind gemauert, darauf steht ein Gebälk aus heimischem Lärchenholz; Wand- und Dachverkleidung wurden ebenfalls in Lärche ausgeführt.

Éric Furnémont

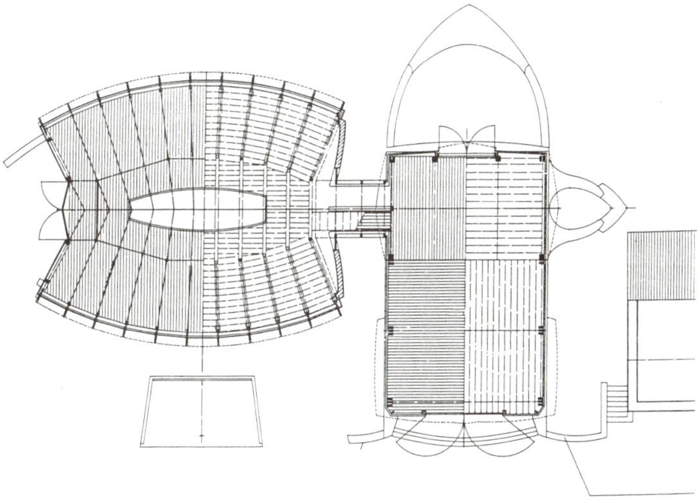

Bauherr: ASBL La Voie Lactée **Art des Bauauftrags:** Stall **Bruttogeschossfläche:** 160m² **Planungsbeginn:** 1994 **Fertigstellung:** 1995 **Projektarchitekt:** Éric Furnémont

BERNARD HERBECQ

Wohnhaus, Rue des Anglais 52

Lüttich, Belgien, 1991

Bei diesem Projekt handelt es sich um einen Umbau des Leichenhauses des «Hôpital des Anglais» in Lüttich, wobei sich auch die Nutzung des Gebäudes änderte.

Ein wichtiger Aspekt war dabei, dass der Umbau in Eigenregie ausgeführt werden konnte – die Freude am Handwerk und der Reichtum des Forschens bleiben am Zeichentisch nur abstrakt, vollziehen und entwickeln sich jedoch während des Bauens sichtbar vor Ort. Die Kapelle wurde zum Empfangsraum umgestaltet, eine spiralförmige Treppe führt zum Wohnzimmer, und die Treppe, die im Schacht des ehemaligen Lastenaufzugs ihren Platz fand, führt zum Büro.

Während der Baustil der Kapelle streng war, besitzt der Umbau einen ebenso dynamischen wie kompakten Charakter – eine geballte Kraft, die sich gegen die Mauern stemmt und dadurch eine Spannung erzeugt.

Man hat meine Gestaltungsweise oft zur organischen Architektur gerechnet; man könnte sie insofern organisch nennen, als es eine lebendige Architektur ist – eine Architektur, die von Leben zeugt.[157]

Bernard Herbecq

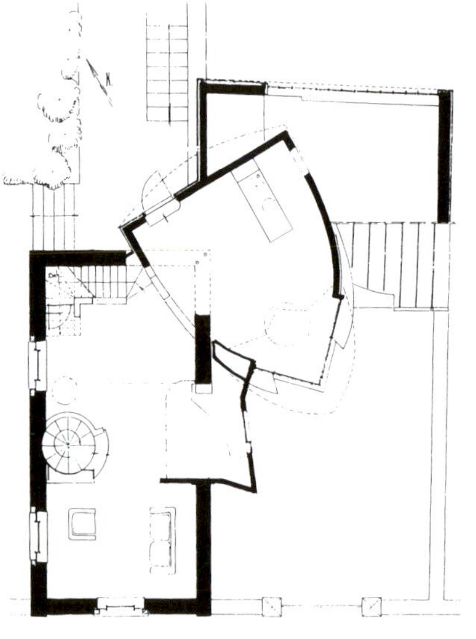

Bauherr: Bernard Herbecq **Art des Projekts:** Umbau eines Leichenhauses zum Wohnhaus mit Büro **Bruttogeschossfläche:** 200m² **Planungsbeginn:** 1989 **Fertigstellung:** 1991 **Projektarchitekt:** Bernard Herbecq

Fotos: Wohnungsbau Bethoncourt, Frankreich, vor der Renovierung (rechts) und nach Fertigstellung (links), 1992–1994
Schule Saint-Germain, Frankreich, Außenseite und Innenansicht.

Organische Architektur zeichnet sich meines Erachtens dadurch aus, dass sie sich darauf beschränkt, eine anregende Hülle für das Leben der Bewohner anzubieten, auf das der Architekt eingeht. Anorganische Architektur ist dagegen eine Architektur, die die Bewohner und ihr Leben negiert, nur Technik und Lehrbücher verwendet und ein Vorbild benutzt (ob der eigenen Technik oder dem eigenen «Ego» entsprungen: beide sind gleich schizoid), und dieses Vorgehen wird immer wieder wiederholt, weil nie jemand da ist, der etwas anderes wünscht: der Benutzer ist auf ewig abwesend. Wir sind so entwöhnt, Laien zuzuhören, dass nur ein feinfühliger Soziologe sie dazu bringen kann, sich auszusprechen, und uns so den Reichtum zu erschließen vermag, der sich oftmals hinter ihren Vorstellungen verbirgt.
Organischer Städtebau funktioniert nicht nach dem Prinzip von Leitungen, wonach sich heißes Wasser nicht mit Gas vermischen darf (d. h. der Verkehr und die Wohnviertel), sondern folgt den menschlichen Handlungen, die städtische Formen schaffen. Indem jemand läuft, schafft er eine Straße. Sie ist zwar noch imaginär, aber es genügt bereits, sie durch Fassaden einzugrenzen, und schon ist sie da. Wenn dieser Fußgänger vor einem anderen Fußgänger stehen bleibt, entsteht durch ihre Anwesenheit ein Platz. Es genügt, diesen mit Gebäuden zu umschließen, und schon existiert der Platz. Ansonsten sind es nur noch wenige Details, welche die Basis eines organischen Städtebaus ausmachen.
Es sind also die Bewohner, die die Stadt schaffen, nicht der Ingenieur oder der Architekt (obschon manch einer von Zeit zu Zeit davon träumt ...).
Lucien Kroll

AUAI Lucien Kroll

Maison de l'environnement

Malsaucy, Frankreich, 1994

Zwischen den Seen von Malsaucy und Verone gelegen, halb verdeckt in einen Hang gebettet, liegt das Naturerziehungszentrum. An der Nordseite befinden sich seine Ateliers und an der Südseite ein Restaurant; der Rest des Gebäudes ist in den Hang gebaut und dadurch gut isoliert.

Beim Hereinkommen tritt man direkt in das volle Licht des Ausstellungssaals. Dieser gewährt auch Zugang zum oberen Stockwerk mit dem Verwaltungsbüro, zwei Laboratorien, einem Konferenzraum und dem Restaurant. Drei gläserne, schon von weitem sichtbare Pyramiden überragen den Ausstellungssaal; sie sorgen für die Belüftung, indem sie sich aufwärmen und dadurch einen natürlichen Luftzug bewirken.

Die Materialien wurden im Hinblick auf ihren geringen Energieverbrauch, ihren natürlichen Reichtum und vor allem ihren Einfluss auf die menschliche Gesundheit ausgewählt.[158]

Lucien Kroll

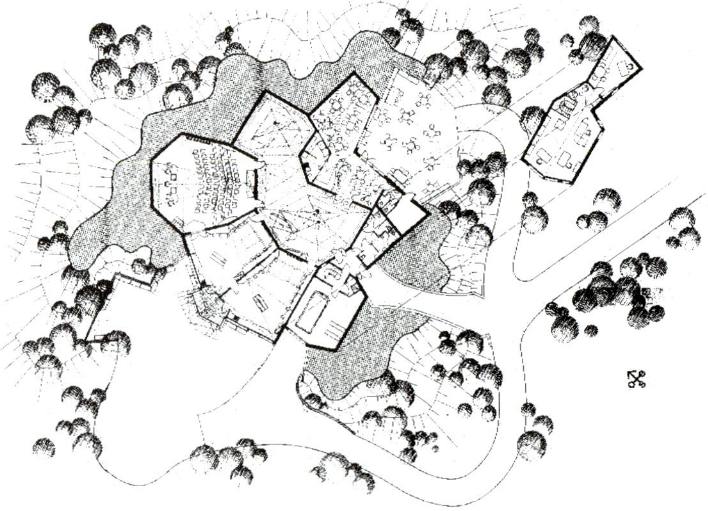

Bauherr: Conseil Général **Art des Bauauftrags:** Naturerziehungszentrum **Bruttogeschossfläche:** 618 m² **Ausschreibungsentwurf:** 1990 **Fertigstellung:** 1994 **Projektarchitekt:** Lucien Kroll

Atelier de Flor

Libre école Rudolf Steiner

Verrières-le-Buisson (Essonne), Frankreich, 1989

Dieses Gebäude wurde für die Rudolf Steiner-Schule im Süden von Paris gebaut und als Herz der Schule geplant. Durch seinen eiförmigen Grundriss wurde versucht, den Zuschauerraum und die Bühne, die sich gegenüberliegen, zu einer Einheit zusammenzufügen. Die beiden Räume öffnen sich einander mit einer doppelten Bewegung. Durch die Trapezform des Saales entsteht eine Öffnungsbewegung des Zuschauerraumes zur Bühne hin, durch Dachform und Dachfenster eine Gegenbewegung vom Bühnenraum zum Saal. Mit seiner Formensprache und dem Spiel der Winkel, die durch die dynamischen, umhüllenden Kurven gemildert werden, schafft dieser Bau die Verbindung zwischen dem romantischen Charakter der bereits vorhandenen Gebäude und einer organischen Ausdrucksform, die deutlicher und klarer ist.

Isabelle Val de Flor

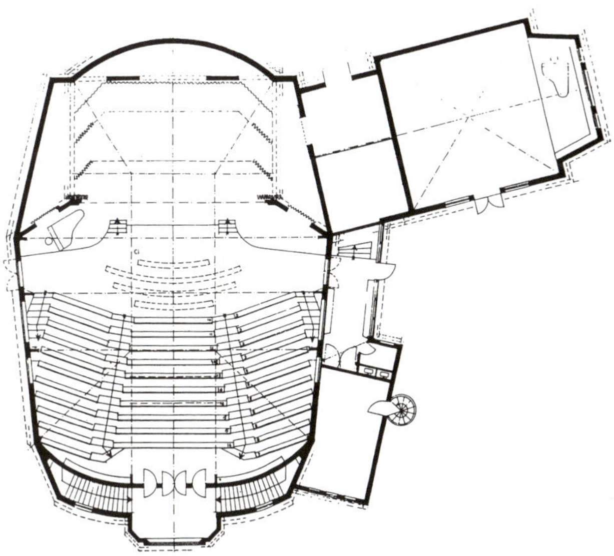

Bauherr: Libre école Rudolf Steiner **Art des Bauauftrags:** Neubau Saal mit Nebenräumen **Bruttogeschossfläche:** 800 m² **Planungsbeginn:** 1981 **Fertigstellung:** 1989 **Projektarchitektin:** Isabelle Val de Flor

Udo Zembok

Glasgestaltungen

Licht ist unsichtbar. Es wird sichtbar, indem es durch Filter strömt oder auf Gegenstände trifft. Diese Gesetzmäßigkeit ist Ausgangspunkt für meine Bemühungen um Licht und Farbe bei Glasgestaltungen für die Architektur.
Farbiges Glas ist ein Filter, moduliert Licht, schafft Atmosphäre, visualisiert Raumfunktionen, macht Sonnenbewegungen sichtbar, verfeinert Wahrnehmungsprozesse.
Neue Techniken erweitern die künstlerischen Möglichkeiten des Werkstoffes Flachglas. Großflächige Verformungen und Pigmentierungen des Glases ergänzen die traditionelle Glasmalerei.
Mehrschichtig gefärbtes und verschmolzenes Glas fängt das Licht in Fenster-, Wand- und Fassadengestaltungen ein.
Udo Zembok

Fotos: Treppenhaus, Kulturzentrum «L'Aubier», Schweiz
Detail Fenster, Richthof-Sassen, Deutschland
Raumteiler, Château la Verchère, Frankreich

Skandinavien

Mit dem Werk Alvar Aaltos besitzt Finnland eine eigene Tradition organischer Architektur, die sich relativ unabhängig von der Nordamerikas und Europas entwickelte. In den Entwürfen von Reima und Raili Pietilä hat sie eine freie und expressive Fortsetzung erfahren. Ihre Architektur ergänzt Aaltos Ausrichtung auf den Benutzer und seine Sensibilität für die natürliche Umgebung mit einem plastischen Stil, der zu einer außergewöhnlich vielfältigen Formgebung geführt hat.[159]

Neben dieser finnischen Strömung hat sich seit den sechziger Jahren in den anderen skandinavischen Ländern auch eine anthroposophisch inspirierte organische Architektur entwickelt. Eine zentrale Rolle spielte dabei der dänisch-schwedische Architekt Erik Asmussen (1913–1998). Seine Arbeit wurzelt in der schwedischen Holzbautradition, hat diese aber mit einer Anzahl organischer Prinzipien durchdrungen. Auffällig ist seine klare, oftmals kristalline Formgebung, die mittels geknickter Linien und einfacher Rundungen gemildert und zum Leben erweckt wird. Dieser zurückhaltenden Gestaltung steht ein expressiver Einsatz von Farbe gegenüber. Viele dieser Farbkonzepte sind in enger Zusammenarbeit mit dem Farbgestalter Fritz Fuchs entstanden. Die größte Konzentration von Asmussens Entwürfen findet sich in Järna, südlich von Stockholm, wo er von 1968 an zahlreiche Entwürfe für die dort entstehende anthroposophische Gemeinschaft schuf. Daneben wurden auch diverse Entwürfe aus seiner Feder in Norwegen, Dänemark und Deutschland realisiert; außerdem hatte er großen Einfluss auf andere Architekten, sowohl innerhalb wie außerhalb Schwedens.

Im Vergleich mit der schwedischen ist die norwegische organische Architektur zurückhaltender in ihren Farben, jedoch expressiver in ihrer Form. Diese Tendenz lässt sich besonders ausgeprägt in den Arbeiten Espen Tharaldsens von «Arbeidsgruppen Hus» wiederfinden. Dies scheint eine Antwort auf die Dramatik der norwegischen Landschaft mit ihren rauen Bergen, tiefen Fjorden und auflandigen Winden zu sein. Ohne dass buchstäblich auf die Vergangenheit verwiesen wird, sind die historischen Wurzeln seiner Entwürfe doch jederzeit spürbar. Es ist, als klänge das Echo der hölzernen Stabkirchen und das Erleben der beseelten Natur in der fantasievollen Formgebung von Tharaldsen weiter fort.

Die geografische Lage Dänemarks – einerseits mit dem europäischen Festland verbunden, andererseits an Schweden grenzend – drückt auch der organischen Architektur dieses Landes ihren Stempel auf: Sie vereinigt in sich Aspekte der deutschen plastischen Architektur in Stein und des zurückhaltenden nordischen Holzbaus.

Holger Mellerup

Audonicon

Scanderborg, Dänemark, 1983 und 1989

Das «Audonicon», das Lehrerseminar für Waldorfpädagogik in Dänemark, ist mit allem, was es an künstlerischen Elementen beinhaltet, von Holger Mellerup (1924–1991) entworfen worden, dem Gründer und Leiter des Seminars.

Die Pädagogik dieser Hochschule ist stark geprägt durch ein künstlerisches Element. Hier werden nicht nur die künstlerischen Fächer wie Musik, Malen, Zeichnen, Plastizieren, Dramatik usw. berücksichtigt, sondern das Wesen der Kunst wird vor allem mit in den Unterricht integriert. Daher erscheint es natürlich, dass der Bau, in dem unterrichtet wird, durch und durch aus diesem Geist heraus gestaltet ist. Nachdem 1983 die erste Bauetappe vollendet war, kam 1989 der Musik- und Theatersaal hinzu. Die Decke des Saales hat die Form eines konischen Tonnengewölbes – eine dünne Betonschalenkonstruktion –, geweißt und mit einer Art moderner nordischer Kalkmalerei um ein Glasmosaikfenster herum gemalt.[160]

Olav Skovsted

Bauherr: Rudolf Steiner Højskolen for Opdragelses Kunst **Art des Bauauftrags:** Lehrerseminar für Waldorfpädagogik **Bruttogeschossfläche:** 1.800 m² **Planungsbeginn:** 1981 (1. Phase) und 1987 (2. Phase) **Fertigstellung:** 1989 **Entwurf und Künstlicherische Gestaltung:** Holger Mellerup **Architektonische Ausarbeitung 1. Phase:** Leif Hansen **Architektonische Ausarbeitung 2. Phase:** Olav Skovsted

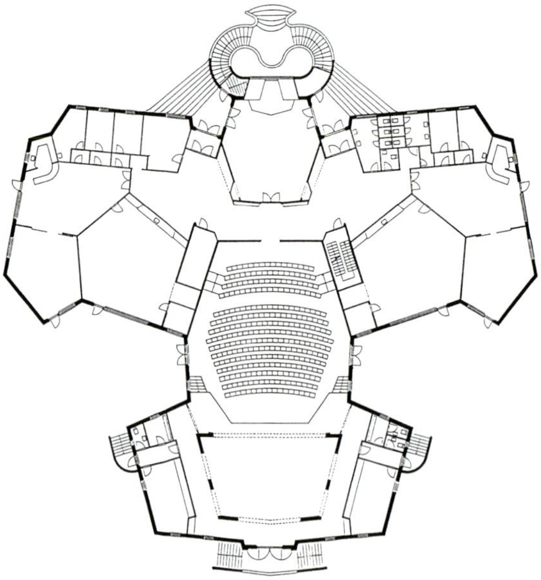

Morten Gunge und Peter Wolfsberg

Villa Gylling

Søndersø, Dänemark, 1984

Wir hatten das Glück, dieses Projekt schon vor dem Kauf des Grundstücks betreuen zu dürfen und es bis zum Entwurf der Möbel für das Wohnzimmer des Hauses begleiten zu können.
Das Haus liegt auf einem schmalen Grundstück von 100 m Länge an der Nordseite des Søndersø-Sees. Die Herausforderung war hier, die einzelnen Räume in einer Ebene dergestalt anzuordnen, dass so viele Räume wie möglich nach Süden, auf den See, blicken.
Ein wichtiges Element des Hauses ist der Kamin, der einerseits von zwei umliegenden Wohnräumen aus erlebbar sein sollte, andererseits aber auch mit dem dahinter gelegenen Küchenherd einen gemeinsamen Schornstein haben sollte.
Wir haben das Haus so konzipiert, dass eine Polarität entstand zwischen der Nordseite, die einen ruhigen Arbeitsbereich enthält, und dem lebendigen Wohnbereich auf der Südseite.[161]
Morten Gunge

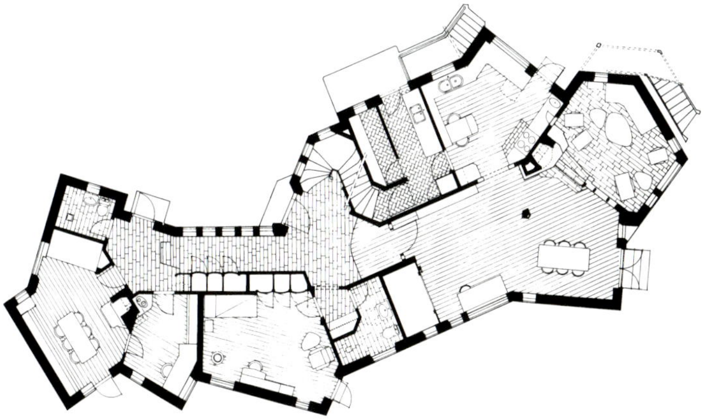

Bauherr: Kirsten und Carl Erik Gylling **Art des Bauauftrags:** Einfamilienhaus
Bruttogeschossfläche: 285 m² **Planungsbeginn:** 1982 **Fertigstellung:** 1984
Projektarchitekten: Morten Gunge und Peter Wolfsberg

Asmussens Arkitektkontor

Kristofferskolan

Stockholm, Schweden, ab 1965

Die Umgebung muss einen aktiven Beitrag zur Pädagogik leisten.
Der Bau der Kristofferskolan hat sich seit Beginn des ersten Bauabschnitts in mehreren Schritten vollzogen. Über die ersten Etappe schrieb Erik Asmussen um 1980:
«Die äußeren Umstände, die zur Gestaltung der Kristofferskolan geführt haben, waren in vielerlei Hinsicht ideal. Die architektonischen Motive ergaben sich aus dem Baugelände und dem während der Planungszeit entwickelten Raumprogramm. Ich habe mich bemüht, den Schulbauten außen wie innen eine ‹organische› Form zu geben. Dieses Bestreben ist nicht im naturalistischen Sinne zu verstehen, sondern dahingehend, dass ein Organismus eine Ganzheit ist, in der sich die Teile einer innewohnenden Gesetzmäßigkeit unterordnen. Alle zeichnerische Arbeit wurde durch Modellstudien in immer größerem Maßstab begleitet.»[162]
Seit dem Tod von Erik Asmussen 1998 arbeitet sein Büro unter dem neuen Namen «Asmussens Arkitektgrupp AB» an der Ausarbeitung der vierten und fünften Bauetappe der Kristofferskolan sowie an anderen alten und neuen Projekten weiter.

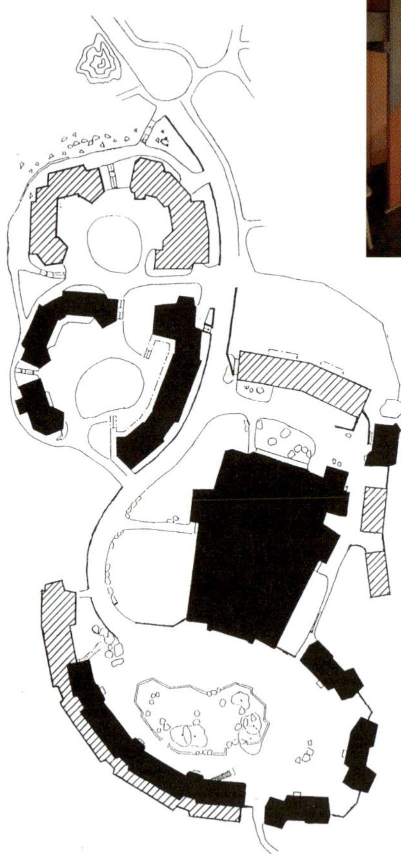

Bauherr: Kristofferskolans Byggnadsstiftelse **Art des Bauauftrags:** Waldorfschule mit Lehrerseminar **Bruttogeschossfläche realisiert:** 11.300 m² **Bruttogeschossfläche in Vorbereitung:** 4.900 m² **Planungsbeginn:** 1960 **Fertigstellung:** 1967, 1971, 1988, 1999 **Projektarchitekten:** Erik Asmussen, Steen Kristiansen, Tommy Nordlander, Christoffer Amundin

Asmussens Arkitektkontor

Rudolf Steinerseminariet

Järna, Schweden, seit 1968

Für alle Sinne

Kunst sollte nicht erklärt, sondern mit allen Sinnen erfahren werden. Der Begriff «Formensprache» impliziert, dass die Form «spricht».
Nach meinem Verständnis ist das Ziel anthroposophischer Architektur, durch den Entwurf und die Ausnutzung aller Möglichkeiten der Formensprache eine anregende Umgebung zu schaffen. Diese kann durch ihre spezielle Atmosphäre dann genau jene Aktivitäten fördern, für die das Gebäude gedacht ist. Wenn man die Funktion in der Form wiederfinden möchte, arbeitet man somit unentwegt mit organischen Formen.

Als wir vor der Aufgabe standen, die physische Umgebung rund um das Rudolf-Steiner-Seminar in Järna zu gestalten, standen wir sowohl hinsichtlich der Landschaftsgestaltung als auch des Bauprozesses vor besonderen Herausforderungen. Das Bauen sollte in Phasen erfolgen und gleichzeitig mit den zunehmenden Aufgaben des Seminars Schritt halten. An diesem Punkt begannen wir, nach geeigneten Grundstücken zu suchen – Grundstücke, die in einer Gegend mit kleinen Felsen lagen. Genau wie die Gegend sollten die Gebäude von ausgestreckter Form sein, und ihre Silhouetten sollten an die Struktur der Landschaft im Allgemeinen erinnern. Wir entschieden uns, einfache und vor Ort vorhandene Materialien, wie Holzverkleidung, Backsteinfundamente und Metalldächer, zu nutzen, beschlossen aber gleichzeitig, unsere Gebäude nicht in der traditionellen Farbigkeit zu gestalten.
Alle Gebäude sollten einen individuellen Charakter aufweisen und den Stempel ihrer Bestimmung tragen. Diese Verschiedenheit war

Asmussens Arkitektkontor

Kulturhus

Järna, Schweden, 1992

Das 1992 fertig gestellte «Kulturhus» dient als Kulturzentrum des Rudolf-Steiner-Seminars und der umliegenden anthroposophischen Initiativen. Es ist darüber hinaus das Verwaltungsgebäude der Anthroposophischen Gesellschaft Schwedens.

Wie bei den übrigen Bauten kommen Metalldach, Holzpanele und Rauputz an fast allen Außenwänden zur Anwendung. Durch monochrome oder zweifarbige Wandgliederungen wurden städtebauliche Bezüge zu den Nachbargebäuden und eine Steigerung der Funktion mittels der Farbgebung angestrebt.

Im Foyer verleihen die roten Holzstützen und die ockergelb lasierten Putzflächen dem Raum eine angemessene Wärme und eine einladende Geste.

Hauptfarbträger des Saales sind die in Relief geschliffenen Glasfenster und die von Arne Klingborg bemalte Holzdecke: in breitflächig strömenden, kühlen und gesättigten Farben die Imaginationen im nördlichen Bereich, im Süden leuchtende Töne in stetig wechselnden Farbkombinationen.

Fritz Fuchs

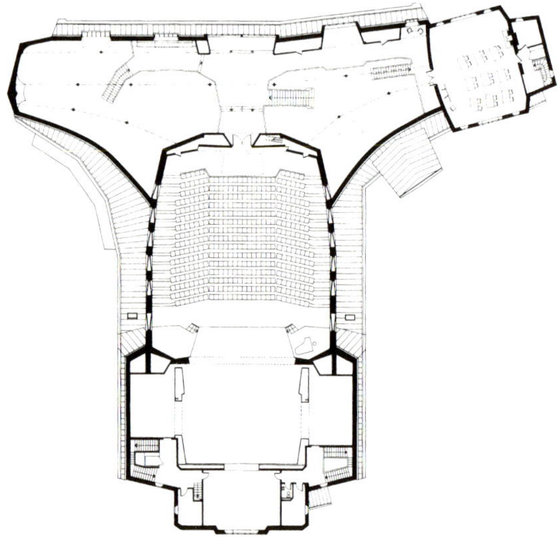

Bauherr: Anthroposophische Gesellschaft Schweden **Art des Bauauftrags:** Theatersaal mit Nebenräumen **Bruttogeschossfläche:** 3100 m² **Planungsbeginn:** 1970er Jahren **Fertigstellung:** 1992 **Projektarchitekten:** Erik Asmussen und Steen Kristiansen **Farbgestaltung:** Fritz Fuchs **Deckenmalerei:** Arne Klingborg **Wandrelief:** John Wilkes

In jeder Art von Architekturgestaltung hat die Farbe einen wesentlichen Anteil. Organische Architektur versucht aus der Aufgabenstellung eine funktionsstützende Formgeste und Farbstimmung zu finden. Dadurch entstehen individuelle Lösungen.
Die Sichtbarkeit des verwendeten Materials und die transparenten Farbflächen haben sich dabei zu einem wesentlichen Element entwickelt, das nicht nur dekorativ oder akzentgebend eingesetzt wird, sondern vor allem einen Farbraum schafft.
Die Raumgestalt mit ihren Oberflächenstrukturen, die natürliche Lichtführung und die künstliche Beleuchtung, die Möblierung, Textilien, Bild- und Skulpturelemente werden durch die verdichtete und die transparente Farbigkeit sowie durch die Farbigkeit des Materials zusammengehalten. So kann der Raum mit seiner spezifischen Funktion und seinen Eigenschaften zu einem Instrument werden, welches das Wirken der Menschen zu unterstützen und anzuregen vermag. Die Erfahrung lehrt, dass dieses Ziel bei hohem Anspruch fast nur durch die Anbindung des Gestalters in den malerischen Prozess vor Ort zu erreichen ist.[164]
Fritz Fuchs

Fotos: Handwerkhaus der Kristofferskolan Stockholm, Erik Asmussen, 1975
Oberstufenbau Örjanskolan, Järna, Erik Asmussen, 1985
Foyer des Festsaalgebäudes der Freien Waldorfschule Rendsburg, bpr architektur und design, 1990
Eingangshalle der Freien Waldorfschule Göttingen, bpr architektur und design, 1988.

Stiftelsen Markens Arkitektkontor

Strandärten

Tävelsås, Schweden, 1991

Der Wohnkomplex besteht aus drei Einheiten, einer freistehenden und zwei zusammenhängenden. Jede Einheit hat ein eigenes Treppenhaus, drei Wohnungen im Erdgeschoss und ebenso viele im ersten Stock. Alle Wohnungen haben eine zentral gelegene Küche, die zu einem verglasten Essplatz der Hausecken hin offen ist. Die meisten Wohnungen liegen zum See hin.

Nach Modellstudien haben wir die Treppenhäuser und Ecken jedes Baus als «Einsätze» in Fassaden mit abweichenden Typen von Täfelung und Farbnuancen gestaltet. Die freie Formensprache der Häuser trägt dazu bei, dass sie sich in die bestehende Struktur der Einfamilienhäuser des Dorfes einfügen. Die Wohnhäuser des Dorfes sind traditionell gelb bemalt. Die neuen Bauten haben einen blauen Grundton, die gelbe Farbe erscheint aber wieder an den Fensterrahmen und auch in verschiedenen Variationen an den Fassaden der Treppenhäuser.[165]

Lars Danielsson

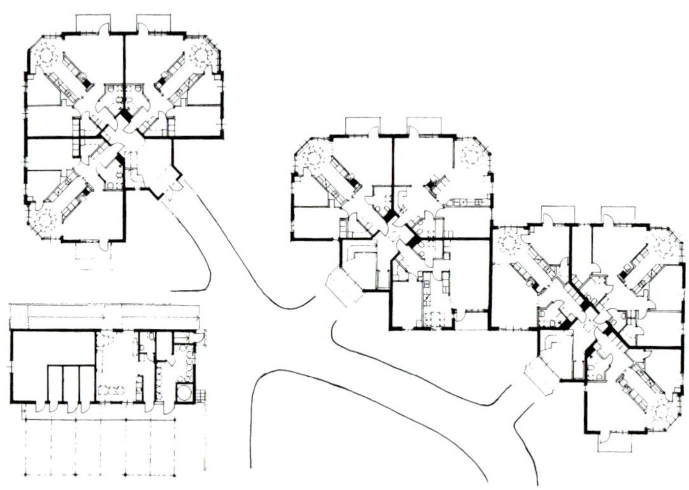

Bauherr: Firma Värendshus **Art des Bauauftrags:** Häuserblocks

Bruttogeschossfläche: 1.442 m² **Planungsbeginn:** 1989 **Fertigstellung:** 1991

Projektarchitekten: Lars Danielsson, Tomas Broman **Gartenplan:** Lars Krantz

Wassergestaltung: Nigel Wells

ARBEIDSGRUPPEN HUS

Rudolf Steinerskolens Barnehage

Bergen, Norwegen, 1981

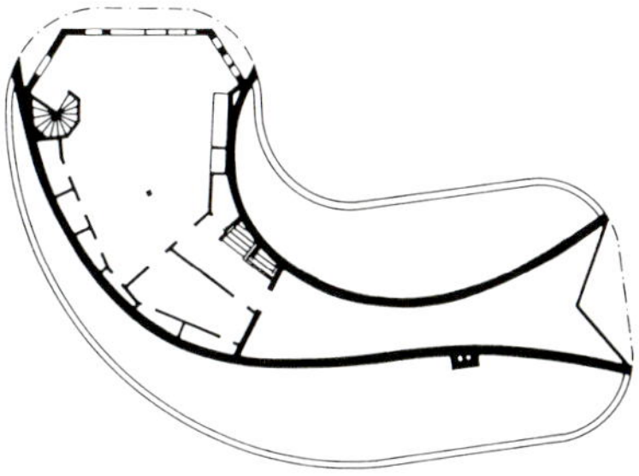

Das Motiv, das dem Entwurf dieses Kindergartens zugrunde liegt, ist, den Übergang zwischen nach innen und nach außen gerichteten Aktivitäten erlebbar zu machen. Der gekrümmte Grundriss des Gebäudes entwickelte sich als Folge der Vorgabe, die drei Eingänge für die Kinder zum Spielplatz hin auszurichten. Der Raum direkt hinter der Eingangstür hat einen Übergangscharakter und verbindet die Innen- und die Außenräume miteinander.
Drinnen im Spielzimmer können sich die Kinder unterhalten oder herumtollen, gegen Riesen, Stürme und Trolle kämpfen und dabei plötzlich eingefangen werden ... von Märchen voller Wunder und Abenteuer – nur für eine Weile, um wieder nach draußen zu gehen und das alles selber zu erleben, im Regen.
Die Form des Gebäudes kann sowohl als Raupe wie auch als Fisch angesehen werden. Das mag merkwürdig erscheinen, aber die Verwandlung eines Tieres in ein anderes, wie man sie oftmals in Märchen findet, ist für die Fantasie eines Kindes nichts Ungewöhnliches.

Espen Tharaldsen

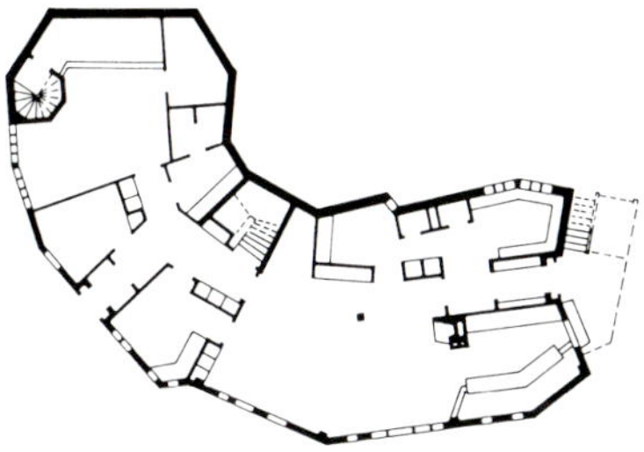

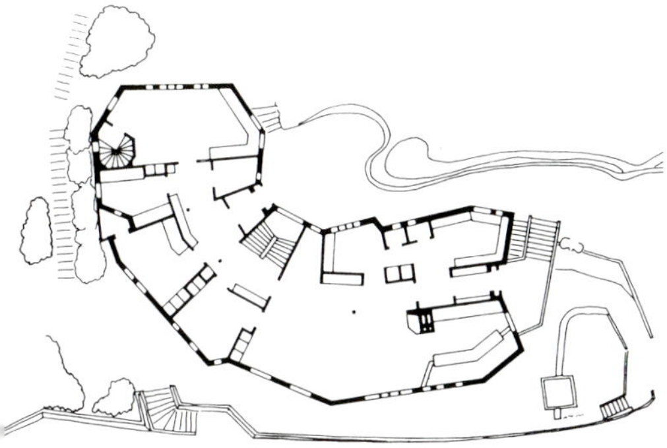

Bauherr: Rudolf Steinerskolen Bergen **Art des Bauauftrags:** Kindergarten für drei Gruppen **Bruttogeschossfläche:** 520 m² **Planungsbeginn:** 1976 **Fertigstellung:** 1981 **Projektarchitekt:** Espen Tharaldsen **Mitarbeitende Architekten:** Jan Arve Andersen, Ole Rasmus Nygaard **Farbgestaltung:** Fritz Fuchs

Arbeidsgruppen HUS

Steinerskolen i Stavanger

Stavanger, Norwegen, 1989–1999

Bürophilosophie:

Die Vertiefung und Inspiration, die man als Architekt mit anthroposophischem Hintergrund erfahren kann, zeigt sich nicht in anthroposophischer Gestaltung, sondern darin, dass Fragen auftauchen, die freie Formen ermöglichen.

Es erfolgt in jedem Fall keine Imitation von Stilen, nicht einmal eines «goetheanistischen» Stiles. Es handelt sich um eine intime Angelegenheit, nicht um Wissenschaft oder Geisteswissenschaft, um Suche nach Symbolen oder Allegorien und ganz sicher nicht um ästhetische Regeln, sondern um ein Spiel der Formen, das entsteht, wenn der Architekt Fragen stellt oder Anforderungen formuliert oder die tatsächliche anthroposophische Philosophie selber den technischen und ökonomischen Realitäten entgegensetzt und mit ihr in einer Schillerschen Auffassung des Wortes «spielt».

Eine anthroposophische Architektur gibt es nicht. Es gibt nur Architektur – und diese verändert sich, abhängig von Zeit, Ort und Aufgabe.[166]

Arbeidsgruppen HUS

Steinerskolen i Stavanger

Stavanger, Norwegen, 1989–1999

Das vorliegende Bauprojekt ist im Hinblick auf einen stufenweisen Ausbau entworfen. Reihenfolge und Umfang der jeweiligen Bauphasen sollen während des weiteren Ausbaus bestimmt werden können. Deshalb war es wichtig, Einheiten zu entwerfen, die jeweils in sich als «abgeschlossen» betrachtet werden können.
Schon früh wurde klar, dass das Dach doppelt geschwungen, hyperbolisch-paraboloid geformt sein sollte – eine Gestalt, die man sich nur schwer vorzustellen vermag, da sie sich in zwei Richtungen zugleich verändert. Das kann als Bild für ein ökologisches Denken aufgefasst werden: Mehrere unabhängige, bewegliche Systeme oder lebende Größen wirken gleichzeitig zusammen.
Aber das äußere Erscheinungsbild der Schule sollte auch zu seiner Lage und der Region passen. Man lausche einmal der norwegischen Sprache mit ihren fallenden Klängen, man achte auf den kräftigen Wind, betrachte die bergige Landschaft, und stelle sich dann eine dazu passende Bauweise vor.[167]
Espen Tharaldsen

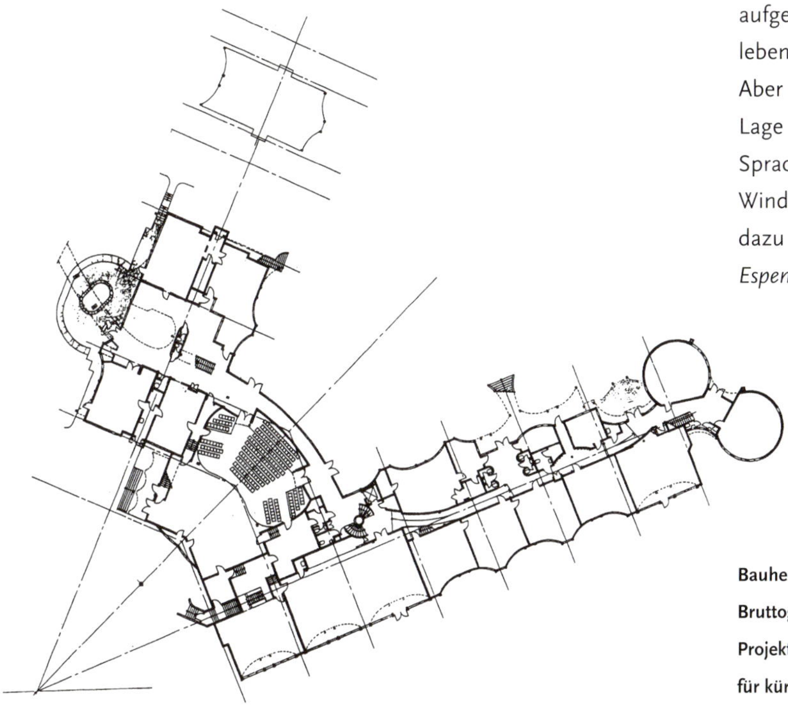

Bauherr: Steinerskolen i Stavanger **Art des Bauauftrags:** Neubau Waldorfschule **Bruttogeschossfläche:** 2563 m² **Planungsbeginn:** 1984 **Fertigstellung:** 1989–1999 **Projektarchitekt:** Espen Tharaldsen **Mitarbeiter:** Sverre Øystein Woxen **Mitarbeiter für kürzere Phasen:** Ole Rasmus Nygaard, Svein Erik Tøien

ARBEIDSGRUPPEN HUS

Fugleklo

Hurum, Norwegen, 1988

1982 kauften Turid und Per Gammelsæther die Kleinlandwirtschaft Fugleklo in Hurum. Auf dem Gelände standen ein altes Wohnhaus und ein paar Betriebsgebäude aus der Zeit der Jahrhundertwende. So weit das Auge reichte, war Wald.

Mittelpunkt des neuen Hauses bildet die geräumige Halle, von der aus man unmittelbar Zutritt zur Küche und zum Wohnbereich hat, der sich über zwei Ebenen erstreckt. Die zentral gelegene Treppe verbindet die lebendig gegeneinander versetzten Ebenen der Obergeschosse, wo sich die Schlafzimmer der Eltern, der Kinder und ein Gästezimmer befinden.

In seiner lebendigen Gliederung spiegelt das Haus die verschiedenen Lebensstile seiner Bewohner, das Bewusstsein voneinander und von der unberührten Natur.[168]

Espen Tharaldsen

Bauherr: Turid und Per Gammelsæther **Art des Bauauftrags:** Einfamilienhaus **Bruttogeschossfläche:** 200 m² **Planungsbeginn:** 1982 **Fertigstellung:** 1988 **Projektarchitekt:** Espen Tharaldsen **Mitarbeiter:** Svein Erik Tøien, Sverre Øystein Woxen

GAIA

Steinerskolens Barnehage

Stavanger, Norwegen, 1990

Ist es möglich, Architektur, Kunst und Technik als Ausdrucksformen des sozialen und kulturellen Lebens so zu gestalten, dass sie die Menschen, Kultur und Natur in positiver Weise miteinander verbinden?
Eine bejahende Antwort auf diese Frage kann der Architekt nicht allein geben. Sie muss in interaktiven Prozessen gefunden werden, bei dem Gefühl, Bewusstsein, ethische Ausgangspunkte und schöpferisches Vermögen der Beteiligten einbezogen sind; die Entwicklung eines kulturellen und natürlichen Lebens ist sowohl der Weg als auch das Ziel beim Schaffen materieller Formen.
Daher müssen Gebäude und ihre Technik ökologisch und kulturell gesund sowie menschlich sein. Das war auch die Intention bei diesem Kindergarten.[169]
Kjell Grimsæth

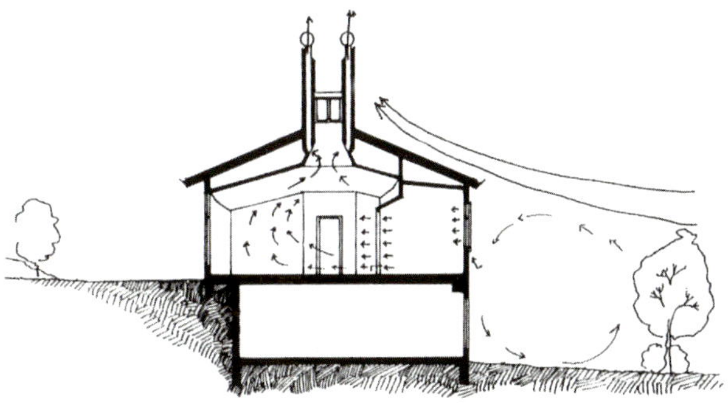

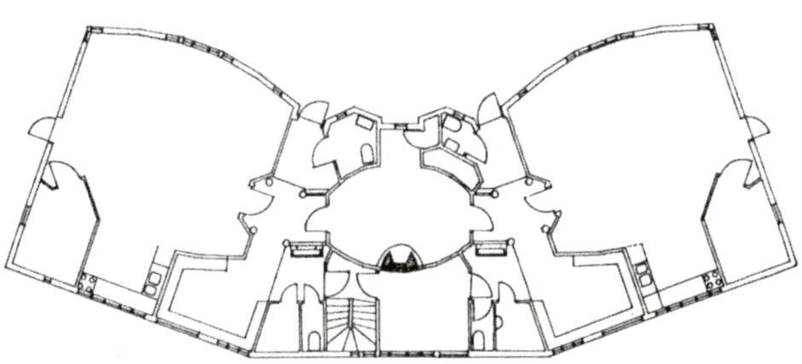

Bauherr: Steinerskolens Barnehage i Stavanger **Art des Bauauftrags:** Neubau Kindergarten mit vier Gruppen **Bruttogeschossfläche:** 540 m² **Planungsbeginn:** 1989 **Fertigstellung:** 1990 **Projektarchitekt:** Kjell Grimsæth

Asmussens Arkitektkontor

Veslefrikk Barnehage

Fredrikstad, Norwegen, 1990

Der Kindergarten Veslefrikk liegt gegenüber einem kleinen grünen Hügel; etwas von dessen Erde und Gras scheint so nahe herangerückt zu sein, dass sie auch das Dach des Kindergartens bedecken. Die beiden großen Spielzimmer drücken den Dachrasen nach oben und lugen neugierig durch die Fenster hinaus.

Zu beiden Seiten des Gebäudes kragt das Dach über. Auf der einen Seite endet es in einem Spiel- und Abstellraum, auf der anderen windet es sich in einer Spirale zu einem Turm empor. Durch ihn können die Kinder die Aufregung und die Freude des Hinaufkletterns erleben, das Herabschauen aus der Höhe und das Gefühl, sich an einem abgelegenen Platz verstecken zu können.

Der Kindergarten bietet Platz für zwei Gruppen. Jede Gruppe hat ein Spielzimmer mit einem über eine Treppe erreichbaren Zwischengeschoss, das insbesondere zum Spielen und Märchenerzählen gedacht ist.

Die in der Mitte des Hauses gelegene Gemeinschaftsküche dient als Treffpunkt beider Gruppen.[170]

Jan Arve Andersen

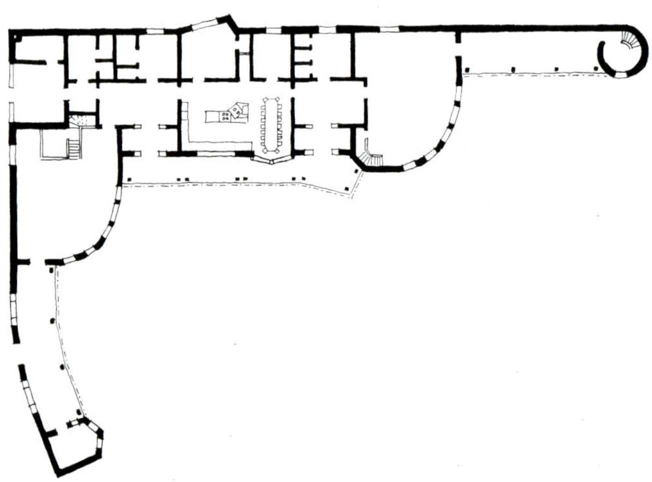

Bauherr: Eierstiftelsen Steinerskolen i Fredrikstad **Art des Bauauftrags:** Kindergarten für zwei Gruppen **Bruttogeschossfläche:** 324 m² **Planungsbeginn:** 1989 **Fertigstellung:** 1990 **Projektarchitekt:** Niels Sonne-Frederiksen, Jan Arve Andersen

Asmussens Arkitektkontor und MNAL, Hanne Solheim

Regnbuen Barnehage

Asker, Norwegen, 1995

Das Gebäude besteht aus einer Anzahl kleiner Häuser, die miteinander verbunden bzw. ineinander geschachtelt sind – wie eine Hand voll Bauklötze, die auf einem Spielplatz verstreut wurden. Die Form soll zufällig und asymmetrisch erscheinen, und dennoch möchte sie die Kinder und die Sonne im Süden mit einer umarmenden Geste willkommen heißen.

Die beiden runden Fenster des großen Spielzimmers sollen von außen den Eindruck großer, freundlicher Augen vermitteln; von innen betrachtet, erinnern sie an strahlende Sonnen.[171]

Jan Arve Andersen

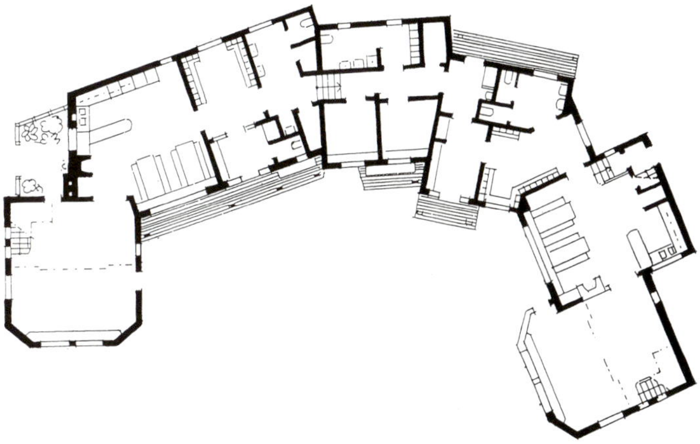

Bauherr: Stiftelsen Regnbuen Barnehage **Art des Bauauftrags:** Kindergarten für zwei Gruppen **Bruttogeschossfläche:** 312 m² **Planungsbeginn:** 1993 **Fertigstellung:** 1995 **Projektarchitekt:** Jan Arve Andersen und Hanne Solheim

Großbritannien

Großbritannien ist die Wiege der industriellen Revolution und zugleich das erste Land, in dem eine Bewegung gegen deren weitreichende Folgen für den Menschen und seine Lebensumgebung entstand. Die sozialen und ästhetischen Ideale dieser «Arts and Crafts»-Bewegung bildeten eine wichtige Inspirationsquelle für eine große Anzahl Pioniere der organischen Architektur. Ungeachtet dessen entwickelte sich die organische Architektur in Großbritannien erst in den sechziger Jahren. Eine wichtige Rolle spielt dabei die «Camphill»-Bewegung, ein weltweiter Verband von Lebensgemeinschaften für Menschen mit geistiger und körperlicher Behinderung.

Viele dieser Institute entstanden in historischen Landhäusern. Als die bestehende Bebauung nicht mehr ausreichte, wurde für Neubauten nach einer Formgebung gesucht, die den sozialen und pädagogischen Idealen der «Camphill»-Bewegung entsprach. Ein vergleichbarer Prozess kennzeichnet auch die Neubauten der meisten Waldorfschulen und anderen anthroposophischen Institute.

Eine besondere Qualität dieser Neubauprojekte ist die Selbstverständlichkeit, mit der die Gebäude in ihre landschaftliche Umgebung eingebettet sind. Sie rufen in vielen Fällen das Gefühl hervor, schon immer dort hingehört zu haben. Hierin scheint die jahrhundertealte Sensibilität für die landschaftliche Umgebung weiterzuleben – eine Fähigkeit, die sich schon in der Art und Weise wiederfinden lässt, wie die Megalith-Kultur ihre Steinreihen und -kreise in der Landschaft platzierte.

Bezüglich der Art der realisierten Gebäude fällt auf, dass es vor allem Einrichtungen mit sozialem Charakter sind, zum Beispiel heilpädagogische Institute, Schulen und Kirchen. Da diese in den meisten Fällen nicht gerade die finanzkräftigsten Institutionen sind, kennzeichnet eine gewisse Schlichtheit ihre Formgebung. Darin steckt jedoch auch ihre Kraft. Weil es für überflüssige Dinge nur wenig Spielraum gibt, wird ihre Gestaltung auf die reine Essenz zurückgeführt.

Der soziale Charakter der auftraggebenden Institutionen spiegelt sich auch in den Architektenbüros wider, die diese Entwürfe erstellen. Büros wie das frühere «Morris Yard» und das heutige «Camphill Architects» bestehen aus Kooperationsverbänden verschiedener Architekten, bei denen nicht ein individueller Stararchitekt im Vordergrund steht, sondern alle Entwürfe in gemeinsamer Arbeit realisiert werden. Auf diese Weise rückt sowohl durch die Art der Aufträge und der Entwurfsweise als auch durch die informelle Gruppierung der Gebäude der soziale Aspekt in den Vordergrund. Es ist dieser Aspekt des «Community Building», der als eine zentrale Aufgabe erfahren wird.

Rex Raab und TJMCA-Partnership

Emerson College

Forest Row, England, 1970–1988

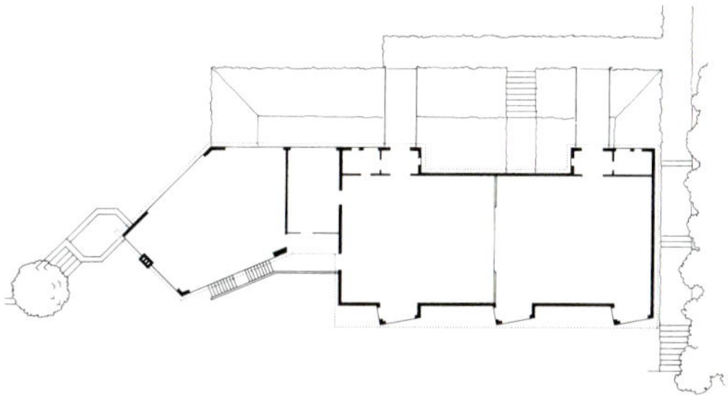

Das «Emerson College» wurde 1962 von Francis Edmunds als Zentrum für eine Erwachsenenbildung gegründet, die auf der pädagogischen und philosophischen Forschung Rudolf Steiners basiert und sich auf viele praktische Lebensbereiche erstreckt.
Um 1968 bezog das College seinen heutigen Sitz «Pixton House», ein großes Landhaus mit Anwesen in Forest Row. Dieser Zeitpunkt kennzeichnet den Beginn der ersten von acht Bauphasen, in der zwei Studentenwohnheime, ein Haus für Francis Edmunds und das erste große Seminargebäude errichtet wurden, allesamt von Rex Raab entworfen.
1971 begann eine Gruppe junger Architekten, die später unter dem Namen TJMCA-Partnership bekannt wurde, am College zu arbeiten, und nahm ein Bauprogramm in Angriff, dessen Arbeiten sich bis zum Ende der siebziger Jahre erstreckte. Besondere Aufmerksamkeit wurde in dieser Zeit den Wohngebäuden für Studenten und Mitarbeiter zuteil; es wurde aber auch ein Gesamtplan für die künftige Entwicklung des Geländes erstellt.
In den achtziger Jahren entstanden noch Westwood und Oaktree, zwei große Wohngebäude für Studenten am Rande des Campus.[172]
Tony Cooper

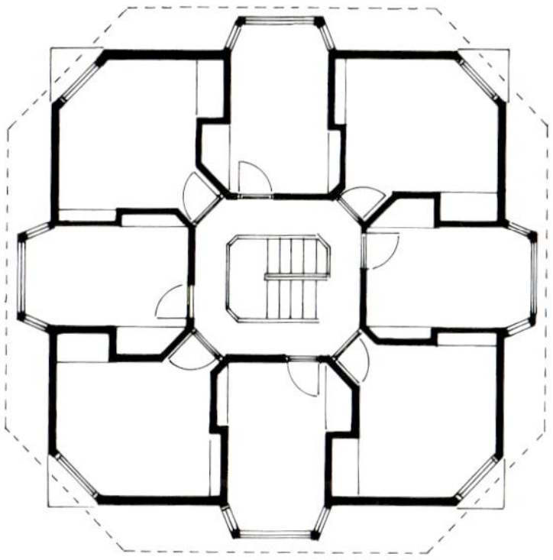

Bauherr: Emerson College **Art des Bauauftrags:** Zentrum für Erwachsenenbildung **Architekt des Studio-Blocks:** Rex Raab, 1970 **Architekt der Studentenwohnungen:** Lambert Gibbs, 1972 **Architekten der Erweiterung des Ruskin House:** TJMCA-Partnership, 1973 **Architekt des Hauses Westwood:** David Austin **Architekt des Hauses Oaktree:** Andy Beard im Büro von Luuk Markies

MICHAEL MÖSCH, FLAVIO CORRÊA UND EDSON YAMAYA

Laticínio Cambará

Botucatu, Brasilien, 1995

Die Laticínio Cambará ist eine kleine Molkerei in der Nachbarschaft der Deméria-Farm in Botucatu. Die Bauern und die Angestellten der Molkerei sind in einer Kooperative organisiert.

Die Milch stammt – entsprechend der Absicht, den organischen Landbau zu fördern – von kleineren Betrieben aus der Umgebung. Zum Teil wird die Milch in Kartons abgefüllt, zum Teil wird sie zu Käse, Jogurt, Butter und Buttermilch verarbeitet. Beim Produktionsprozess wird die Lage des Gebäudes an einem Hügel ausgenutzt. Die Milch wird am höher gelegenen Gebäudeteil angeliefert und fließt im Verarbeitungsprozess phasenweise nach unten. Dadurch muss die Milch nicht gepumpt werden, sodass das Endprodukt eine bessere Qualität aufweist.

Die Konstruktion der Fabrik besteht aus stählernen Fachwerkträgern, deren Zwischenräume mit Ziegelsteinen und verputzten Wänden ausgefüllt wurden; das Dach besteht aus Wellblechplatten.

Michael Mösch

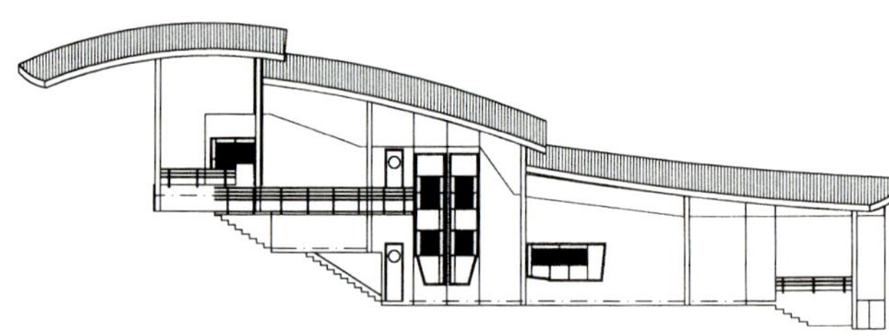

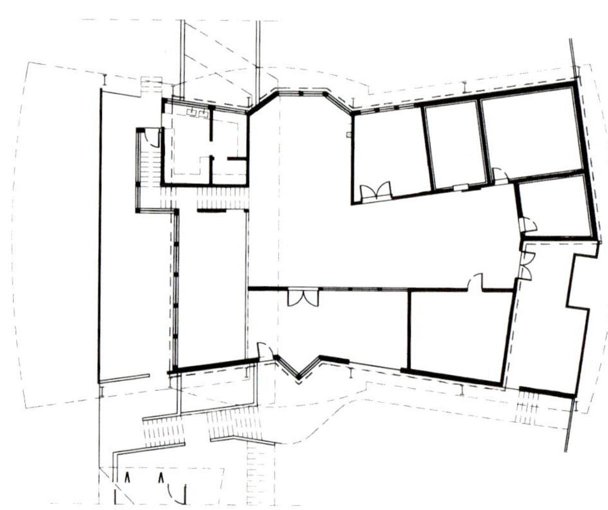

Bauherr: Associação Cambará **Art des Bauauftrags:** Molkerei

Bruttogeschossfläche: 1.100 m² **Planungsbeginn:** 1993 **Fertigstellung:** 1995

Projektarchitekten: Michael Mösch, Flavio Corrêa, Edson Yamaya

Michael Mösch, Flavio Corrêa
und Daniela Getlinger

Casa Miotto

Salto-Itu, Brasilien, 1996

Das Wohnhaus Casa Miotto befindet sich in der Stadt Salto-Itu, die in einem trockenen Gebiet mit großen Granitvorkommen liegt. Das Haus besteht aus drei einzelnen Baublöcken, die auf einem leicht abschüssigen Gelände errichtet wurden. Der eigentliche Wohntrakt ist daher in gegeneinander versetzten Wohnebenen gebaut. Die Baukörper haben einen geschlossenen Charakter und weisen keine Dachüberstände, dafür aber nach oben hin auskragende Wände auf. Die technische Ausführung ist traditionell gehalten und besteht aus Ziegelstein und verputzten Wänden.

Michael Mösch

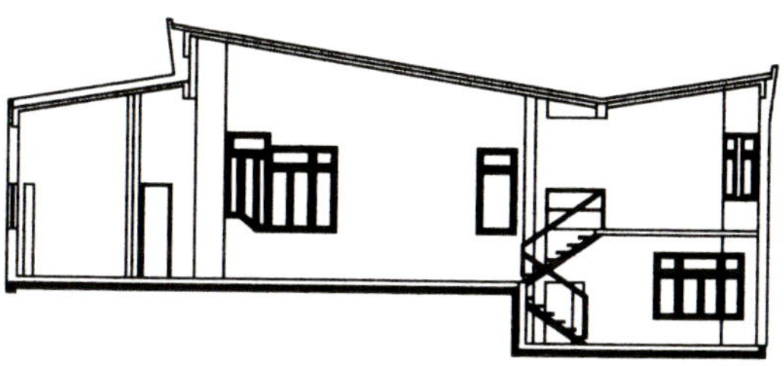

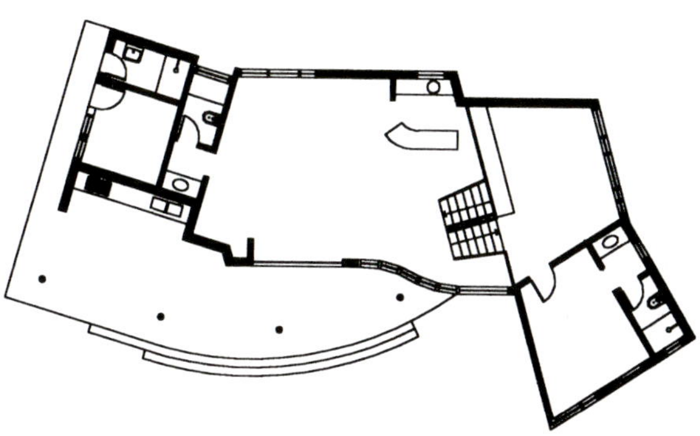

Bauherr: Carlos Roberto Miotto **Art des Bauauftrags:** Einfamilienhaus **Bruttogeschossfläche:** 500 m² **Planungsbeginn:** 1994 **Fertigstellung:** 1996 **Projektarchitekten:** Michael Mösch, Flavio Corrêa, Daniela Getlinger

ENRIQUE J. CASTRO DIAZ

Colegio Luis Horacio Gómez

Santiago de Cali, Kolumbien, 1995

Dieses Projekt wurde in Lehm gebaut, um den kleinen Kindern eine intime, umhüllende Umgebung zu bieten. Das mit Keramikziegeln gedeckte Dach wird von siebenhundert aus der Region stammenden Bambusträgern unterstützt.

Die Entwicklung der Sinnesorgane von Kindern im Vorschulalter ist sehr wichtig, und aus diesem Grund wurden hier ausschließlich organische Baumaterialien verwendet. Gleichfalls sollte ein Raum eine sphärische Gestalt haben, um dadurch eine Atmosphäre von Einheit und Schutz zu vermitteln. So entstand die Idee eines Schneckenhauses (einer Spirale) als Archetypus eines geschützten Raumes – eines Raumes, der sich hiervon ausgehend allmählich nach außen entwickelt, ohne seine Einheit und seinen beschützenden Charakter aufzugeben. Die Spiralform ist ein wundervolles Symbol des Lebens, in dem irdische und kosmische Kräfte harmonisch miteinander verbunden sind: das Innen und das Außen in einem perfekten Gleichgewicht.

Enrique J. Castro Diaz

Bauherr: Corporación pora el fomento de la educación Waldorf **Art des Bauauftrags:** Neubau Waldorfschule mit Kindergarten **Bruttogeschossfläche:** 780 m² **Planungsbeginn:** 1994 **Fertigstellung:** 1995 **Projektarchitekt:** Enrique J. Castro Diaz

Japan

Wer die traditionelle japanische Baukunst mit westlichen Augen betrachtet, läuft Gefahr, das Wesentliche zu übersehen. Im Gegensatz zur europäischen und amerikanischen Architektur geht es nicht allein um das, was sichtbar anwesend ist, sondern ebensosehr um dasjenige, was ausgespart wurde und dadurch hervorgerufen wird. Die Interaktion von Räumen, vor allem zwischen Innen und Außen, spielt dabei eine wichtige Rolle. Viele Tempel und Pavillons bilden zusammen mit den sie umgebenden Gärten und Parks eine untrennbare Einheit. Ihre ruhige, ausgewogene Formgebung und ihr räumlicher Charakter ließen sie zu einer wichtigen Inspirationsquelle für Architekten wie Frank Lloyd Wright werden.

Eine Anzahl dieser traditionellen Elemente wirkt auch in den hier gezeigten Beispielen organischer Architektur fort. So basiert Yuji Agematsus Entwurf für ein Wohnhaus (Mikawaya), mit einem separaten Raum für Teezeremonien, in seinem Grundriss völlig auf der traditionellen Tatami-Matte. Plastische Gestaltung findet sich nur in reduzierter Form im Dachaufbau und als Wandreliefs. In dem Ausstellungspavillon, den Takekazu Murayama für den Akebono-Naturpark für Kinder entwarf, kommt die japanische Vorliebe für Holz zum Ausdruck. Hier wurde dieses Material jedoch auf eine sehr freie, wogende Weise verwendet.

Viel stärker von europäischen Vorbildern inspiriert, insbesondere von Steiners zweitem Goetheanum, ist die 1966 von Kenji Imai gebaute Ohkuma-Erinnerungshalle. Mit seiner plastischen Formgebung führt dieses Gebäude ein neues Element in die japanische Architektur ein. Auch die Musoh-Grundschule von Toshiro Ito weist eine starke Verwandtschaft zu europäischen Vorbildern auf. In der Komposition der Fassade und der Feinheit der Detaillierung zeigt sich jedoch ein typisch japanisches Element.

Noch ein völlig anderer Aspekt der japanischen Kultur lässt sich in dem Entwurf von Yoshiro Ikehara für die Galleria Kameoka erkennen. Sein Materialeinsatz und die Konstruktion spiegeln die moderne, industrialisierte Gesellschaft wider. In der Weise, wie er die modernen Materialien verwendet, wirken jedoch sowohl traditionelle als auch organische Einflüsse weiter.

Yuji Agematsu

Wohnhaus mit Laden und Teezeremoniehaus

Nagano, Japan, 1997

Seit 1847 ist «Mikawaya» der Name für das Geschäft eines Rapsölherstellers. Weil die angrenzende Straße verbreitert wurde, sollte der Komplex der alten Gebäude auf ein benachbartes Grundstück verlegt und als städtisches Museum eingerichtet werden.

Die Aufgabe des Entwurfs bestand darin, die alten und die neu zu errichtenden Gebäude miteinander in Einklang zu bringen. Die Fassaden des neuen Wohnhauses mit dem Laden sind mit dem Motiv pflanzlichen Wachstums gestaltet; dabei vergrößern sie sich von innen nach außen jeweils um 15 mm. Das Motiv bringt zum Ausdruck, dass die Vorfahren des Besitzers immer Rapsölhersteller waren.

Das Teezeremoniehaus steht zwischen dem ursprünglichen und dem neuen Gebäude und hat die Aufgabe, das Alte mit dem Neuen zu verbinden. Sein Dach ist deshalb mit den traditionellen Dachziegeln gedeckt, während seine Fassade mit Sichtbeton gestaltet ist.

Yuji Agematsu

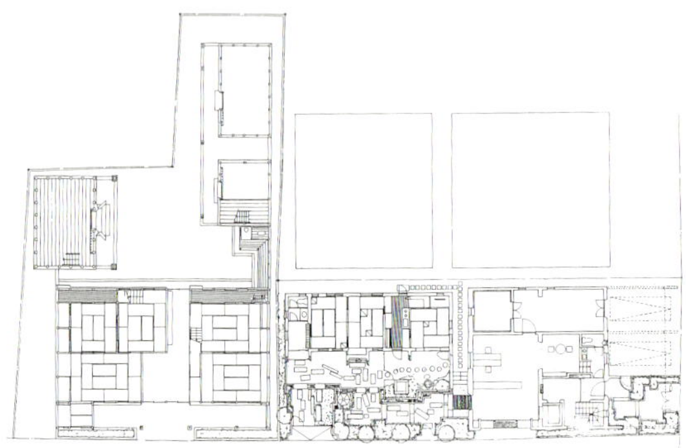

Bauherr: A.G. Mikasho **Art des Bauauftrags:** Wohnhaus mit Laden und Teezeremoniehaus **Bruttogeschossfläche:** 328 m² **Planungsbeginn:** 1993 **Fertigstellung:** 1997 **Projektarchitekt:** Yuji Agematsu **Kunst am Bau:** Akihiro Iwahashi

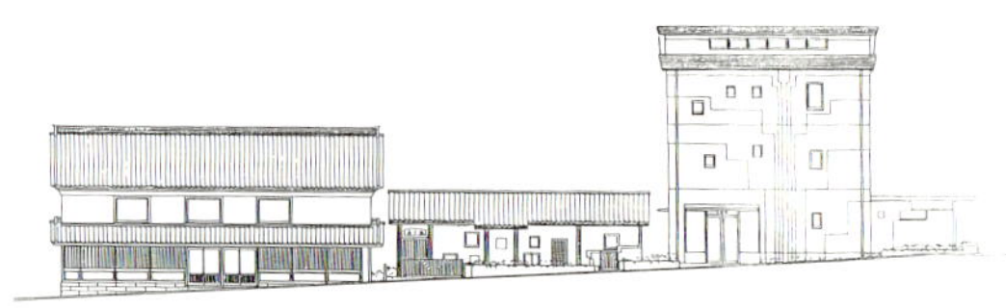

MURAYAMA ARCHITECT & ASSOCIATES

Akebono-Waldpark für Kinder

Saitama, Japan, 1997

Dieser städtische Themenpark für Kinder ist aus Motiven der Mumin-Geschichten des finnischen Schriftstellers Tove Jansson heraus gestaltet. Kinder sollen hier in der Natur die Liebe zur Selbstständigkeit und zur Freiheit kennen lernen.
Im Park stehen drei Häuser in einigem Abstand voneinander: die Kinderhalle, das Ausstellungsgebäude und das «Mumin-Haus», alle in einem eigenen Stil gestaltet. Die drei Häuser sind in der traditionellen japanischen Holzbautechnik, das heißt ohne Nägel, errichtet. Die 149 Säulen des Ausstellungsgebäudes sind in einer spiralförmigen Linie miteinander verbunden. Hierdurch entstehen im Innern konkave und konvexe Wände. Die konkaven Flächen werden als Ausstellungsplatz über die Mumin-Geschichten und den Schriftsteller genutzt. Im Obergeschoss befindet sich noch ein kleiner Lesesaal.
Takekazu Murayama

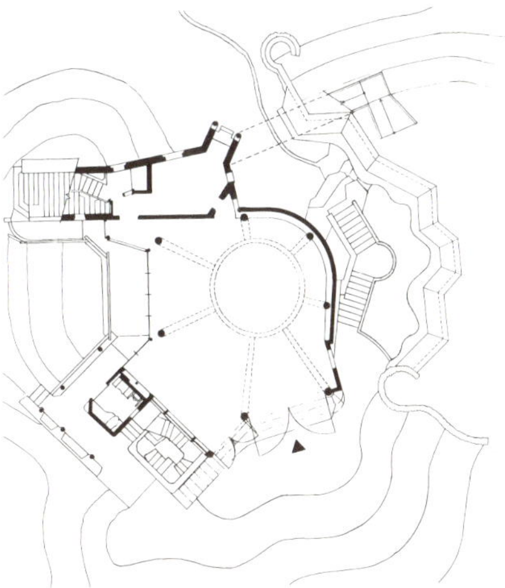

Bauherr: Gemeinde Saitama **Art des Bauauftrags:** Themenpark mit Pavillons **Bruttogeschossfläche:** 686 m² auf 7,6 ha **Planungsbeginn:** 1993 **Fertigstellung:** 1997 **Projektarchitekt:** Takekazu Murayama

JOHANNES G. SCHUSTER

Little Yarra Steiner School

Yarra Junction, Victoria, Australien, 1991–1998

Der Grundgedanke für den Entwurf des Bibliotheksgebäudes war: «Lebendiges Denken, vom Herzen erwärmt». Dieses Motiv ist in ein gebogenes Dach mit zwei ausgestreckten Flügeln übersetzt worden, das über einem komplexen und vielseitigen Grundriss schwebt.
Der Entwurf der Pavillons für die Klassenräume versucht die Entwicklung der Kinder zu fördern. Für die erste und zweite Klasse schaffen ein überhängendes, gewölbtes Dach und relativ kleine Fenster einen traumhaften inneren Raum und vermitteln das Gefühl, versorgt und geschützt zu werden. Die Verbindung zur Außenwelt ist noch nicht so wichtig wie in den folgenden Klassen.
Die Entwicklung des Bewusstseins vom Neunjährigen zum Zwölfjährigen findet ihr Echo in den Architekturformen, die in den niedrigeren Klassen rhythmisch und organisch sind, ab der sechsten Klasse jedoch in formalere, geometrische Formen transformiert wurden.
Johannes G. Schuster

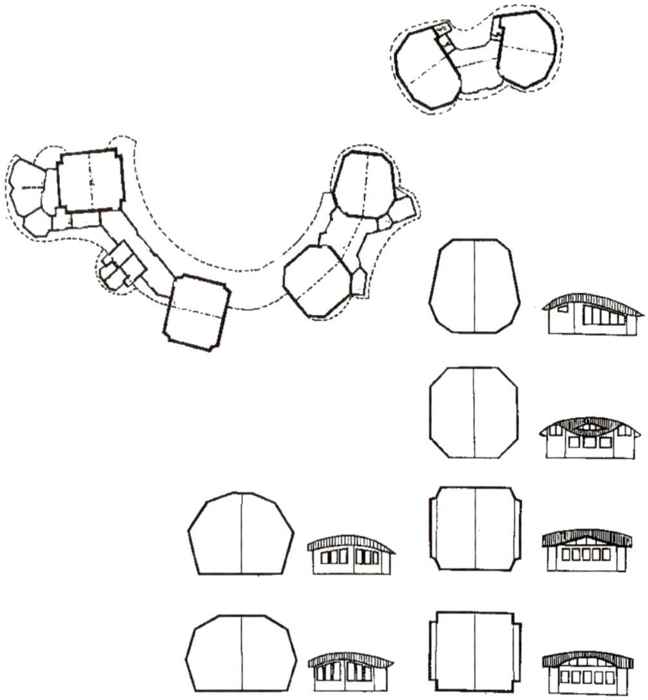

Bauherr: Little Yarra Steiner School **Art des Bauauftrags:** Waldorfschule **Bruttogeschossfläche:** 1.150 m² **Planungsbeginn:** 1990 **Fertigstellung:** 1991–1998 **Entwurf:** Johannes G. Schuster **Bautechnische Ausarbeitung:** Paul Archibald, John Smith und Mike Gorman

Department of Planning and Development

Technical & Further Education College

Croydon, Victoria, Australien, 1990–1993

Das Technical & Further Education College (TAFE) bietet eine allgemeine Ausbildung und Lehre für kaufmännische Berufe an. Es besteht aus vierzehn über den Campus verteilten Gebäuden. Ein Ziel des Entwurfs war es, bei den Schülern und der übrigen Gemeinschaft ein «Raumgefühl» zu vermitteln, damit sich die Menschen in einer so großen Lehreinrichtung wohlfühlen.
Zwischen den Gebäuden wurde eine fahrzeugfreie Zone eingeplant, sodass viele Außenräume für Begegnungen, aber auch ruhige, abgeschiedene Plätze vorhanden sind. Innerhalb der Gebäude befinden sich an den Kreuzungen der Gänge kleine Treffpunkte und Sitzgelegenheiten, die soziale Kontakte fördern sollen.
Der Charakter jedes Gebäudes entspringt seiner Nutzung, seinem Platz innerhalb der größeren Gebäude-«Familie» und einer künstlerischen Übersetzung seiner Funktion in menschliche Begriffe. Einfache Elemente mit einer direkten Verbindung zum menschlichen Maß und zur menschlichen Erfahrung, wie Satteldächer, tief eingelassene Fenster, Veranden, Pergolen, Sitzplätze und Bepflanzung verkünden geradezu: «Dieser Ort ist dafür bestimmt, dass Menschen ihn nutzen».
David Morgan

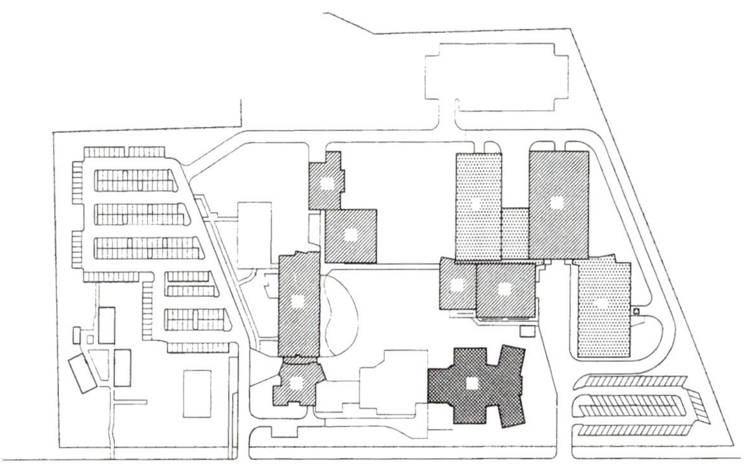

Bauherr: Office of Training and Further Education **Art des Bauauftrags:** Neubau eines Ausbildungszentrums **Bruttogeschossfläche:** 13.343 m² **Planungsbeginn:** 1989 **Fertigstellung:** 1990–1993 **Projektarchitekten:** David Morgan, Planning and Development Victorian Government

Fiona Christeller Architects

Taikura Steiner School

Hastings, Neuseeland, 1991–1998

Unser Ziel war es, ein kleines Dorf aus einander ergänzenden Gebäuden und sie verbindenden, offenen Räumen zu realisieren, soweit das innerhalb des schmalen Grundstückes möglich war. Wir wollten existierende Bäume erhalten und innen wie außen kräftige Farben verwenden – als Gegengewicht gegenüber der hellen Umgebung von Hawkes Bay.

Verwaltung, Saal und Sporthalle bilden das Zentrum, umgeben von zweigeschossigen Gebäuden für die Klassenräume. Während des Jahres finden sowohl in den Räumen als auch im Freien viele Gemeinschaftsfeiern und -aufführungen statt, sodass auch die Räume zwischen den Gebäuden «Zimmer im Freien» sind. Pergolen, offene Galerien und Außentreppen lockern die Gebäude auf und vergrößern die Möglichkeiten für Theateraufführungen.

Der Entwurf ist organisch und antwortet auf die Umgebung; Stil und Farbe beziehen ihre Anregungen aus der umliegenden Landschaft und dem Südpazifik.

Für die Konstruktion haben wir – wo immer dies möglich war – natürliche und dauerhafte Materialien gewählt, die nur minimale Umweltbelastungen verursachen und das Wohlergehen der Benutzer fördern.

Fiona Christeller

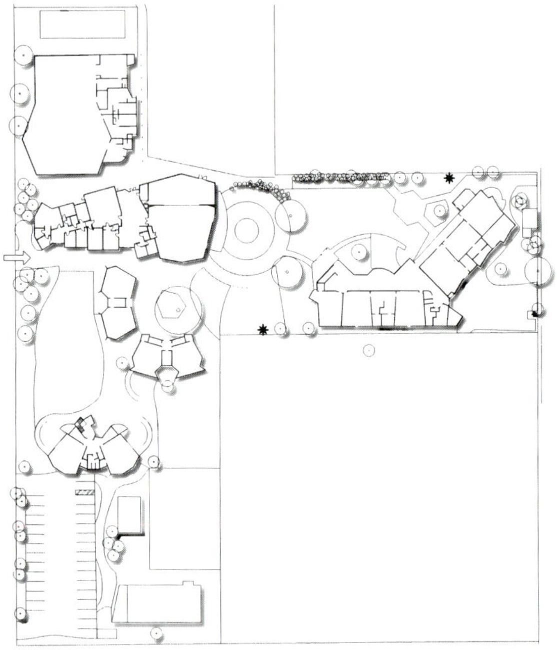

Bauherr: Rudolf Steiner School Hastings Trust **Art des Bauauftrags:** Kindergarten und Waldorfschule bis zur 12. Klasse **Bruttogeschossfläche:** 4.360 m² **Planungsbeginn:** 1989 **Fertigstellung:** 1991, 1993, 1995, 1997, 1998 **Projektarchitekten:** Fiona Christeller, Nigel Oxley **Künstler:** Iain Trousdell

Afrika

Der afrikanische Kontinent kennt eine Vielzahl traditioneller Kulturen und Baustile. Kennzeichnend für diese Architektur ist die enge Verflechtung von Landschaft, verfügbarem Baumaterial, Kultur und Mythologie. Durch die koloniale Architektur entstand daneben ein neues Architekturelement, das jedoch die örtlichen Traditionen größtenteils unberührt ließ. Viel einschneidender, mit Entwurzelung einhergehend, sind die Folgen des heutigen Bevölkerungswachstums, der Landflucht und der ethnischen Konflikte. Große Gruppen von Menschen wurden hierdurch aus ihrer traditionellen Lebensumgebung vertrieben und gingen ihrer sozialen und kulturellen Wurzeln verlustig, ohne dass eine dauerhafte und menschenwürdige Alternative deren Stelle eingenommen hätte.

Außergewöhnlich wertvoll sind unter diesem Blickwinkel Initiativen wie in Sekem, im Norden Ägyptens, wo sich seit 1977 in der Wüste eine blühende Organisation auf dem Gebiet des biologisch-dynamischen Land- und Gartenbaus entwickelt hat. Ihr haben sich inzwischen mehr als einhundert Landwirtschaftsbetriebe aus ganz Ägypten angeschlossen, die ihre Gewächse ebenfalls auf nachhaltige Weise produzieren. Die Produktion und die Weiterverarbeitung liefert Tausenden von Menschen Arbeit, und die Einkünfte werden für Unterricht, Kulturvermittlung und Gesundheitsvorsorge verwendet. Die Architektur, die rund um diese Initiative entsteht, wurzelt in der traditionellen Bauweise, bereichert diese aber mit einem modernen und organischen Charakter.

Auf eine andere Weise spielen dieselben Themen in den Entwürfen von «Greenhaus Architects» aus Südafrika eine Rolle. Hier werden überwiegend natürliche Baumaterialien wie Lehm oder Holz verwendet, die jedoch auf moderne Weise eingesetzt werden. Ihr Werk hat nicht nur eine stark ökologische, sondern auch eine soziale Dimension. Weil die Entwürfe mit den Menschen zusammen gestaltet werden, können diese Gebäude wieder zum Mittelpunkt ihres sozialen Lebens und zum Ausdruck kultureller Identität werden. Bei den Projekten sowohl der «Greenhaus Architects» als auch in Sekem fällt die Bedeutung von Außenräumen, zum Beispiel geschlossenen Innenhöfen und beschatteten Galerien, ins Auge. Das überwiegend warme Klima bewirkt, dass man mehr «um die Gebäude herum» als «in den Gebäuden» lebt und Architektur somit viel stärker körperlich, im Bewegen, als inhaltlich erfahren wird.

Johnson-Murray / Etienne Bruwer

Uluntu Centre Guguletu

Kapstadt, Südafrika, 1990

Das «Uluntu Centre» bedeutete für die «Urban Foundation», die erste nichtstaatliche Organisation, die sich um den Bau von Wohnhäusern für die Bevölkerung kümmerte, einen wahren Kampf. Man war verzweifelt über den Vandalismus und den Hass in einer Gemeinschaft, die in kaum noch bewohnbaren «Industriehütten» hausen musste, welche zehn Jahre zuvor von der «Urban Foundation» selbst gebaut worden waren. Man suchte eine Lösung gegen die Zerstörungswut und Unzufriedenheit in der Gemeinschaft, und so trat man an das Novalis-Institute heran, um gemeinsame Treffen zu organisieren. Es dauerte neun Monate, bevor die Leute über ihre Prioritäten hinsichtlich des Raumbedarfs entschieden hatten.
Die Ergebnisse von Modellierübungen mit den Erwachsenen nutzte ich als Inspiration aus der Gemeinschaft; sie bildeten somit die Grundlage für meine Formen. Die architektonischen Bedürfnisse waren elementar: Bewegung zwischen den verschiedenen Räumen, überdachte Galerien an der Außenseite, der Wechsel zwischen kleinen, abgeschlossenen Zimmern und Gemeinschaftsräumen. Wir versuchten, Räume zu schaffen, in denen sich die Menschen begegnen konnten und ein Gemeinschaftsgefühl entstehen konnte, Räume, die ihnen «gehörten», und so dem Vandalismus und dem Hass Einhalt zu gebieten.

Etienne Bruwer

Bauherr: Urban Foundation **Art des Bauauftrags:** Mehrzweck-Gemeinschaftszentrum **Bruttogeschossfläche:** 835 m² **Planungsbeginn:** 1987 **Fertigstellung:** 1990 **Projektarchitekt:** Etienne Bruwer

Greenhaus Architects

Place Del Ange

Johannesburg, Südafrika, 1998

Da das Highveld-Gebiet eine trockene Gegend ist – eine Grassavanne mit vereinzelten Bäumen und lang gestreckten, niedrigen Bergrücken –, haben wir hier einen Ort des Wassers geschaffen. Zuerst wurde ein See angelegt, an den das Haus gebaut wurde, dann ein subtropischer Park mit Palmen und Wasser – mit zwei Wasserströmen, die durch das Haus geleitet werden; sie dienen der Kühlung und ermöglichen den Anbau von Wasserpflanzen und die Haltung von Fischen.
Ausschließlich unbehauener Naturstein und ockerfarbener Zement, atmendes Schilf und unterschiedliche Arten von Hölzern wurden verwendet. Zahlreiche Öffnungen erschließen die «geöffneten Innenräume», die weder Innenhöfe noch Passagen sind; vielmehr sind sie Räume für den Menschen und die ihn umgebenden Elemente, für Fauna und Flora – sodass eine enge und rhythmische Verbindung entstehen kann. Schließlich tauchten in Gesellschaft dieser üppigen Natur hier und da ein paar kleine Überraschungsgeschenke aus höheren Sphären auf.
Etienne Bruwer

Bauherr: Shiralee Investments **Art des Bauauftrags:** Privathaus mit Gästezimmern
Bruttogeschossfläche: 1.100 m² **Planungsbeginn:** 1997 **Fertigstellung:** 1998
Projektarchitekt: Etienne Bruwer

Portus-Bau

Sekem-Initiative

Sekem, Ägypten, ab 1984

Die Sekem-Initiative wurde 1977 von dem Ägypter Dr. Ibrahim Abouleish gegründet. Am östlichen Rand des Nil-Deltas begann er 70 ha Wüste mithilfe einiger Beduinen und Fellachen zu kultivieren. Als grüne Oase liegt die Sekem-Farm 60 km von der 16-Millionen-Stadt Kairo entfernt, inmitten einer ausgedehnten Wüstenlandschaft. Bisher entstanden in intensiver Aufbauarbeit auf der Mutterfarm neben sieben Wirtschaftsbetrieben (u.a. Landwirtschaft, Lebensmittel- und Heilkräuterverarbeitung, Arzneimittelherstellung und ökologische Textilverarbeitung), eine Schule mit Kindergarten, ein Berufsausbildungszentrum, eine Akademie für angewandte Kunst und Wissenschaften, ein Freilichttheater und ein Medical Centre zur medizinischen Versorgung nicht nur der Farm, sondern auch der umliegenden Dörfer. Wirtschaft und Kultur ergänzen und tragen sich gegenseitig.
Architektonisch galt es eine Antwort auf die Gestaltungskräfte der Landschaft und des Klimas und auf die arabische Kultur zu finden und einen Rahmen für die vielfältigen Lebensfelder zu schaffen.
Es wird versucht, das Selbstverständnis einer in Entwicklung befindlichen Initiative mithilfe der Architektur zu fördern.
Winfried Reindl und Stefan Schwarz

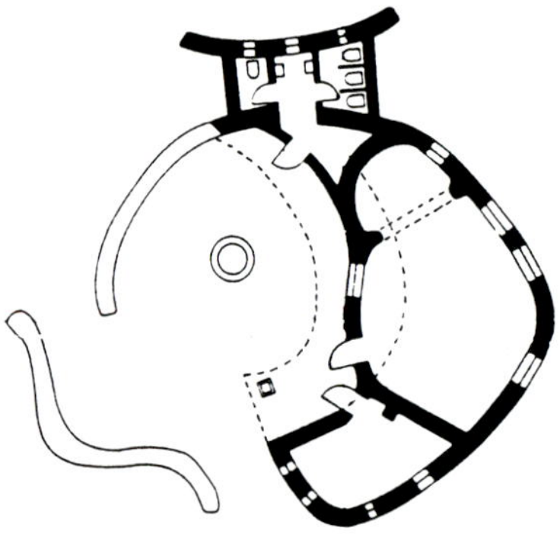

Sekem-Initiative

Sekem, Ägypten, ab 1984

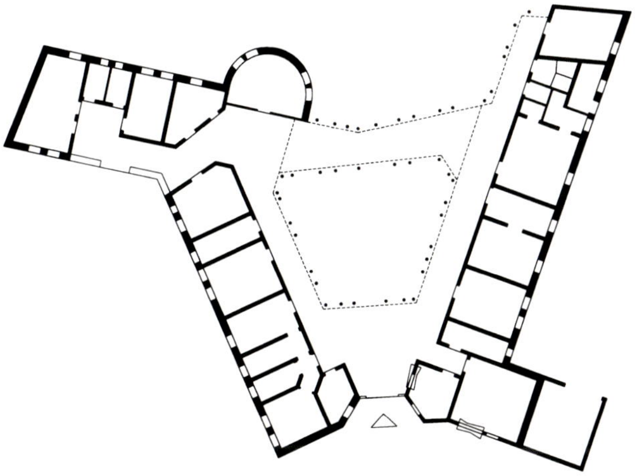

Bauherr: Sekem-Initiative **Art des Bauauftrags:** verschiedene Betriebs- und Schulgebäude sowie Gebäude für kulturelle Zwecke **Bruttogeschossfläche Kindergarten:** 300 m² **Fertigstellung:** 1988 **Bruttogeschossfläche Schule:** 3.800 m² **Fertigstellung:** 1988–1992 **Bruttogeschossfläche Klinik:** 1.800 m² **Fertigstellung:** 1995 **Bruttogeschossfläche Freilichttheater:** 2000 m² **Fertigstellung:** 1998 **Projektarchitekt:** Winfried Reindl

Portus-Bau

Verwaltungsgebäude Sekem

Heliopolis, Ägypten, 1991

Das Gebäude ist in Heliopolis gelegen, am Rande Kairos, und dient der Verwaltung der Sekem-Initiative. Die Büroräume sind um einen Innenhof herum gruppiert.

Das große Wasserbecken im Innenhof dient der natürlichen Kühlung. Die Verdunstungskühle verteilt sich durch kleine Fenster in die angrenzenden Räume. So bleiben diese auch bei Windstille angenehm kühl.

Auf dem gleichen Gelände wurde der erste Bauabschnitt einer Akademie für Angewandte Kunst und Wissenschaft errichtet, die die Fakultäten für Landwirtschaft, Pädagogik, Medizin, Wirtschaftswissenschaft sowie Kunst und Architektur umfassen wird.

Winfried Reindl und Stefan Schwarz

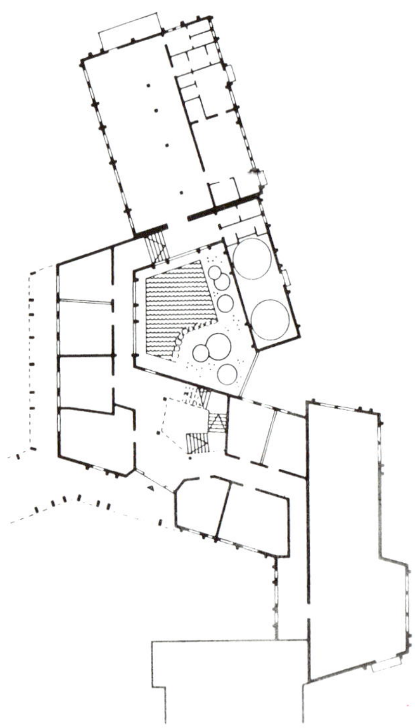

Bauherr: Sekem-Initiative **Art des Bauauftrags:** Verwaltungsgebäude **Bruttogeschossfläche:** 2.400 m² **Planungsbeginn:** 1990 **Fertigstellung:** 1991 **Projektarchitekt:** Winfried Reindl

Südeuropa

Die südeuropäische Architektur ist stark von der klassischen griechischen und römischen Kultur durchzogen, die in diesen Ländern ihren Ursprung hatte. Ihre Überbleibsel bilden seit Jahrhunderten eine reiche Inspirationsquelle sowohl für Künstler als auch für Architekten. Obwohl insbesondere der griechischen Architektur und Bildhauerkunst ein sehr ausgeprägtes Gefühl für Plastizität und für die Möglichkeit, die Form zum Leben zu erwecken, zugrunde liegt, ist die organische Architektur doch in diesen Ländern sehr viel weniger entwickelt als in der Mitte und im Norden Europas. Die südliche Architektur scheint eher aus dem Gefühl für das Zusammenspiel von Sonnenlicht und dem Baukörper heraus konzipiert zu werden als aus einem Bedürfnis nach plastischen Formen.

Die meisten Beispiele organischer Architektur, die trotzdem realisiert wurden, befinden sich bemerkenswerterweise im Norden dieser Länder. Das gilt sowohl für das Werk Antoni Gaudís, das gänzlich in Katalonien beheimatet ist, als auch für die italienische organische Architektur, die sich überwiegend in der Lombardei konzentriert.

Ein frühes Beispiel der italienischen organischen Architektur ist die von Giovanni Michelucci (1891–1990) entworfene «Chiesa di Giovanni Battista», besser bekannt als «La chiesa dell' autostrada del Sole», bei Florenz. Ebenso wie Le Corbusier zählt Michelucci zu den Pionieren des modernen Bauens. Und wie jener ging er in seinen späteren Jahren auf die Suche nach einer freieren und plastischeren Formgebung. Auch in seinem Fall war es ein Kirchenbau, in dem dieser Durchbruch offenbar wurde.

Im Werk heutiger italienischer organischer Architekten wie Stefano Andi und Luca Piscicelli Taeggi fällt eine elegante Linienführung auf. Die Plastizität ihrer Formen wirkt nicht schwer, sondern scheint beinahe zu tanzen, ohne dass jedoch die Schwerkraft verleugnet wird. Ein besonderes Beispiel hierfür ist das von Luca Piscicelli Taeggi umgebaute «Centro Commerciale e Terapeutico» in Bologna, das erkennen lässt, wie ein bestehendes Gebäude ohne viel Ausstrahlung in ein beredtes und modernes Ganzes verzaubert werden kann.

Auffallend ist die bestehende Vorliebe für Interieurs, Möbelentwürfe und raffinierte Details. Das gilt nicht allein für Italien, sondern auch für Portugal, wo der in Deutschland geborene Architekt Fritz Wessling neben architektonischen Projekten auch eine Anzahl besonders lebendiger Interieurs für Geschäfte und Betriebe entworfen hat.

Giovanni Michelucci

Chiesa di Giovanni Battista

Florenz, Italien, 1964

Die allgemeine Form der Kirche erinnert an ein Zelt, das als ein Ort der Durchreise aufgefasst werden kann und kein dauerhafter Wohnsitz von Menschen hier auf Erden ist. Ich sage bewusst «kann», weil diese Form das Ergebnis eines Prozesses ist und nicht ein vorab festgelegtes Ziel. Ich ging nicht von der Idee eines Zeltes aus, um die innere Struktur dieser anzupassen, sondern die Form entstand als Resultat der inneren Gliederung. Und schließlich half mir ein Vers aus dem Paulusbrief an die Korinther, die richtige Form zu finden: «Wir wissen ja, wenn unser irdisches Zelt abgebrochen wird, erhalten wir ein Haus von Gott, ein ewiges Haus im Himmel, das nicht von Menschenhand erbaut ist.»[180]
Giovanni Michelucci

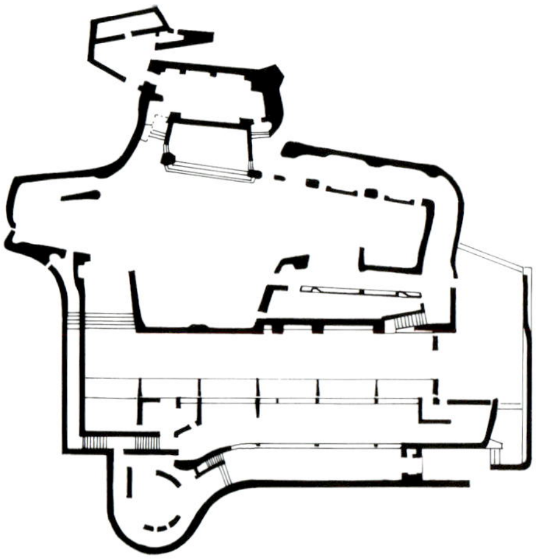

Bauherr: Società Autostrade **Art des Bauauftrags:** Neubau einer Kirche **Bruttogeschossfläche:** 3.500 m² **Planungsbeginn:** 1960 **Fertigstellung:** 1964 **Projektarchitekt:** Giovanni Michelucci **Künstlerische Gestaltung:** Istituto Internazionale d'Arte Liturgica

Zwei Wohnhäuser

Laives, Bozen, Italien, 1997

Von dem berühmten toskanischen Baumeister Filarete (um 1400–1469) stammt der Ausspruch: «Ein Bau ist wie ein Kind, dessen Vater der Bauherr und dessen Mutter der Architekt ist.» Dieses wunderbare Bild ist nicht nur Poesie, sondern eine Realität im geistigen Sinne.

Mehr noch als damals entsteht heute die Architektur aus einer Begegnung, aus dem gegenseitigen Vertrauen und Verständnis der beteiligten Menschen. Wenn statt dessen nur Gewinnsucht oder Ehrgeiz herrscht, kann kein fruchtbares Werk für die Menschen und die Zukunft zustande gebracht werden.

Das wahre Ziel unserer Zeit, dem auch die Architektur sich zuwenden sollte, besteht darin, dass die Menschen bewusste geistige Erfahrungen machen. Die Architektur kann dieses Ziel unterstützen, indem sich in ihrer Gestaltung ein Interesse für den Mitmenschen, für die Welt und die geistige Einheit des Weltenalls spiegelt.

Stefano Andi

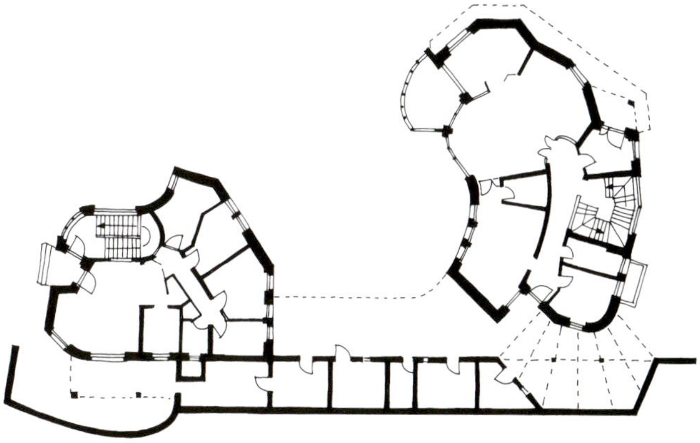

Bauherr: Olga Defranceschi **Art des Projekts:** zwei Wohnhäuser **Bruttogeschossfläche:** 1220 m² **Planungsbeginn:** 1994 **Fertigstellung:** 1997 **Projektarchitekt:** Stefano Andi **Glasfenster:** Udo Zembok **Wasseranlage:** Atelier Dreiseitl

Luca Piscicelli Taeggi

Kinderzimmer

Gorgonzola, Mailand, Italien, 1998

Entwurfsphilosophie:

Die von mir entwickelte Architektur versucht eher «menschlich» als «organisch» zu sein. Die Formen sollen gleichzeitig anregen und gefällig sein. Jeder Ort und jede Zeit verlangt eigene, speziell entworfene Formen. Formen beeinflussen die Entwicklung des Formgefühls im Menschen, wie eine Art Medizin innerhalb der Landschaft – und jeder Ort, jede Zeit hat ihre eigenen Leiden. Heute besitzen wir hässlich gebaute Landschaften, weil das von unserer Kultur vermittelte Menschenbild so armselig ist.

Zwischen dem Natürlichen, dem Mechanischen und dem Spirituellen, wird die Menschheit ihre eigene Identität finden müssen, und zwar mittels eines Denkens, das seinen Ursprung im Herzen hat.

Luca Piscicelli Taeggi

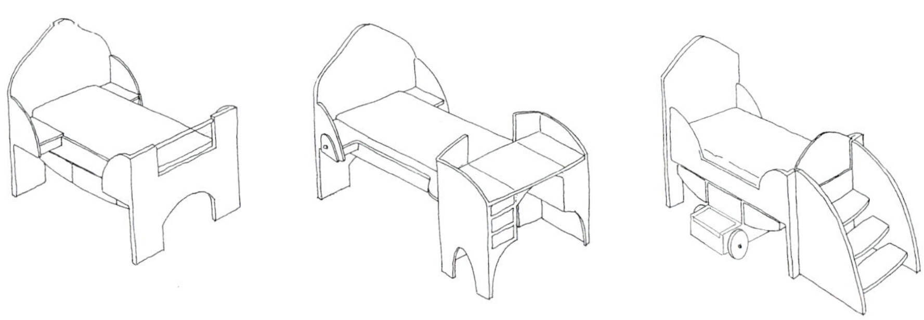

Bauherr: Privat **Art des Bauauftrags:** Kinderzimmer für zwei Brüder **Planungsbeginn:** 1998 **Fertigstellung:** 1998 **Möbelgestaltung:** Luca Piscicelli Taeggi

LUCA PISCICELLI TAEGGI

Centro Commerciale e Terapeutico

Bologna, Italien, 1998

Das Projekt beinhaltet den Umbau einer ehemaligen Maschinenfabrik. Die notgedrungene Schließung der Fabrik bot dem Eigentümer des Gebäudes die Gelegenheit, einen lang gehegten Traum zu realisieren: die Eröffnung eines anthroposophischen Therapiezentrums mit Naturkostladen.
Da die bestehende Bebauung hierfür nicht ausreichte, erhielt der zweite Stock einen Dachaufbau. Dieser enthält, umsäumt von einer geräumigen Dachterasse, das eigentliche Therapiezentrum. Der erste Stock beherbergt den Naturkostladen, das Erdgeschoss eine Parkgarage.
Der Entwurf ging vom Dachgeschoss aus, das aufgrund seiner Funktion eine bewegliche und «beseelte» Formgebung erhalten sollte. Von dort aus wurde versucht, eine organische Verbindung zu den darunter liegenden Stockwerken herzustellen.
Luca Piscicelli Taeggi

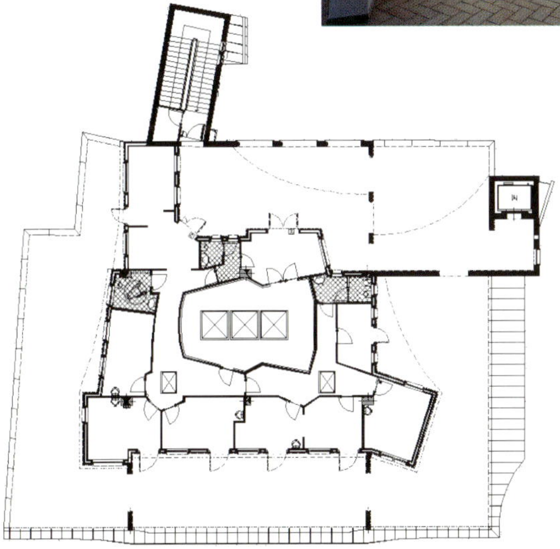

Bauherr: Biosphera **Art des Bauauftrags:** Umbau einer Maschinenfabrik zum Therapiezentrum mit Ladengeschäft **Bruttogeschossfläche:** Therapiezentrum: 250 m²; Ladengeschäft: 600 m²; Garage: 600 m² **Planungsbeginn:** 1996 **Fertigstellung:** 1998 **Projektarchitekt:** Luca Piscicelli Taeggi

FRITZ WESSLING

Silva Gaio

São Romão, Portugal, 1999

Schöpferisch sein heißt, sich ständig zu verwandeln.
Architektur soll nicht vorgefasste Vorstellungen aufzwingen, sondern Ausdruck einer umfassenden, organisch vernetzten Wirklichkeit sein, Mensch und Welt gleichermaßen betreffend. Daher soll zuallererst der Planungsprozess, die «Schöpfungsgeschichte» eines Baus, organisch verlaufen, sodass die körperlichen, seelischen und geistigen Bedürfnisse der Menschen eingebracht, umgesetzt und wahrgenommen werden können und alle beteiligten Menschen so vielschichtig wie möglich engagiert werden.
Ähnliches gilt für die Einpassung in die natürliche Umgebung: Hier sind wir «Treuhänder der Schöpfung», dieses göttlichen Ursprungs, nun fortgesetzt durch den Menschen.
Ich glaube an beides: an große visionäre Würfe, in die Zukunft hineinprojiziert, und an die Kunst des Möglichen, die Fähigkeit, liebevoll auf die Beschränktheit der Bauaufgabe einzugehen und gemeinsam kleine Schritte in die richtige Richtung zu tun. Eine neue Welt entsteht nicht auf einmal; je mehr Menschen mitbauen, desto besser.
Fritz Wessling

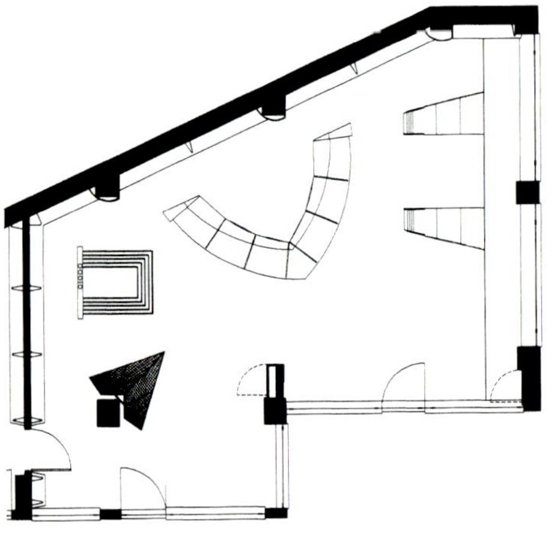

Bauherr: Sousa & Mendes Lda **Art des Projektes:** Einrichtung Buch- und Papierwarenhandlung **Bruttogeschossfläche:** 126 m² **Planungsbeginn:** 1999 **Fertigstellung:** 1999 **Projektarchitekt:** Fritz Wessling

Ungarn

In den vergangenen Jahrzehnten hat sich in Ungarn eine völlig eigene Form organischer Architektur entwickelt, die einen starken Einfluss ungarischer Volksarchitektur und Bautradition aufweist. Einer der wichtigsten Anführer dieser Strömung ist der 1935 in Budapest geborene Architekt Imre Makovecz. Sein frühes Werk ist größtenteils noch unter kommunistischer Herrschaft entstanden und kann als ein Protest gegen den uniformen und unmenschlichen Charakter der Architektur jener Zeit betrachtet werden. Als Reaktion hierauf vertiefte er sich in die ungarische Volksarchitektur, wobei er entdeckte, dass viele Gebäudeteile traditionell mit Namen bezeichnet werden, die dem menschlichen Körper oder lebendigen Organismen entlehnt sind. Diese Entdeckung wird in seinen Entwürfen in eine Formgebung übersetzt, die anthropomorphe Züge aufweist. Ein frühes Beispiel hierfür ist die Aufbahrungskapelle eines Friedhofs in Budapest, die eine starke Ähnlichkeit mit dem menschlichen Brustkasten aufweist. Ein späteres Beispiel ist die evangelische Kirche von Siófok, die durch ihr symmetrisch angeordnetes Entree und die runden Fenster die Assoziation eines Gesichts hervorruft.

Ohne wortwörtlich auf die Vergangenheit zurückzugreifen, erhält Makovecz' Formgebung hierdurch beinahe mythologischen Charakter. Dieser wird noch verstärkt durch die häufige Verwendung von Holz – das durchaus auch unbearbeitet zum Einsatz kommt – und der Dominanz seiner Dächer. Manche Gebäude, wie die katholische Kirche von Paks, bestehen nahezu vollständig aus einem bis auf den Erdboden heruntergezogenen Dach. Da das Dach direkt auf der aufgeworfenen Erde ruht, rufen solche Bauwerke das Gefühl der Einheit von Himmel und Erde hervor, wie es für viele traditionelle Bauten charakteristisch war.

Es fällt auf, dass viele der Entwürfe von Imre Makovecz Naturparks, soziale Zentren und Kirchen betreffen. Dasselbe gilt auch für die Arbeiten zahlreicher junger ungarischer Architekten, die sich von Makovecz' Ideen und Entwürfen haben inspirieren lassen. Beispielsweise entwickelte Dezsö Ekler eine Reihe expressiver Projekte auf dem Gebiet des Landbaus und des Naturschutzes, Ervin Nagy wandte sich insbesondere kulturellen Einrichtungen und städtischen Wohnkomplexen zu. Auch wenn ihre Formgebung Fragen nach ihrer Beziehung zur modernen Zeit aufwirft – im Vergleich mit der jüngsten Vergangenheit liefern sie eine beredte Architektur, die fest in lokalen Traditionen wurzelt, von kommunikativer Art ist und von spirituellen Werten zeugt.

Makona

Kulturhaus

Erholungspark Visegrád, Ungarn, 1988

Ich denke, dass es die Pflicht jedes Gebäudes ist, Schutz gegen die vielen Angriffe der äußeren Welt zu bieten, gegen Regen und Wind, gegen Kälte und die vielen Arten von Strahlung, die sowohl positiv wie negativ sein kann. An diesem Schutz ist nichts Besonderes. Aber es macht einen großen Unterschied, ob dieser Schutz durch eine flache, stahlverstärkte Betondecke oder – wie im Fall des Kulturhauses im Wald von Visegrád – durch eine Kuppel erfolgt, die mit Blattwerk verzierte Säulen und Tierkreiszeichen aufweist. Diese haben nicht nur theatralische Bedeutung, sondern helfen uns dabei, innerlich zu begreifen, was im uns umgebenden Kosmos lebendig ist. In dieser Erkenntnis liegt eine besondere Art von Schutz.[181]

Imre Makovecz

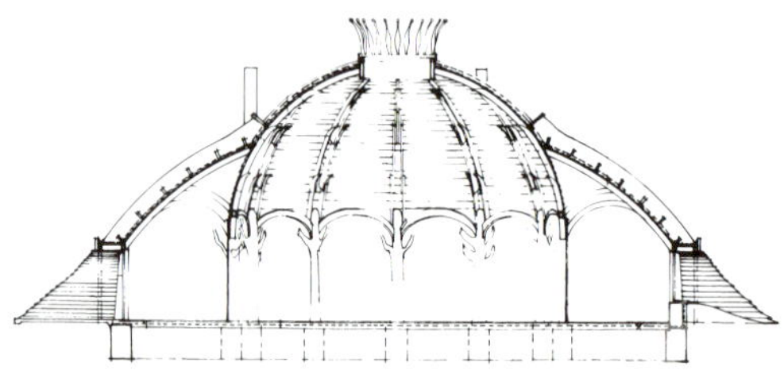

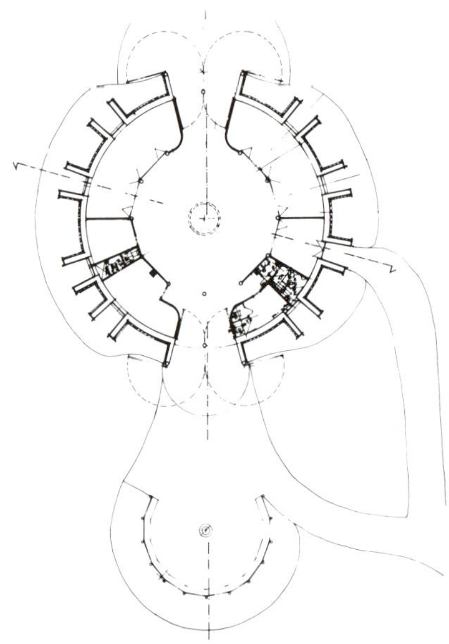

Bauherr: Verwaltung des Staatsforstes Pilisgebirge **Art des Bauauftrags:** Erholungspark mit Kulturhaus **Bruttogeschossfläche:** 290 m² **Planungsbeginn:** 1983 **Fertigstellung:** 1988 **Projektarchitekt:** Imre Makovecz

MAKONA

Lutheranische Kirche

Siófok, Ungarn, 1990

Der Bau dieser Kirche begann noch zur Zeit der russischen Besetzung. Durch die Unterstützung der Lutheranischen Gemeinde von Oulu (Finnland) konnte sie aus finnischer Fichte gebaut werden. Unsere finnischen Brüder stifteten auch das Mobiliar. Der Bauprozess wurde von Márton Yózsa, dem Pfarrer der Gemeinde, begleitet. Die finanzielle Grundlage wurde durch den Verkauf des Hauses, in dem man früher für religiöse Feiern zusammenkam, geschaffen. Wie auch in Paks arbeitete die Gemeinde bei der Errichtung des Gebäudes mit.[182]

Imre Makovecz

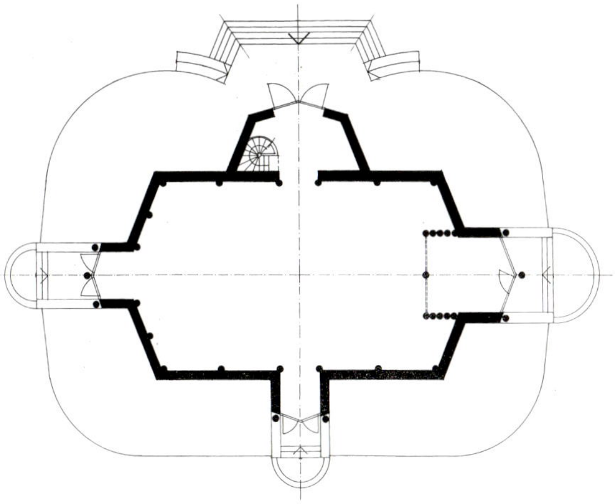

Bauherr: Evangelische Kirche **Art des Bauauftrags:** Neubau einer Kirche
Nettogeschossfläche: 206 m² **Planungsbeginn:** 1985 **Fertigstellung:** 1990
Projektarchitekt: Imre Makovecz

MAKONA

Römisch-katholische Kirche

Paks, Ungarn, 1987–1991

Ich erhielt den Auftrag, eine Kirche für die kleine ungarische Stadt Paks zu entwerfen, in der auch ein Atomkraftwerk steht. Um dieses Kraftwerk herum wurde nach sozialistischer Auffassung von Stadtplanung ein ganzer Bezirk erbaut. Und so musste ich herausfinden, welche Form diese Kirche erhalten sollte, was ein ziemliches Problem darstellte; eine katholische Kirche in dieser Umgebung ist schließlich anachronistisch. Nichtsdestoweniger wollte ich einen Raum schaffen, der einen positiven Einfluss auf die Menschen ausübt, ihnen Schutz bietet – nicht durch seine Ideologie, nicht durch seine Form oder seinen Stil, sondern durch seine Wirklichkeit.[183]

Imre Makovecz

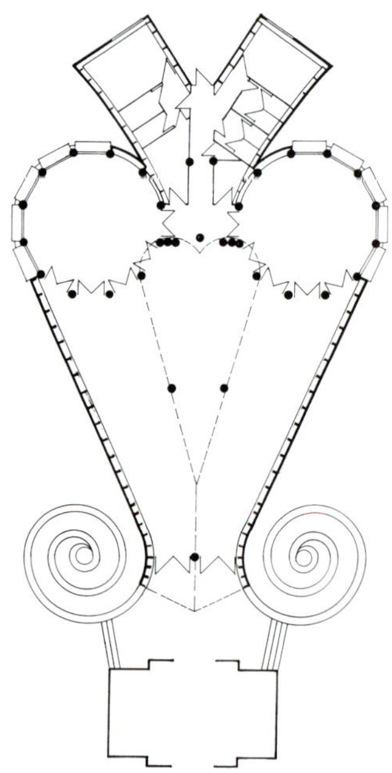

Bauherr: Römisch-katholische Kirche **Art des Bauauftrags:** Neubau einer Kirche **Bruttogeschossfläche:** 305 m², 51 m² für den Turm **Planungsbeginn:** 1986 **Fertigstellung:** 1991 **Projektarchitekt:** Imre Makovecz

Dezsö Ekler

Weingut

Mezözombor, Ungarn, 1995

Das Weingut wurde in einem 120 Hektar großen Weinbaugebiet errichtet und besteht aus drei Gebäuden: einem alten «Sárga Borház», dem gelben Weinhaus, das im klassischen Stil des frühen neunzehnten Jahrhunderts gebaut ist und heute ein Restaurant beherbergt, einem neueren Gebäude für die Traubenverarbeitung und Weinfermentierung und einem Service-Gebäude. Letzteres dient der Unterbringung von Gerätschaften, Fahrzeugen und anderen Maschinen, die in den Weingärten gebraucht werden. Aber auch die sozialen Einrichtungen für die Arbeiter des Weinguts sind hier beherbergt.

Das Service-Gebäude liegt wie ein künstlicher Hügel in der vulkanischen Landschaft und hat eine «Krater-Form», die an die nahe gelegenen Steinbrüche erinnert. Dieser Eindruck wird noch verstärkt durch die natürlichen Baumaterialien: dunkelgrauer Schiefer für das Dach und rauer Naturstein für die Wände.[184]

Deszö Ekler

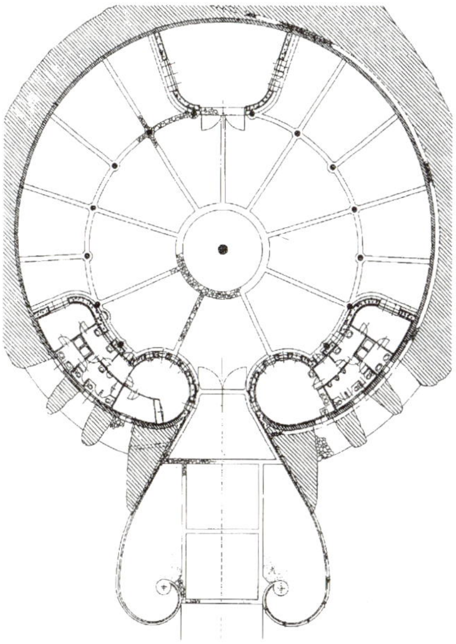

Bauherr: Diszókö Rt. **Art des Bauauftrags:** Gebäude eines Weinguts **Bruttogeschossfläche:** 1100 m² **Planungsbeginn:** 1993 **Fertigstellung:** 1994–1995 **Projektarchitekt:** Dezsö Ekler **Landschaftsarchitekt:** Attila Vincze

Herausforderungen am Beginn eines neuen Millenniums

Die vorgestellten Projekte machen deutlich, dass die organische Architektur quicklebendig ist und sich eines weltweiten Interesses erfreuen darf. In den vergangenen Jahrzehnten kam es sogar zu einem starken Anstieg bei der Zahl realisierter Projekte, und es wurden neue Ausdrucksformen entwickelt.

Doch es könnte die Frage auftauchen, welchen Aktualitätswert eine zu Beginn des zwanzigsten Jahrhunderts entstandene Architekturströmung am Beginn des einundzwanzigsten Jahrhunderts noch besitzen kann. Haben nicht alle anderen – mehr oder weniger gleichzeitig entstandenen – Strömungen, wie der Jugendstil, der Expressionismus und in gewisser Weise sogar der Funktionalismus, schon längst abgedankt? Unterscheidet sich denn die Zeit, in der wir leben, nicht fundamental von der Periode vor dem Ersten Weltkrieg, sodass nichts aus dieser Zeit heute noch Gültigkeit besitzen kann? Die verwendeten Bautechniken, die Ökonomie, die sozialen Verhältnisse haben sich geändert, und auch die Architekturdebatte hat heute einen völlig anderen Charakter. Von den hehren Idealen und der Begeisterung, die Kunst und Architektur zu Anfang des zwanzigsten Jahrhunderts vorantrieben, ist kaum mehr etwas geblieben. Natürlich wird auch heute noch über Städtebau und Architektur diskutiert, aber diese Diskussion hat einen viel pragmatischeren Charakter. Der Glaube, dass die Architektur zu einer besseren Welt – zumindest aber zu einer gerechteren Gesellschaft – beitragen könnte, ist größtenteils geschwunden. Wir leben in einem ideologischen Vakuum, in dem die Frage nach der Bedeutung von Architektur ihre Relevanz verloren zu haben scheint. Jeder kann tun, was ihm gefällt, und die Erneuerung scheint quasi selbst eine Tugend geworden zu sein. Es ist die Entwicklung der Technik, die uns diese luxuriöse Position ermöglicht, große Gruppen von Menschen materieller Sorgen entledigt und für ungekannten Wohlstand gesorgt hat.

Die Dominanz der Technik in der modernen Gesellschaft wirft jedoch auch neue Fragen auf und hat unvorhergesehene Probleme entstehen lassen. So werden wir mit einer weltweiten ökologischen Krise konfrontiert, mit einer zunehmenden Inbeschlagnahme des Außenraums aufgrund der Mobilität, mit einem wachsenden Einfluss von Technologie und Medien auf das innere Leben der Menschen, mit der Frage nach dem Platz des Individuums in einer vorgefertigten Gesellschaft und der Notwendigkeit, nach neuen Werten und Inhalten zu suchen. Diese Fragen gehen selbstverständlich weit über die Architektur hinaus, aber jede von ihnen berührt die Baupraxis und kann, wenn sie ernst genommen wird, für diese weitreichende Folgen haben.

Bio-ökologisches Wohnviertel Schafbrühl, Tübingen, Joachim Eble, 1983

In den folgenden Absätzen wollen wir daher eine Anzahl dieser Themen näher untersuchen. Es soll dabei nicht darum gehen aufzuzeigen, dass die organische Architektur immer noch aktuell ist. Uns sollen insbesondere zwei Fragen interessieren: Zuallererst inwieweit die Ausgangspunkte der organischen Architektur einen Beitrag zur Lösung heutiger Fragestellungen leisten können, und schließlich inwieweit das Konzept der organischen Architektur selbst ausgeweitet werden muss, um den Fragen begegnen zu können, denen wir uns heute gegenübersehen.

Bauen mit Rücksicht auf Natur und Umwelt

Die erste einschneidende Aufgabe, vor der das Bauwesen in den kommenden Jahren stehen wird, der ganzen Bauproduktion eine neue Richtung zu geben, hin zu energiesparendem und ökologisch verantwortungsvollem Bauen. Das ökologische Bauen kann nicht länger die Angelegenheit einer kleinen Gruppe von Idealisten bleiben, sondern wird – durch die Umweltproblematik erzwungen – ein Ausgangspunkt des ganzen Bauwesens werden müssen. Dabei geht es nicht um einen hinzugefügten Aspekt, sondern um einen integralen Bestandteil, der es notwendig macht, den gesamten Bauprozess, inklusive der Infrastruktur und der Hilfstechniken, grundsätzlich zu überdenken.

Das heutige Ziel ist, Häuser und Städte zu bauen, die natürlich sind. Um natürlich zu sein, muss ein menschliches Produkt nicht aussehen wie eine Pflanze oder ein Baum. Das große Ziel, das sicher erst im nächsten Jahrhundert erreicht werden wird, ist, dass Häuser und Städte zusammen mit Pflanzen und Tieren ein natürliches Biotop darstellen, dass also das Haus nicht gegen die Natur gerichtet ist, sondern dass der Mensch und seine Technik ein untrennbarer Teil der Natur sind.[187]

– Frei Otto

Bei der Wahl der Baumaterialien reicht es beispielsweise nicht mehr aus, nur Preis und Qualität gegeneinander abzuwägen. Eine ökologische Bauweise macht es ebenfalls erforderlich, die Gewinnung des Baumaterials sowie die Energiebelastung und die Verschmutzung zu beachten, die seine Produktion mit sich bringt. Ist ein Material erneuerbar oder nicht, kann es wiederverwendet werden, und was geschieht nach dem Abriss des Gebäudes mit dem Bauschutt? Dasselbe gilt für Energie und Wasser. Wie viel Energie erfordert der Bau und vor allem die Nutzung eines Gebäudes? Kann beim Energieverbrauch gespart werden, können dauerhafte Energiequellen angezapft werden, kann Abwärme wieder genutzt werden? Das ganze Gebäude muss auf seine Konsequenzen für den natürlichen Kreislauf und die Ökosysteme, deren Teil es ist, überprüft werden.

Das alles macht eine neue Denkweise notwendig. Es geht nicht länger ausschließlich um das Gebäude als autonomes Objekt. Ökologisches Bauen erfordert die Entwicklung eines Bewusstseins für *Zusammenhänge*. Das Gebäude kann auch nicht länger als ein statisches Objekt betrachtet werden, sondern muss in Beziehung zu dynamischen Energie- und Materialkreisläufen gesetzt werden. Das verlangt ein *prozesshaftes Denken*. Schließlich geht es darum, ein Gleichgewicht zwischen den an ein Gebäude gestellten Forderungen und den Belangen der Umwelt zu schaffen.

Auf den ersten Blick hat dies alles nur wenig mit Gestaltung zu tun. Ökologisches Bauen zeichnet sich bis heute auch nicht durch einen bestimmten Stil aus. Manche ihrer Verfechter greifen auf Vorbilder aus der traditionellen Architektur zurück, als das Bauen noch der Natur nahe stand. Andere, zum Beispiel der englische Architekt Sir Norman Foster, nutzen gerade die neuesten technischen Möglichkeiten, um damit energiesparende Gebäude zu errichten. Konsequenterweise geben sie daher ihren Gebäuden oftmals ein Äußeres im High-Tech-Stil.

Daneben existiert eine Strömung, die insbesondere danach strebt, natürliche Elemente wie Wasser,

Ökologisches Bauen bedeutet, ein Gebäude als Organismus aufzufassen und es zu optimieren – und diesen Organismus anschließend harmonisch in seine Umgebung einzufügen.[188]

– Joachim Eble

Innenhof der Wohnhäuser im Schafbrühl, Tübingen, Joachim Eble, 1983

Schafbrühl, Wasserspielplatz

Sonnenlicht und Pflanzen in Gebäude zu integrieren. Pflanzen und fließendes Wasser können eine wichtige Rolle bei der natürlichen Luftbefeuchtung und der Verbesserung des Raumklimas spielen. Darüber hinaus liefern sie einen hohen Erlebniswert, der von den Benutzern in den meisten Fällen als sehr positiv erfahren wird.

Das ökologische Bauen kann sogar so weit durchgeführt werden, dass auch die Formgebung dadurch beeinflusst wird. Beispiele dafür finden sich in den Arbeiten unter anderen von Frei Otto, Renzo Piano und dem englischen Büro Future Systems. Die Gestaltung des von Renzo Piano entworfenen Kulturzentrums in Nouméa ist beispielsweise nicht nur durch die lokale Bautradition inspiriert, sondern auch das Resultat eines ausgeklügelten Systems zur natürlichen Klimatisierung. Es ist dadurch zu einem beredten Bild geworden, das in seiner Umgebung wurzelt.[189]

Noch bahnbrechender sind die Pläne, die Jan Kaplicky vom englischen Büro Future Systems in den letzten Jahren entwickelte. Seine ökologischen Projekte, etwa das für 2002 geplante «Ark at the Earth-Centre» und das Projekt «Zed», ein transparenter Appartementturm, erscheinen wie der Natur entnommene Formen. Nach seiner Überzeugung ist die Zeit des rechten Winkels abgelaufen, die Zukunft gehöre wogenden, organischen Formen.[190]

Diese Verbindung zwischen Ökologie und organischer Formgebung ist umstritten. Organischer Architektur ist oft vorgeworfen worden, nicht umweltfreundlich zu sein, weil schräge Winkel und runde Formen mehr Abfall produzieren. Soweit diese Kritik berechtigt ist, steht ihr etwas anderes entgegen. Wenn man die *Art* des Denkens, die dem ökologischen Bauen zugrunde liegt, in der Gestaltung zum Ausdruck bringen will, stößt man nahezu unvermeidlich auf Prinzipien, die der organischen Architektur

Kulturzentrum, Nouméa, Neukaledonien, Renzo Piano, 1998

Ich denke, dass, anstatt das poetische Potenzial eines Gebäudes zu verringern, ein dauerhafter Ansatz hinzugefügt werden muss, indem man Aspekte wie Transparenz, Licht und die Beziehung zur Umgebung verstärkt.[191]

– Renzo Piano

verwandt sind. Es ist schließlich ein Ausgangspunkt der organischen Architektur, dass ein Gebäude seine Form in Übereinstimmung mit seiner Umgebung erhält. Genau wie in der Ökologie wird versucht, in der Gestaltung ein Gleichgewicht zu schaffen zwischen den Einzelteilen untereinander und den Einzelteilen und dem Ganzen. Selbst der Aspekt, ein Bewusstsein für Zeitprozesse zu wecken, findet sich im Prinzip der Metamorphose wieder. So gesehen kann organische Architektur als ein Ausdruck jener Denkweise angesehen werden, die ökologischem Bauen zugrunde liegt. Damit ist natürlich nicht gesagt, dass jegliche organische Architektur ökologisch verantwortlich ist. Wo sie dies nicht ist, spiegelt sie in gewisser Weise etwas vor, was sie selbst auf einer materiellen Ebene nicht verwirklicht. Umgekehrt vermag ökologische Architektur, die sich einer mechanischen Formensprache bedient, nicht ihr wahres Wesen zu vermitteln.

Die Frage, wie man ökologische Prinzipien auch in der Formgebung zum Ausdruck bringen soll, mag als überflüssiges und unwichtiges Problem erscheinen. Davon kann jedoch keine Rede sein. Formgebung ist immer Ausdruck bestimmter Denkweisen und Absichten. Wenn ein Gebäude – im Hinblick auf seine Beziehung zur Umgebung – Teilnahmslosigkeit oder gar Gleichgültigkeit ausstrahlt, dann nehmen wir das als Eindruck in uns auf. Dasselbe gilt für Gebäude, die Rücksicht auf ihre Umgebung widerspiegeln: Sie wecken das Bewusstsein für natürliche Zusammenhänge und Lebensprozesse. In weiterem Sinne wird es von diesem Bewusstsein abhängen, ob es uns auf lange Sicht gelingt, eine dauerhafte Ökonomie und Gesellschaft zustande zu bringen.

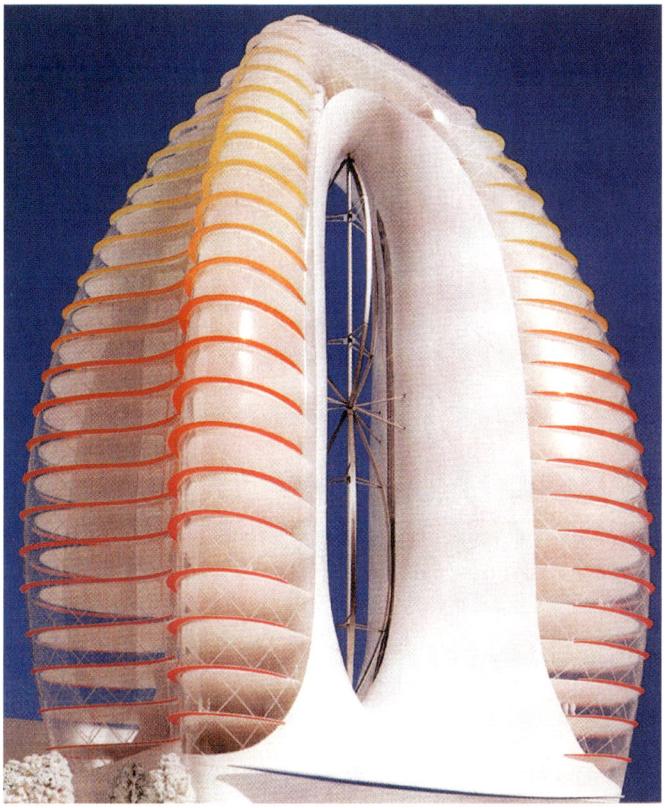

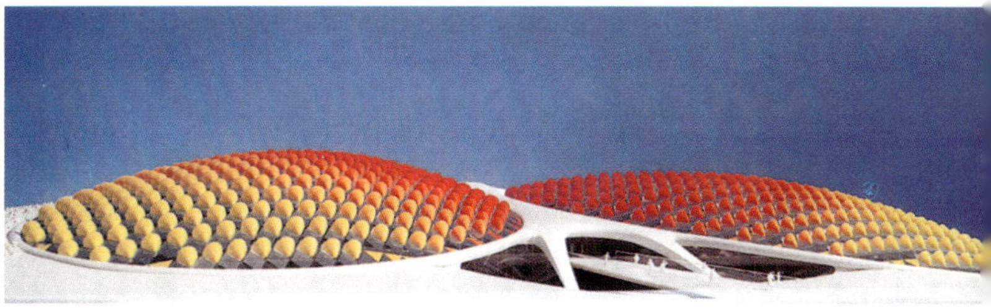

Projekt «Zed», Entwurf, London, Jan Kaplicky

«Ark at the Earth Centre», Entwurf, Jan Kaplicky, geplant für 2002

Die Förderung von Gesundheit und Lebensprozessen

Ein zweiter Bereich, dem in den kommenden Jahren unsere Aufmerksamkeit gelten muss, ist die Rücksichtnahme auf die menschliche Gesundheit, die es in das Bauen zu integrieren gilt. Dieses Problem erfährt bis heute deutlich weniger Interesse als das ökologische Bauen, aber jüngste Untersuchungen machen deutlich, dass die hier angesprochenen Probleme nicht geringer sind als die Umweltproblematik.

Die Baubiologie muss den Menschen wieder in den Mittelpunkt ihres Bemühens um ein gesundes Bauen stellen.[192]

– Holger König

Dass dieses Thema so aktuell ist, mag Erstaunen hervorrufen. Verbesserungen in der Bautechnik haben schließlich dafür gesorgt, dass wir viel komfortabler wohnen als früher. Die Gebäude sind besser isoliert, und das Raumklima ist nach Wunsch regelbar. In vielerlei Hinsicht wohnen wir auch tatsächlich«gesünder» als unsere Vorfahren. Und doch hat sich das Raumklima nicht in jeder Hinsicht verbessert. Neue Baumaterialien, die Einführung von Kunststoffen, der Gebrauch synthetischer Farben und allerlei technische Installationen sorgen dafür, dass die Raumluft von Gebäuden oftmals viel stärker verunreinigt ist als die Außenluft. Kunststoffe und synthetische Farben gasen manchmal noch jahrelang Lösungsmittel aus. Auch Heizungen und Klimaanlagen können zu einem ungesunden Raumklima beitragen. Hinzu kommt noch, dass bessere Isolation und Abdichtung von Fugen die natürliche Ventilation stark reduziert haben. Das alles kann zum so genannten «Sick-Building-Syndrome» führen, einem Sammelbegriff für Gesundheitsbeschwerden – wie Reizung der Atemwege, Kopfschmerzen und Müdigkeit –, die durch Gebäude verursacht werden. Meist werden solche Beschwerden mit Bürogebäuden in Verbindung gebracht, aber auch in Wohnhäusern lässt das Raumklima oftmals zu wünschen übrig. Aus mehreren Untersuchungen von Gesundheitsintituten und Universitäten geht hervor, dass die Raumluft in niederländischen Wohnungen oft stärker (bis zu viermal so stark) verschmutzt ist als die Außenluft;

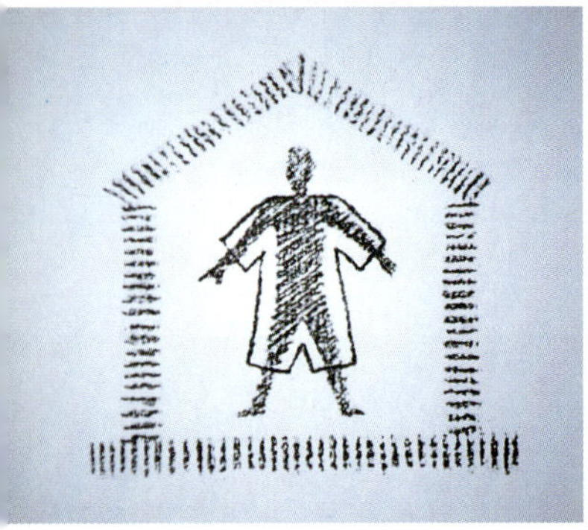

Ein Hinausprojizieren der eigenen Gesetzmäßigkeit des menschlichen Leibes außer uns in den Raum ist die Baukunst, die Architektur.[193]

– Rudolf Steiner

Architektur als «dritte Haut»

Schafbrühl, Dacherker einer Wohnung

Schafbrühl, Innenansicht einer Wohnung, Tübingen, Joachim Eble

in mehr als einem Drittel aller Fälle wird sie als wirklich ungesund betrachtet.[194] Das betrifft übrigens nicht in erster Linie alte Wohnhäuser, sondern vor allem Nachkriegsbauten. Von verschiedenen Fachleuten wurde eine Verbindung zwischen dem starken Anstieg von Atemwegserkrankungen und dieser Verschlechterung des Raumklimas gezogen.

Daneben besteht auch noch die Belastung der Gesundheit durch die zunehmende Anzahl elektrischer Geräte im direkten Lebensumfeld. Diese Geräte und die dafür benötigten Kabel sorgen für elektromagnetische Strahlungsfelder. Wenn auch der Grad der Schädlichkeit dieser Strahlungsfelder umstritten ist, ist immerhin klar, dass sie eine Belastung für den Organismus darstellen. Hinzu kommt noch, dass die von Geräten verursachten Hintergrundgeräusche und die so hervorgerufene Unruhe häufig die regenerativen Fähigkeiten des Organismus beeinträchtigen.

All dies macht es notwendig, die Rücksicht auf die menschliche Gesundheit erneut zu einem Ausgangspunkt des Bauens zu machen. Die Strömung, die sich hierfür einsetzt, ist das *biologische Bauen* oder die *Baubiologie*. Manchmal geht diese Annäherung mit einer großen Sorge für die Umwelt einher; dann wird von *bio-ökologischem Bauen* gesprochen. Insbesondere in Österreich und in Deutschland hat auf diesem Gebiet viel Pionierarbeit stattgefunden. Interessante Beispiele von ökologischem Bauen unter Berücksichtigung der Gesundheit lassen sich etwa im Werk Joachim Ebles finden.

Genau wie das ökologische Bauen erfordert auch das gesunde Bauen ein erneutes Überdenken der Verwendung von Baumaterialien, der Gebäudekonzepte und vor allem der Installationstechniken. Auch hier geht es darum, in Prozessen und Zusammenhängen denken zu lernen – in diesem Fall nicht primär in Zusammenhängen zwischen dem Gebäude und seiner natürlichen Umgebung, sondern zwischen dem Gebäude und dem menschlichen Organismus. Die zugrunde liegende Frage lautet dabei, wie ein Gebäude eine gesunde Wechselwirkung zwischen dem menschlichen Organismus und der natürlichen Umgebung zu fördern vermag.[195]

Dabei kann es helfen, das Gebäude und die darin ablaufenden Lebensprozesse selbst als einen Organismus anzusehen. Damit wird wie von selbst der Blick auf die verschiedenen, sich im Gebäude abspielenden Prozesse und ihren gegenseitigen Zusammenhang gelenkt. So werden etwa die Außenwände eines Hauses oft als unsere «dritte Haut» bezeichnet. Aber selten genug wird eine Wand so konzipiert, dass sie auch tatsächlich als solche funktionieren kann. Die menschliche Haut schließt nämlich nicht nur ab, sondern sie «atmet» auch, reguliert das Verhältnis zwischen Organismus und Außenwelt. In der Baubiologie werden denn auch «atmende Wände» eingesetzt, durch die Feuchtigkeit und schädliche Stoffe die Wohnung verlassen können. Entsprechend lassen sich auch Ventilation und Heizung analog zu diesen Funktionen im menschlichen Organismus neu durchdenken. Durch das Anpassen der Umgebung an die Bedürfnisse des Organismus und durch die Beachtung der darin stattfindenden Lebensprozesse kann die gebaute Umgebung zu einem «Biotop» werden, einem Ort, wo es den Menschen wohl ergeht.

Ebenso wie das ökologische Bauen hat auch die Baubiologie auf den ersten Blick wenig mit der Gestaltgebung zu tun. Höchstens der Gebrauch natürlicher Materialien und die Rücksichtnahme auf die menschliche Gesundheit sorgen für eine angenehme, warme Atmosphäre. Doch kann das Bestreben, in Übereinstimmung mit dem menschlichen Organismus zu bauen, auch in der architektonischen Gestaltung umgesetzt werden. Elemente, die dabei eine Rolle spielen, sind die Verwendung des menschlichen Maßes, eine erkennbare Gliederung, die Anwesenheit von Rhythmus und eine ausgewogene Komposition. Auch die Form der Räume und Gebrauchsgegenstände kann eine Wohltat sein und den Lebenssinn stimulieren. Hierdurch wird die Verwandtschaft zwischen Gebäude und Mensch auch erlebbar. Auf dieser Ebene kann organische Architektur bedeuten, dass das Gebäude als Organismus konzipiert und die Verwandtschaft zwischen dem Gebäude und dem menschlichen Organismus beachtet wird.

Wir stehen nicht nur auf der bewussten, sondern vor allem auch auf der unbewussten Ebene mit den Vorgängen unserer Umwelt in Beziehung, mit Tönen, Farben, Formen, Bewegungen usw. Diese sinnlichen Eindrücke wirken auf unseren Körper und auf unsere Seele ein.[196]

– Holger König

Bewusstsein für die Bedeutung von Sinneseindrücken und Erlebniswerten

Dem Einfluss, den Sinneseindrücke auf die Gesundheit und das innere Leben der Menschen haben, wird bis heute kaum Aufmerksamkeit geschenkt. Und doch gewinnt diese Fragestellung schnell an Aktualität. Wir leben in zunehmendem Maße in einem von Menschen geschaffenen und von Maschinen dominierten Lebensumfeld. Das bedeutet, dass sich der Charakter der Eindrücke, die wir aus unserer Umgebung aufnehmen, verändert. Es ist nicht länger die Natur mit ihrem Wechsel der Jahreszeiten und der Vielgestaltigkeit lebendiger Wesen, die unsere Erlebniswelt ausfüllt, sondern eine von Menschen geschaffene Wirklichkeit von Gebäuden, Autos, Zügen, Flugzeugen und unzähligen Gebrauchsgegenständen. Überdies hat sich darin auch eine Welt künstlicher Eindrücke aus Radio, Fernsehen und Computer einen breiten Raum erobert. Das alles hat eine drastische Veränderung der von uns wahrgenommenen Eindrücke bewirkt.

Menhir, Auvergne

Dorische Säule, Paestum, Italien

Eingangssäulen des Bereichs Baukunde, Technische Universität Delft, van den Broek und Bakema

Unbewusst gehen wir dabei meist davon aus, dass unser inneres Leben von unserer Umgebung weitgehend unabhängig ist. Wir können schließlich in Gebäuden ein- und ausgehen und auf diese Weise unsere Umgebung verändern. Wenn uns eine Umgebung nicht gefällt, ist es uns möglich, sie bis zu einem gewissen Grad unseren Wünschen anzupassen. Wir können uns jedoch nicht der Flut an Eindrücken entziehen, die von der Umgebung ausgeht, in der wir uns in einem bestimmten Moment befinden. Dass wir dabei von dieser Umgebung überhaupt nicht so losgelöst sind, wie wir meist annehmen, kann anhand einiger einfacher Beispiele aufgezeigt werden.

Das erste Beispiel betrifft das Empfinden von Kräftewirkungen, das beim Betrachten dreier Säulen auftreten kann. Die erste ist ein Menhir aus der Auvergne, die zweite eine dorische Säule aus Paestum und die dritte eine moderne Säule aus Delft. Der Menhir hat eine imposante Massivität, die ihm etwas Unerschütterliches verleiht, aber er trägt nichts. Die dorische Säule ist viel schlanker, aber nicht dünn. Sie wird stark belastet, weckt aber den Eindruck, ihrer Belastung gewachsen zu sein. Die Proportionierung und die leichte Schwellung verleihen ihr eine Art Spannkraft, die das Gefühl von Kraft und Biegsamkeit hervorruft. Die Säulen des «Bereichs Baukunde» der Technischen Universität in Delft sind so schlank, dass man sich fragt, wie sie das auf ihnen lastende Gebäude überhaupt tragen können. Man kann sehen, dass es funktioniert, aber dem Empfinden erscheinen sie wie Streichhölzer, die jeden Moment brechen können.

Woher kommen Eindrücke dieser Art, wodurch werden solche Empfindungen hervorgerufen? Sie kommen dadurch zustande, dass wir uns unwillkürlich in diese Säulen hineinversetzen, ihre Masse und Form mit der Belastung, die auf sie ausgeübt wird, in Verbindung bringen. Anschließend tasten wir das

«Pfahlhäuser», Rotterdam, Piet Blom, 1984

Wohnhäuser im Muziek-Viertel, Almere

in ihnen auftretende Kräftespiel unbewusst an unserer eigenen Konstitution ab. Das können wir, weil dasselbe Kräftespiel auf unseren Körper einwirkt. So wie jedes Bauwerk gegen die Schwerkraft errichtet werden muss, müssen wir jeden Morgen aufstehen und uns tagsüber in einem dynamischen Gleichgewicht mit der Schwerkraft auseinander setzen. Auch wenn dies zum größten Teil unbewusst geschieht, erfahren wir dieses Kräftespiel doch am «eigenen Leib». Nehmen wir in der Folge Gegenstände außerhalb von uns wahr, die demselben Kräftespiel unterliegen, dann setzen wir sie in Beziehung zu unserer eigenen körperlichen Erfahrung. Das brauchen wir nicht bewusst zu tun, das geschieht von selbst. Wir müssen es uns nur vergegenwärtigen, um es zu bemerken.

Noch deutlicher lässt sich das Empfinden von Bewegung in der Architektur illustrieren. Formen und Gebäude können als «statisch» oder geradezu «dynamisch» erfahren werden. Ein Beispiel für eine bewegliche Formgebung ist der bereits beschriebene TWA-Flughafenterminal von Eero Saarinen in New York. Das Bemerkenswerte ist, dass wir die Formgebung dieses Gebäudes als sehr beweglich erfahren, obwohl sich an dem Gebäude selbst doch nichts bewegt! Wir tasten die einzelnen Formen mit den Augen ab und empfinden sie als beweglich. Streng genommen ist die Form jedoch nicht beweglich, sondern verfügt über die Fähigkeit, beim Betrachter den Eindruck von Beweglichkeit hervorzurufen. Das macht deutlich, dass wir aktiv in den Wahrnehmungsprozess einbezogen sind und unbewusst allem, was wir außerhalb von uns selbst wahrnehmen, bestimmte Qualitäten zuweisen. Das ist nur möglich, weil wir über die Erfahrung von Bewegung verfügen und diese wachgerufen wird, wenn wir eine Form mit dem Auge abtasten.

Auch auf dem Gebiet des Gleichgewichts besteht eine derartige Interaktion zwischen Eindrücken aus der Umgebung und körperlichen Wahrnehmungen. Sowohl in der Ruhe als auch in der Bewegung

Die Schulung unserer Sinne muss am Beginn jeder Berufsbildung stehen, die Umweltgestaltung zum Ziel hat: bei Handwerkern, Architekten, Ingenieuren und Designern.[197]

– Holger König

Ich habe die Gewohnheit, eine Aufgabe, die mir übertragen wird, im Kopf zu verstauen, das heißt, ich gestatte mir monatelang keinen einzigen Entwurf. Nun ist der menschliche Kopf so beschaffen, dass er eine gewisse Unabhängigkeit besitzt: Er ist wie eine Schachtel, in die man alle Elemente eines Problems einfach so hineinwerfen kann. Dort lässt man sie treiben, schmoren, gären. Eines Tages erfolgt dann eine spontane Initiative des inneren Wesens, ein Klicken; man nimmt einen Bleistift, einen Kohlestift, einen Buntstift (die Farbe ist der Schlüssel zum Verfahren) und beugt sich über das Papier: die Idee tritt hervor ...[213]

– Le Corbusier

Daraus kann ebenso gut die Einsicht erwachsen, dass neue Qualitäten hinzugefügt werden müssen, die bislang noch nicht vorhanden sind. Ein Hilfsmittel dabei ist möglicherweise das Erstellen einer «Qualitätenkarte», eine Zeichnung, auf der man alle wichtige Charakteristika des Geländes ins Bild setzt. Auch dies ist sehr gut mit mehreren Menschen gemeinsam durchführbar, etwa dem Auftraggeber und einem Garten- und Landschaftsarchitekten.

Selbst die Finanzierung kann auf derartige Weise betrachtet werden. Es macht beispielsweise einen großen Unterschied, ob ein Gebäude aus verfügbarem Eigenkapital, aus Krediten oder aus Schenkungen finanziert wird.

Sind dem Bild alle relevanten Faktoren hinzugefügt worden, kann mit dem eigentlichen Entwurf begonnen werden. Inzwischen sind Hunderte – wenn nicht Tausende – sehr unterschiedlicher und sich manchmal widersprechender Fakten gesammelt worden. All diese Eindrücke versinken im Unbewussten und verschmelzen dort auf geheimnisvolle Weise zu einer «Entwurfsintuition». Diese Intuition ist die Inspirationsquelle und der Leitfaden für den Entstehungsprozess des Entwurfs. Hugo Häring gebraucht hierfür das Bild eines Saatkorns, das die geistige Kraft in sich trägt, die ganze Pflanze aus sich selbst heraus hervorzubringen.

Dasjenige, was während des Entwerfens entsteht, kann in der Folgezeit anhand dieses inneren, vorab erstellten Bildes überprüft werden. Passt der sich entwickelnde Entwurf programmatisch und atmosphärisch zur Bauaufgabe? Wurde zuvor ein gemeinsames Bild erstellt, können auch andere den Entwurf «erkennen» und sehen, wo er eventuell noch der Anpassung bedarf.

Auf diese Weise besteht der Prozess des Entwerfens eigentlich aus einem Dialog zwischen zwei verschiedenen Welten: der des Bewusstseins und der des Unbewussten. Das Bewusstsein sammelt alle Fakten und analysiert die Bauaufgabe. Es verfügt jedoch nicht über die Fähigkeit, daraus ein zusammenhängendes Ganzes zu machen. Das kann nur das Unbewusste, das über die Kunst verfügt, eine Synthese aller einzelnen Fakten und widersprüchlichen Aspekte zustande zu bringen. Das Unbewusste vermag jedoch dieser schöpferischen Fähigkeit keine Richtung vorzugeben, in dieser Hinsicht ist es vom Bewusstsein abhängig. So wird das Unbewusste durch das Licht des Bewusstseins gleichsam «befruchtet», und der Entwurf wird aus dem Dunkel des Unbewussten unter den Händen des Planers «geboren».

Wenn dieser Dialog zwischen Bewusstsein und Unbewusstem gepflegt wird, kann man als Planer wirklich die Empfindung haben, dass der Entwurf «wächst», selbst wenn man sich nicht mit ihm beschäftigt. Obschon es sich hierbei um einen inneren Prozess handelt, ist es nicht unangemessen, von «Wachstum» und «Entwicklung» zu sprechen. Denn man verwendet dabei die gleichen Kräfte, die am Aufbau des eigenen Organismus mitarbeiten. Vielleicht ist dies auch die beste Garantie, dass ein «organischer» Entwurf entsteht, der mit dem Wesen des Menschen übereinstimmt.

Damit das Unbewusste weiß, wodurch es seinen Inhalt zum Ausdruck bringen kann, ist es außerdem wichtig, ein Gefühl für die Sprache der architektonischen Ausdrucksmittel zu entwickeln. Was für einen Charakter haben Formen und Räume? Was ist der Unterschied zwischen einer geraden und einer gebogenen Wand, zwischen konkaven und konvexen Formen, einem spitzen oder einem stumpfen Winkel?

Wie wirken Farben auf den Menschen, was für eine Atmosphäre rufen Rot, Gelb, Blau, Grün usw. hervor? Was ist der Unterschied zwischen deckend und transparent aufgebrachten Farben? Welchen Charakter haben die Baumaterialien, was sind ihre technischen Möglichkeiten, und was für eine Ausstrahlung besitzen sie?

All diese Aspekte machen einen Teil des Vokabulars eines Architekten aus, und je besser er dieses Vokabular kennen lernt, desto reicher der Ausdruck, den er damit erzielen kann. Daneben gibt es noch die Gesetzmäßigkeiten im Bereich von Proportion, Gliederung und Metamorphose, die er erlernen kann, wenn er die Formensprache der Natur intensiv studiert und diese zusätzlich auch zeichnend und modellierend untersucht.

Es wird deutlich geworden sein, dass das oben Gesagte nichts mit einem Stil gemein hat, der sich durch feste Formmerkmale auszeichnet. Essenziell ist das Beschreiten eines Weges, das Verfolgen einer Entwurfsmethodik, die zu immer neuen, ursprünglichen Lösungen führen kann. Inwieweit es gelingt, diesen Weg zu beschreiten, hängt nicht in erster Linie von der Fantasie des Planers ab, sondern davon, ob er tief genug in das Wesen der Bauaufgabe vorzudringen vermag.

[...] auszugehen bei aller Formung von innerlicher Empfindung, von innerlichem Nachfühlen dessen, was da werden soll, und wirklich im Leben mitzuempfinden die Formen, die entstehen sollen, um uns frei zu machen von vielem, was man in der Gegenwart Kunst nennt.[214]

– Rudolf Steiner

Zusammenfassung und Schlusswort

Die Entwicklung der organischen Architektur, so wie sie in den vorangegangenen Kapiteln beschrieben wurde, umfasst das gesamte zwanzigste Jahrhundert. Ihre Wurzeln reichen zurück in das neunzehnte Jahrhundert und zu Beginn des einundzwanzigsten Jahrhunderts scheint sich ihr Wachstum noch immer fortzusetzen. Während dieser langen Zeit tauchten zahlreiche andere Architekturströmungen auf und verschwanden wieder. Ein Blick auf das Groninger Museum gegen den Hintergrund der historischen Uferbebauung aus dem neunzehnten Jahrhundert genügt, um zu erkennen, wie groß die Veränderungen sind, die sich dabei vollzogen haben.

Eine ehrwürdige, noch mit den historischen Stilen verbundene Handwerkstradition musste im Laufe dieses Jahrhunderts einer dynamischen, fragmentierten Formgebung weichen, die durch industrielle Bautechniken ermöglicht wurde. Es war diese, auf die Vergangenheit ausgerichtete Bautradition, gegen die sich die organische Architektur zur Zeit ihres Entstehens absetzte. Die Veräußerlichung der Formgebung im neunzehnten Jahrhundert bildete den Ausgangspunkt für die Suche nach einem neuen Stil. Ebenso wie der Jugendstil orientierte sich die organische Architektur an der lebendigen Natur. Während die Natur im Jugendstil vor allem als Vorbild für dekorative Motive herangezogen wurde, machte die organische Architektur gerade die ihr zugrunde liegenden Prinzipien zum Leitfaden für den Entstehungsprozess des Entwurfs, um zu einer dem Menschen als natürliches und geistiges Wesen angemessenen Gestaltung zu kommen. Mit dem Funktionalismus, der einige Jahrzehnte später als der Jugendstil entstand, hatte die organische Architektur gemein, dass sie die zukünftige Nutzung eines Gebäudes in den Mittelpunkt stellte. Im Gegensatz zum Funktionalismus übersetzte sie diese aber nicht in eine abstrakte geometrische Formgebung, sondern suchte nach expressiven Formen, welche die Funktion zum Ausdruck brachten und die Nutzung des Gebäudes unterstützten.

Es war jedoch der Funktionalismus – oder: Modernismus – in seiner abstrakten Form, der sich zur dominanten Architekturströmung des zwanzigsten Jahrhunderts entwickelte. Es sollte bis in die achtziger Jahre dauern, ehe der Postmodernismus dessen nüchterne Formgebung anfocht und mittels überschwänglicher Formen und Farben die Beachtung des Erlebniswerts von Gebäuden einforderte. Für die organische Architektur war dies schon immer ein zentrales Thema gewesen. Nur ging es ihr dabei um die Formgebung als *sinnvolle Sprache* und nicht um unterhaltende oder überraschende, aber im Wesen sinnlose Eindrücke.

Groninger Museum vor dem Hintergrund der Stadthäuser aus dem neunzehnten Jahrhundert

Auch zur heutigen dynamischen und dekonstruktivistischen Formgebung hat die organische Architektur ein ambivalentes Verhältnis. Sie hat mit ihr eine bewegliche Gestaltung gemein, aber sie strebt nach einer anderen Qualität der Bewegung. Anstatt eine äußerliche Dynamik vorzugaukeln, geht es ihr darum, eine beseelte Bewegung zum Ausdruck zu bringen. Das Gebäude soll nicht von *außen* in Bewegung versetzt, sondern von *innen* heraus zum Leben erweckt werden. Auch geht es nicht um eine alles beherrschende Dynamik, sondern um ein Gleichgewicht zwischen Ruhe und Bewegung – so wie das auch für das menschliche Leben selbst gilt. Der wesentlichste Unterschied ist jedoch, dass der Dekonstruktivismus die Fragmentierung von Gebäuden, bei der das Gebäude in Einzelteile zerlegt wird, zum Stilelement erhoben hat, während die organische Architektur insbesondere das Schaffen von Zusammenhängen anstrebt, die einem Gebäude den Charakter eines lebendigen Organismus verleihen.

Damit ist nicht gesagt, dass die organische Architektur diese Bestrebungen schon in allen Fällen verwirklicht hat. In vielen Fällen ist das nur bis zu einem gewissen Grad gelungen. Aber sie trägt diese Qualitäten als *Potenzial* in sich. So gesehen steht sie eher am Anfang als am Ende ihrer Entwicklung.

In der lebendigen Baukunst der Zukunft kommt zu den unerlässlichen Faktoren der Proportion, des Gleichgewichts, der gesunden Bauweise, der Wohlgestalt, der alles versöhnenden Farbe usw. das innewohnende Metamorphoseprinzip hinzu, das jeder Einzelheit ihren Sinn im Einklang mit dem Ganzen, d.h. Musikalität, verleiht.[215]

– Rex Raab

Inwieweit es gelingen wird, das Versprechen, das die organische Architektur beinhaltet, auch tatsächlich zu erfüllen, hängt von dem Willen ab, die dazu benötigten Fähigkeiten zu entwickeln. Ein möglicher Weg dorthin ist im Kapitel über den Entstehungsprozess des organischen Entwurfs beschrieben. Dieser Weg führt über eine Intensivierung der Wahrnehmung zu einem Sichhineinversetzen in die zukünftige Nutzung, den Bauplatz, den Charakter des Baumaterials und so weiter. Er führt schrittweise zum Wesen der Bauaufgabe und bietet die Möglichkeit, von dort aus auf intuitivem Wege zur Form zu gelangen. Der Entwurf entsteht als *Antwort* auf das Sichhineinversetzen in die Bauaufgabe. Die Aufmerksamkeit muss nicht primär auf das Finden der Form gerichtet werden, sondern auf das Erstellen eines inneren Bildes, das so viele Aspekte der Bauaufgabe wie möglich umfasst. Geschieht dies intensiv genug, kann die Form wie ein Echo darauf von selbst entstehen. In der unbewussten Tiefe der Seele existiert ein kreatives Vermögen, das nicht allein Formen hervorbringen, sondern auch Synthesen schaffen kann. Was aus dieser – dem Bewusstsein unzugänglichen – «Nachtwelt» geboren wird, ist jedoch abhängig vom Inhalt, mit dem es vom Tagesbewusstsein befruchtet wird.

Die Quelle, die sich auf diese Weise erschließen lässt, kann zu einer neuen «Beseelung» des Gestaltungsprozess führen. Diese Verinnerlichung der Form ist der Gegenpol der Veräußerlichung, wie sie im neunzehnten Jahrhundert stattgefunden hat. Die Neo-Stile und die neue Bautechnik, die damals entstanden, waren beide Früchte eines wissenschaftlichen Denkens, das seine Aufmerksamkeit auf die sinnlich wahrnehmbare Außenwelt richtete und diese rational zu ergründen versuchte. In demselben Moment, als man in der Lage war, die Vergangenheit mit all ihrem Reichtum an Stilen zu überblicken, musste man jedoch auch feststellen, dass man keine eigenen Stile mehr besaß.

Diese beiden Entdeckungen sind nicht unabhängig voneinander, sondern scheinen eher zwei Seiten einer Medaille zu sein. Es ist, als hätte man den Blick so weit nach draußen gerichtet, dass man dadurch die Verbindung zu den eigenen kulturellen und geistigen Wurzeln verlor. Unter einem solchen Blickwinkel kann die organische Architektur als ein Versuch verstanden werden, eine neue Verbindung zu diesen Quellen unserer Existenz herzustellen. Das mag, für das moderne Bewusstsein, ein ziemlich vager

Begriff sein; wer aber einen neuen Zugang – wie klein auch immer – dazu zu finden vermag, merkt bald, dass er damit eine verlässliche und reichlich fließende Quelle angezapft hat.

Hierdurch lässt sich, jedenfalls bis zu einem gewissen Grad, auch das in der Einleitung beschriebene Dilemma der organischen Architektur lösen. Es besteht nämlich ein fundamentaler Unterschied zwischen der Art, mit der die Natur und mit der die Menschen zu ihren Formen kommen. Die Natur schafft ihre Formen nämlich von *innen* heraus. Alles in allem werden lebendige Organismen nicht aufgebaut, sondern *ausgebaut*, wobei in jedem Stadium von einem abgerundeten Ganzen gesprochen werden kann. Der Mensch hingegen kann die Materie nur von *außen* formen. Ein Bauwerk wird obendrein aus einzelnen Elementen aufgebaut, die erst am Ende des Bauprozesses ein Ganzes bilden. Dieser Gegensatz ist ein zu allen Zeiten bestehender, inhärenter Unterschied zwischen Kultur und Natur.

Nicht unveränderlich ist jedoch die innere Einstellung, mit der das geschieht. Dem Bau der ägyptischen Pyramiden, der mittelalterlichen Kathedralen und der heutigen Bürogebäude liegen jeweils andere Intentionen zugrunde und ein anderes Verhältnis ihrer Erbauer zur sie umgebenden Wirklichkeit. Die traditionelle Architektur, deren selbstverständlichen Charakter viele Menschen so bewundern, wurde nicht aus demselben inneren Zustand heraus geboren wie die moderne Architektur, sondern aus einer Verbundenheit mit der Landschaft, der Gesellschaft und der Kultur, in der man lebte. Wenn unsere Architektur diese Qualitäten nicht mehr aufweist, ist das eine Folge unserer inneren Emanzipation von diesen Zusammenhängen. Die Frucht dieser Entwicklung ist eine große Freiheit; in Bezug auf die Architektur ergeben sich dadurch Freiräume für die individuelle Kreativität. Diese individuelle Kreativität wieder mit den natürlichen, sozialen und geistigen Zusammenhängen, in denen wir leben, in Verbindung zu bringen – das kann als eigentliche Triebfeder der organischen Architektur angesehen werden.

Auch in diesem Hineinkriechen in die Sachen und in dem Darinnenstecken liegt wieder ein Nachbilden der schöpferischen Kräfte der Natur selber, und nur damit ist die Gottverlassenheit der modernen industriellen Kultur ganz allein zu überwinden.[216]

– Rudolf Steiner

Danksagung

Dieses Buch entstand im Auftrag der Iona-Stiftung, Amsterdam. Ohne ihre großzügige Unterstützung wäre auch eine so reich bebilderte Ausgabe nicht möglich gewesen. Für beides bin ich ihr sehr dankbar. Allen voran möchte ich dem Direktor der Iona-Stiftung, Dolf van Aalderen, für seine Hilfsbereitschaft und sein persönliches Engagement sowie für das mir entgegengebrachte große Vertrauen bezüglich des Konzepts und des Inhalts dieses Buches danken. Dem Sekretariat der Iona-Stiftung, insbesondere Sonja Bönisch und Frouke Flieringa, bin ich für die Hilfe bei der Bewältigung der umfangreichen Korrespondenz mit Architekten aus der ganzen Welt dankbar.

Eine wichtige Informationsquelle war für mich das Bildmaterial, das im Winter 1999/2000 – anlässlich der Ausstellung «Architektur der Wandlung» – aus allen Teilen der Welt nach Dornach geschickt wurde. Für die Möglichkeit der Einsichtnahme und die herzliche Zusammenarbeit bin ich den Mitarbeitern des Baubüros am Goetheanum und hier vor allem Henning Schulze-Schilddorf zu Dank verpflichtet. Außerdem möchte ich allen Architekten und Designern, die Bilder, Zeichnungen und Texte für das Kapitel «Organische Architektur weltweit» zur Verfügung gestellt haben, für ihre Mitarbeit herzlich danken.

Elly Jansen, meinem Vater Bert van der Ree, Martien Ockeloen, Caroline van Eck und Marty Bax danke ich für das Lesen meines Konzepttextes, ihre Korrekturen, für ihre Anmerkungen und besonders für ihre ermutigenden Kommentare. Dank gebührt auch Veronica Taudin-Chabot für ihre Geduld und Ausdauer beim Übersetzen der oft widerspenstigen Zitate und fremdsprachigen Texte und Lilian Caris sowie Henk Pel für das gewissenhafte Redigieren des Manuskripts. Bei all dem war Joosje Hietink, die Leiterin des Verlages Vrij Geestesleven, eine verlässliche Stütze und Ratgeberin. Ihr Vertrauen und der Freiraum, den sie mir ließ, gewährleisteten, dass sich das Buch trotz des großen Zeitdrucks auf natürliche Weise entwickeln konnte.

Für die gelungene Übersetzung des Textes ins Deutsche danke ich Gottfried Bartjes und für die nochmalige Durchsicht des deutschen Textes John Ermel; bedanken möchte ich mich auch bei Martin Lintz für das sorgfältige Lektorat der deutschen Ausgabe und für die freundliche Zusammenarbeit.

Bewunderswert war die Unerschütterlichkeit, die der Grafiker Kjeld de Ruyter während des Sammelns, Ergänzens und Austauschens der vielen hundert Fotos, Zeichnungen und Zitate zeigte. Es ist seiner Ruhe und Sachkenntnis zu verdanken, dass das Buch letztlich in dieser ausgewogenen und schönen Form präsentiert werden kann.

Anmerkungen

1 Derk de Jonge: *Op verkenning in de betonwoestijn*, Delftse Universitaire Pers, Delft 1993, S. 135-138.

2 Alexander Tzonis: *Het architektonies denken*, SUN, Nijmegen 1982, S. 23-36.

3 Jean Dethier: *Down to Earth*, Thames and Hudson, London 1982

4 Bernard Rudofsky: *Architecture without Architects*, Doubleday & Company, Garden City, New York 1964; Kis-Jovak und Jowa Imre: *Banua Toraja*, Royal Tropical Institute, Amsterdam 1988.

5 Frank Teichmann: *Der Mensch und sein Tempel. Ägypten*, Verlag Urachhaus, Stuttgart 1978, S. 180–185.

6 Göran Burenhult (Hrsg.): *Hedendaagse traditionele culturen*, Kosmos-Z&K Uitgevers, Utrecht / Antwerpen, S. 136.

7 Vitruv: *Baukunst*, Birkhäuser-Verlag, Basel 1991.

8 Jean-Claude Golvin und Jean-Claude Goyon: *Karnak, Ägypten. Anatomie eines Tempels*, Verlag Ernst Wasmuth, Tübingen 1990, S. 36–39.

9 Hervé Fillipetti und Janine Trotereau: *Zauber, Riten und Symbole*, Verlag Manfred Pawlak, Herrsching 1992.

10 Caroline van Eck: *Organicism in nineteenth-century architecture*, Architectura & Natura Press, Amsterdam 1994.

11 Robin Middleton und David Watkin: *Neoclassical and 19th Century Architecture*, Faber and Faber / Electa, Mailand 1980.

12 Claude Mignot: *Architektur des 19. Jahrhunderts*, Verlag Benedikt Taschen, Köln 1983, S. 99.

13 Michael Snodin: *Karl Friedrich Schinkel, a universal man*, The Victoria and Albert Museum, London 1991, S. 47 f.

14 Claude Mignot: *Architektur des 19. Jahrhunderts*, a.a.O. (Anm. 12), S. 10.

15 John McKean: Joseph Paxton, Crystal Palace, in: *Lost Masterpieces*, Phaidon Press, London 1999.

16 Nikolaus Pevsner: *The Sources of Modern Architecture and Design*, Thames and Hudson, London 1968; Isabelle Anscombe und Charlotte Gere: *Arts and Crafts in Britain and America*, Academy Editions, London 1978.

17 Hendrik Petrus Berlage: Gedanken über den Stil in der Baukunst (Leipzig 1905), in: Gabriele Fahr-Becker: *Jugendstil*, Könemann-Verlag, Köln 1996, S. 171.

18 Frank Russell (Hrsg.): *Art Nouveau Architecture*, Bibliophile Books, London 1983.

19 Françoise Dierkens-Aubry: *Horta Museum*, Ludion, Brüssel 1990.

20 Ludwig Hevesi: Le Castel Béranger, in: *Acht Jahre Sezession*, Wien 1906.

21 CIAM: Erklärung von La Sarraz, in: Ulrich Conrads: *Programme und Manifeste zur Architektur des 20. Jahrhunderts*, Verlag Friedrich Vieweg & Sohn, Braunschweig 1981, S. 104.

22 Hasan-Uddin Khan: *Internationaler Stil*, Verlag Benedikt Taschen, Köln 1999.

23 Le Corbusier: *Vers une Architecture*, Paris 1923.

24 William J.R. Curtis: *Le Corbusier, ideas and forms*, Phaidon, London 1986.

25 Erklärung von La Sarraz, a.a.O. (Anm. 21), S. 103.

26 Le Corbusier: Urbanisme, in: Ulrich Conrads: *Programme und Manifeste*, a.a.O. (Anm. 21), S. 87.

27 Wim de Wit (Hrsg.): *Louis Sullivan. The Function of Ornament*, W.W. Norton & Company, New York / London 1986.

28 Louis H. Sullivan: The Tall Office Building Artistically Considered, in: *Lippencott's magazine*, 1896.

29 A.a.O. (Anm. 28), S. 111.

30 Louis H. Sullivan: *The autobiography of an idea*, Dover Publications, New York 1956, S. 290.

31 Louis H. Sullivan: *A System of Architectural Ornament*, The Art Institute of Chicago und Verlag Ernst Wasmuth, Tübingen 1990.

32 Louis H. Sullivan: What Is the Just Subordination in Architectural Design, of Details to Mass (1887), in: *The Public Papers*, S. 32; Caroline van Eck: *Organicism in nineteenth-century architecture*, a.a.O. (Anm. 10), S. 262–278.

33 Rex Raab: Zwei Pioniergenerationen und der Architekturkampf des zwanzigsten Jahrhunderts II, in: *Stil*, Michaeli 1992/1993, S. 25.

34 Frank Lloyd Wright: *Collected Writings*, Rizzoli, New York in Zusammenarbeit mit Frank Lloyd Wright Foundation, 1992.

35 Ebd.,

36 Frank Lloyd Wright: The Destruction of the Box (1952), in: *Collected Writings*, a.a.O. (Anm. 34).

37 Frank Lloyd Wright: *Frank Lloyd Wright. Writings and Buildings*, Taliesin, Penguin Books, New York 1960, S. 172–181; Diane Maddex: *50 Favourite Houses by Frank Lloyd Wright*, Thames & Hudson, London 2000.

38 Robert McCarter: Frank Lloyd Wright. Fallingwater, in: *Twentieth-century Houses*, Phaidon, London 1999.

39 Frank Lloyd Wright: The Nature of Materials, in: *Collected Writings*, a.a.O. (Anm. 34), Bd. 2, S. 207.

40 Frank Lloyd Wright: An Organic Architecture. The Architecture of Democracy, in: *Collected Writings*, a.a.O. (Anm. 34).

41 Bruce Brooks Pfeiffer: *Frank Lloyd Wright*, Verlag Benedikt Taschen, Köln 1991.

42 Henry van de Velde: *Geschichte meines Lebens*, Piper-Verlag, München / Zürich 1986, S. 85.

43 Ebd., S. 80.

44 Ebd., S. 151.

45 Leon Ploegaerts und Pierre Puttemans: *L' Oeuvre architecturale de Henry van de Velde*, Atelier Vokaer, Brüssel 1986.

46 Klaus-Jürgen Sembach und Birgit Schulte (Hrsg.): *Henry van de Velde. Ein europäischer Künstler seiner Zeit*, Wienand Verlag, Köln 1992.

47 Henry van de Velde, *Geschichte meines Lebens*, a.a.O. (Anm. 42), S. 360–370.

48 Ebd., S. 68.

49 Ebd., S. 365.

50 Rainer Zerbst: *Antoni Gaudí*, Verlag Benedikt Taschen 1987, S. 34.

51 Jos Tomlow (Hrsg.): *Gaudí, rationalist met perfecte materiaalbeheersing*, Delftse Universitaire Pers, Delft 1979.

52 Rainer Zerbst: *Antoni Gaudí*, a.a.O. (Anm. 50), S. 25.

53 Mark Burry: Antoni Gaudí. Expiatory Church of the Sagrada Familia, in: *City Icons*, Phaidon Press, London 1999.

54 Rainer Zerbst: *Antoni Gaudí*, a.a.O. (Anm. 50), S. 208.

55 Ebd., S. 30 f.

56 Hugo Häring: Das Haus als organhaftes Gebilde, in: Ulrich Conrads: *Programme und Manifeste*, a.a.O. (Anm. 21), S. 117 f.

57 Peter Blundell Jones: Hugo Häring and the theory of organ-like building, in: ders.: *Hans Scharoun*, Phaidon Press, London 1995, S. 99.

58 Peter Gössel und Gabriele Leuth: *Architektur des 20. Jahrhunderts*,

Christian Hitsch
Goetheanum
Postfach 134
CH-4143 Dornach
Tel. (+41) 61 – 7064265
Fax (+41) 61 – 7064266

C. Conrad Hoenes
Dornerckstraße 19
CH-4143 Dornach
Tel. (+41) 61 – 7014994

Henk Hupkes
Ganzerikplein 5 C
NL-3053 EA Rotterdam Schiebroek
Tel. (+31) 10 – 4180568

Arbeidsgruppen HUS
Espen Tharaldsen
Fosswinckelsgate 18
N-5007 Bergen
Tel. (+47) 553 – 17718
Fax (+47) 559 – 60581

Yoshiro Ikehara
Paito Bild
Takada 3 -32 -1
Toshimaku
J-Tokio
Tel. (+81) 3 – 34682708
Fax (+81) 3 – 59542702

Toshihiro Ito
Kamigamo Mukaiumecho 8-10
J-603-8086 Kyotoshi-Kitaku
Tel./Fax (+81) 75 – 7128169
E-mail toshiito@mbox.kyoto-inet.orjp

Johnson – Murray Architects
Moffat Ave
West Ville
ZA-3630 Kwazuku Natal
Tel. (+27) 33 – 3902061

Walter Känel, dipl. Architekt ETH
Schönaustraße 15
CH-8620 Wetzikon
Tel. (+41) 1 – 9323747
Fax (+41) 1 – 9323748

Kupola
Batthyány utca 49
H-1015 Budapest
Tel. (+36) 1 – 2127377
Fax (+36) 1 – 209440016

Kvadrum
Kecske utca 25
H-1034 Budapest
Tel. (+36) 1 – 3881709
Fax (+36) 1 – 3882380

Robert Lord, Colour for Buildings Ltd
Old Hall Studios
High Street, Nutley
GB-TN22 3NE East Sussex
Tel. (+44) 1892 – 545424
Fax (+44) 1892 – 545651

Makona, Imre Makovecz
Kecske utca 25
H-1034 Budapest
Tel./Fax (+36) 1 – 3881702

Stiftelsen Markens Arkitektkontor
Marken
S-57163 Bodafors
Tel./Fax (+46) 380 – 372007

David Morgan
29 Kardinia Crescent
AUS-Warranwood Vic. 3134
Tel. (+61) 3 – 98762512
E-mail moocha@smart.net.au

Michael Mösch
Estância Demétria
CX.P. 262
CEP. 18630/970
BR-Botucatu S.P.
Tel. (+55) 14 – 68220436
Fax (+55) 14 – 97757121
E-mail memarq@zaz.com.br

Murayama Architect & Associates
14-54 Mitsuzawa Shimocho
Kanagawa-ku
J-Yokohama-City 221-0852
Tel. (+81) 45 – 3162016
Fax (+81) 45 – 3144737
E-mail tm-arch@d6.dion.ne.jp

Heiner Nienhaus
Im Öschle 9
D-88682 Salem (Neufrach)
Tel. (+49) 7553 – 96703
Fax (+49) 7553 – 96704

Ulrich Oelssner
Schlossweg 91
CH-4143 Dornach
Tel. (+41) 61 – 7030405
Fax (+41) 61 – 7030406

Wilfried Ogilvie
c/o Europa-Akademie
Schloss 1
D-88316 Isny
Tel. (+49) 7562 – 913221
Fax (+49) 7562 – 913226

ORTA Nova (vor 1999 ORTA Atelier)
Regulierenring 12 E
NL-3981 LB Bunnik
Tel. (+31) 30 – 6570539
Fax (+31) 30 – 6571838
E-mail info@ortanova.nl

Luca Piscicelli Taeggi
Via Bartolomeo Giuliano 2
I-20129 Milano
Tel. (+39) 02 – 29534794
Fax (+39) 02 – 29535826
E-mail luca_piscicelli@tin.it

Planwerk 3, John C. Ermel
Burgstraße 3
CH-4143 Dornach
Tel. (+41) 61 – 7016044
Fax (+41) 61 – 7016145
E-mail john.c.ermel@planwerk-3.ch

Portus-Bau
Badenerstraße 122
D-76227 Karlsruhe
Tel. (+49) 721 – 944210
Fax (+49) 721 – 401896
E-mail portus@t-online.de

Bart Prince
3501 Monte Vista NE
USA-Albuquerque NM 87106
Tel. (+1) 505 – 2561961
Fax (+1) 505 – 2689045

Rex Raab
Esslingerstraße 55
D-73650 Winterbach
Tel. (+49) 7181 – 74482

Eric Rau
Ramstraat 12
B-2500 Lier
Tel. (+32) 3 – 4807442

Rau & Partners
KNSM-laan 17
NL-1019 LA Amsterdam
Tel. (+31) 20 – 4190202
Fax (+31) 20 – 4190303
Website www.rau.nl
E-mail architects@rau.nl

Markus Schellenberg
Rue Bisson 35
F-75020 Paris
Tel. (+33) 1 – 43663600

Johannes G. Schuster
48 Station Road
AUS-Seville 3139 Victoria
Tel. (+61) 3 – 59643637

Sfragis f.v.
Zénobe Grammestraat 1
B-2018 Antwerpen
Tel. (+32) 3 – 2394744
Fax (+32) 3 – 2394751

Niels Sonne-Frederiksen
Lahwiesen 6
D-30659 Hannover
Tel./Fax (+49) 511 – 649328

Guillermo Steinhäuser
Krautgartenweg 12
D-60439 Frankfurt am Main
Tel. (+49) 69 – 582676
E-mail castro-steinhaeuser@t-online.de

Thompson & Rose
1430 Massachusetts Avenue
USA-Cambridge MA 02139
Tel. (+1) 617 – 8769966
Fax (+1) 617 – 8769922
E-mail crose@thompsonandrose.com

Virbela Ateljé / Nigel Wells
Brogärde Gård
S-15391 Järna
Tel./Fax (+46) 8 – 55150335
E-mail virbela@algonet.se

Guy Walker
34 Wignau St
North Hobart
AUS-Tasmania 7000
Tel. 0418649029
E-mail guywalker@bigpond

Fritz Wessling
Apt. 572 Sao Romano
P-6270 Seia
Tel. (+351) 238 – 399149
Fax (+351) 238 – 390012

Wolfsburg & Gunge Aps Arkitekter m.a.a.
c/o Morten Gunge
Lauggårds Allé 13
DK-2860 Søborg
Tel./Fax (+45) 396 – 95196

Udo Zembok
8, rue des Augustins
F-68000 Colmar
Tel./Fax (+33) 3 – 89419866
ab 1-3-2001
71. Rue des Trois Epis
F-68230 Niedermohrschwihr
Website www.artalent.com/zembok
E-mail zembok.artalent@wanadoo.fr

Zwenk BVBA, Dora Seaux
A. Claeys Bouüaertlaan 11
B-9030 Gent Mariakerke
Tel. (+32) 9 – 2277841
E-mail zwenkbvba@pandora.be

Einrichtungen und Ausbildungsstätten im Bereich der organischen Architektur

Alanus Hochschule Alfter
Johannishof
D-53347 Alfter
Tel. (+49) 2222 – 93210
Fax (+49) 2222 – 932121
Website www.alanus.edu
E-mail info@alanus.edu
Hochschule für bildende und musische Künste auf anthroposophischer Grundlage mit Studiengängen u.a. für Architektur, Bildhauerei, Malerei, Sprachgestaltung und Eurythmie. Sechsjährige Architekturausbildung mit den Schwerpunkten einer Architektur für den Menschen und der Integration der verschiedenen Künste.

IFMA, International Forum Man + Architecture
Herausgeber: Newsletter International Forum Man + Architecture
Redaktion: Imme Denker
Am Treptower Park 39
D-12435 Berlin
Tel./Fax (+49) 30 – 5340371
E-mail DenkerZimmer@Baunetz.de
Internationale Bewegung zur Förderung organischer Architektur sowie zur Erforschung der Beziehung zwischen Mensch und Architektur. Selbstständige Unterabteilungen in achtzehn Ländern, die Vorträge, Kurse und Exkursionen organisieren. Die Adressen der einzelnen Vertreter können bei der Redaktion erfragt werden.

Sektion für bildende Künste am Goetheanum
Postfach 134
CH-4143 Dornach
Tel. (+41) 61 – 7064265
Fax (+41) 61 – 7064266
E-mail sektion.bildende.kuenste@goetheanum.ch
Abteilung der Freien Hochschule für Geisteswissenschaft. Organisiert Tagungen und Kurse auf dem Gebiet der bildenden Künste und der organischen Architektur.

Personenregister

Fett gedruckte Ziffern verweisen auf Abbildungen. Die Seitenzahlen im Kapitel «Organische Architektur weltweit» (S. 93-211) beziehen sich sowohl auf Text als auch auf Abbildungen.